AF249177

ÉLÉMENTS

CARLOVINGIENS

SE TROUVE A PARIS

CHEZ JULES RENOUARD ET Cie

LIBRAIRES ÉDITEURS

RUE DE TOURNON 6

ÉLÉMENTS

CARLOVINGIENS

LINGUISTIQUES

ET

LITTÉRAIRES

BIBLIOTHÈQUE ROYALE

Carolo filum præducente

PARIS

IMPRIMERIE DE CRAPELET

RUE DE VAUGIRARD 9

1846

AU LECTEUR

Cet ouvrage n'est pas le résultat d'un système préconçu avec dessein de le faire prévaloir : durant la recherche des documents historiques constituant le cycle de Charlemagne, l'Alphabet Carolin nous apparut accompagné du nom des savants collaborateurs. Frappé de son importance, nous nous efforçâmes d'en pénétrer le sens, d'en saisir l'esprit; notre persévérance, couronnée d'un succès inespéré, vit luire un jour graduel et ascendant, montrant les origines patriarcales avec autant de lucidité qu'il éclaire les causes du long silence des Gaulois nos aïeux, le berceau de notre langue et la nature de nos chansons traditionnelles. Ce n'est pas d'après sa dimension qu'il est donné d'apprécier la valeur d'un trésor découvert à l'improviste; une seule ligne tracée il y a mille ans, puis rejetée des

annales littéraires, dévoile un panorama rétrospec-
tif que la science elle-même n'avait pas prévu.

Afin que le lecteur puisse nous suivre sans peine
dans cette nouvelle voie, nous divisons notre travail
en quatre sections : Laographie, Carolographie,
Romane étrangère, Romane française.

J. BARROIS.

ÉLÉMENTS

CARLOVINGIENS

PREMIÈRE SECTION

LAOGRAPHIE

DIGITO LITTERAS

L'alphabet de Charlemagne, méconnu jusqu'à ce jour, révèle cependant les origines linguistiques nationales ; ses éléments, puisés à l'érudition antique, commandent l'analyse et forcent à remonter vers le berceau des lettres : si le document carlovingien n'était impérieux, nous eussions suivi une marche moins didactique : sacrifiant nos convenances aux obligations imposées par l'autorité du sujet, nous obéissons à son esprit, comme à la logique, en le traitant « ab origine rerum [1]. »

[1] Alcuini Opera, t. II, p. 451, col. 2, vers 25.

Consciencieux interprète d'un monument primordial de haute portée, nous aurions trahi nos devoirs en ne suivant pas la chronologie de Moïse; saisissant la chaîne des âges, Charlemagne ajoute plusieurs anneaux qu'on ne saurait attacher aux systèmes multiples des sophistes modernes.

Le langage du geste précéda et développa l'usage de la parole : seul il faisait comprendre immédiatement les besoins et les sensations. Les articulations vocales n'expriment d'elles-mêmes que la joie, la douleur, la crainte, la colère, le courage, etc. : ce qui n'était point onomatopée exigeait de mutuelles conventions; la pensée dont la parole essayait la transmission, réclamait comme auxiliaires la méditation et l'adoption, filles du temps. Les nombres se manifestent naturellement par la dactylologie, qui se généralisa par les influences primitives du geste. Le langage d'action, tout démonstratif, associé aux inflexions phonétiques, amena les nomenclatures; les signes parlants produisirent seuls la graphie [1].

Divers comme les tribus des premiers hommes, parlés longtemps sans être écrits, les idiomes ne laissèrent aucune trace de leur enfance.

Le démotique, le samaritain, le phénicien, simulèrent

---

[1] Voir Pyramides de Gyzeh et pierre de Rosette, ci-après p. 11, pl. I.

Aperçu des Hiéroglyphes par Brown.

De Inscriptione melitensi phœnicio-græca, quæ nunc Parisiis in bibl. Mazarinea asservatur, auctore Lindberg.

Voir aussi notre page 21.

les premiers signes digités dont les patriarches faisaient usage en famille [1].

La parole de l'homme n'a mérité le titre de langue, qu'ensuite d'un monument linguistique normal et prépondérant, appelé par sa fixité à servir aux rectifications, à devenir modèle : Abraham, articulant sa reconnaissance envers l'Éternel et faisant adopter l'expression par sa tribu, « consensu hominum, » formula la première langue : antérieurement il n'existait que des jargons [2] plus ou moins versatiles [3]; la graphie put s'associer à la langue, elle était impuissante à saisir les dialectes, dont la séméiologie seule fut l'auxiliaire : les interprètes du foyer s'appelaient ὑπομνηματογράφοι, les écrivains de la langue régulière ἱερογαμματεῖς [4]. Moïse, donnant le Pentateuque [5], fixa la première langue sacrée et savante; les langages vulgaires restèrent en possession des signes, puis des notes leur équivalent [6].

[1] Voir nos pages 15 et 48.

[2] « Linguas a dialectis sic distinguo, ut differentia linguarum sit a conso- « nantibus, dialectorum a vocalibus. » Voir Glossarium Wachteri, præfatio, x, note κ.

[3] Court de Gébelin rapporte tout à une langue primitive naturelle qui donne naissance aux dialectes, ceux-ci forment des langues nouvelles (Monde primitif, t. III, p. 268). Nous ne saurions nous enorgueillir d'avoir marché plus sûrement : l'alphabet de Charlemagne fut notre boussole, elle manquait à nos prédécesseurs.

[4] De prima Scribendi Origine, p. 418-424.

[5] Lex scripta Dei digito. Alcuini Opp., t. II, p. 206, col. 1, vers 2.

[6] « Notas inventas esse, non a Mecœnate, Aquila liberto, Cicerone, Tirone liberto, Ennio, Phylargyro aut Persannio, sed ab Hebræis, circa tempora Danielis prophetæ. » De prima Scribendi, etc. Syll. c. xviii, p. 34 et p. 188.

Salomon, plus de mille ans avant J. C., révèle le langage des signes digités :

$$\Delta\iota\delta\acute{\alpha}\sigma\varkappa\epsilon\iota\ \delta\grave{\epsilon}\ \acute{\epsilon}\nu\nu\epsilon\acute{\upsilon}\mu\alpha\sigma\iota\ \delta\alpha\varkappa\tau\acute{\upsilon}\lambda\omega\nu\ [1].$$

Docet autem nutibus digitorum.

Digito loquitur [2].

La première des langues devenue savante conserve encore dans ses caractères graphiques les marques de son origine digitée; les alphabets de Tyr [3], le punique [4], le rabbinique [5] et même l'hébreu carré [6] ne sont que les imitations des signes digitaux; la barre transversale de l'aleph [7] est un index oblique, auquel se joint l'iod ou pouce cambré; le second pouce se plaçait sous l'extrémité de l'index ; le syriaque [8], l'arabe ancien [9] et le moderne [10] ont la même origine graphique.

La nécessité du concours entre le geste et la parole donna naissance aux notes qui représentaient les signes ; dans l'antique langage des Francs, NOT, NODE signifiait $\alpha\nu\alpha\gamma\varkappa\eta$, « necessitas coactio [11]. »

---

[1] Liber Proverbiorum, versio græca Septuag. Interpret. ΚΕΦ σ'.

[2] Ibid. Versio vulgata, c. vi, 13.

[3] Voir Nouveau traité de Diplomatique, t. I, pl. VII, p. 634, fig. iv.

[4] Ibid., fig. iii.

[5] Ibid., pl. VIII, p. 671, fig. ii.

[6] Ibid., fig. i.

[7] Les noms des lettres primitives sont polysyllabiques, parce que les signes n'ont pas eu de noms tant qu'ils changeaient de valeur.

[8] Nouveau traité de Dipl., pl. IX, fig. i, p. 675.

[9] Ibid., fig. ii. Cuphique, arabe du temps de Mahomet, tout manuel ; c'est la chirographie substituée à la dactylologie.

[10] Ibid., fig. iii.

[11] Schilteri Glossarium teutonic., t. III, p. 636, c. ii. — Belge ou batave, NOOD : la priorité entre le théotisque et le latin reste « sub judice. »

Les premières lettres furent le simulacre des signes
conventionnels en usage chez les habitants de la Phénicie :

Φοίνικα σήματα Κάδμου [1].

Phœnices primi, famæ si creditur, ausi
Mansuram rudibus vocem signare figuris [2].

Les Hellènes reçurent les signes des Phéniciens :

Κάδμος
Στοιχείων Δαναοῖς πρῶτος ἔδειξε τύπον [3].

L'alphabet de Cadmus est plus ancien que celui de
Moïse [4]; dès l'origine, la graphie ressemblait aux jargons,
et comme eux les signes phonétiques étaient conventionnels; ceux qu'employa Moïse reçurent la fixité par la
rédaction du Pentateuque.

Les Phéniciens, attirés par l'or qui abondait aux con-

---

[1] Cadmus pater Polydoro, Polydorus Labdaco, Labdacus Laio, Laius
OEdipo. Voir Step. Morinus, p. 179; Samuel Bochart, Phaleg, p. 499.

[2] Lucanus. Phars., lib. III, v. 220.

Les signes simples en raison de leur antiquité ne représentaient d'abord
que trois voyelles; les lettres du même organe, dentales, labiales, liquides et
gutturales, n'étaient pas encore différenciées dans tous leurs degrés; les modifications marchaient avec le temps.

[3] Christodorus, Anthologia, lib. III, tit. I, epigr. 4. Cadmus, le premier,
montra aux Grecs les signes des conventions.

Voir Plinius, lib. VII, c. LVI. Taciti Ann., lib. XI, c. XIV, tom. I,
p. 649-650.

Q. Curtius, lib. IV. — Exercitationes de Lingua primæva, p. 178.

[4] Conjectures sur les manuscrits originaux dont Moïse s'est servi,
p. 291.

trées septentrionales [1], y arrivèrent avant les Phocéens [2].
« Hoc certum Gallos, quamdiu Carthago floruit, non parum habuisse commercii cum Pœnis... constat ex Poly-
bio, Livio et Appiano [3]. »

Ne devant pas nous occuper des époques préhistori-
ques, prolongées durant le règne exclusif de la mnémonique, il nous suffira de faire remarquer que la complication de la graphie sanscrite et chinoise accuse des temps
postérieurs aux signes phéniciens, pris en toute simplicité dans les habitudes contractées au moyen des organes
les plus mobiles de l'homme ; d'ailleurs les mêmes principes linguistiques s'appliquent également à la langue
mère des Indiens, des Tatars et à celle des Phéniciens,
dont le plateau du Caucase fut le berceau commun [4].

Les deux modes de fixer la pensée eurent pour chefs
reconnus à travers les âges, deux contemporains, Moïse
et Cadmus : le livre des livres et la série digitée constituent les premières expressions graphiques de la parole.
Les signes cadméens vinrent en aide aux dialectes qui divisaient la Grèce, comme vingt-trois siècles plus tard l'alphabet carolin servit les jargons de la Gaule Belgique :

[1] Peut-être à cause des nombreuses bouches de grands fleuves ; on voit au
riche et excentrique Musée de Copenhague, une espèce de couteau antique,
formé par un petit trapèze en fer arrondi et affilé, enchâssé dans une masse
d'or, formant poignée ; aujourd'hui le Nord abonde en fer, l'or a disparu.
C'est ensuite du commerce d'échange établi par les Phéniciens, que l'or et
l'argent devinrent métron des valeurs. (Hist. de Provence, t. I, p. 540.)

[2] Voir M. de Golbéry, Encycl. de Treuttel, t. XII, p. 199, c. ii.

[3] Voir Phaleg, Samuele Bocharte auctore, p. 733.

[4] Voir Affinité des langues celtiques avec le sanscrit, par Ad. Pictet.

les premiers comme le second dans l'intérêt public et vulgaire ; les lettres, savantes compagnes de l'érudition, propageaient les documents religieux ou classiques auxquels elles étaient exclusivement consacrées.

Les Hébreux ne connaissent pas le mot LETTRE, ni aucun équivalent; ils emploient toujours אֹות (OTH, signe).

Ce ne fut pas sous le nom de lettres que Cadmus porta en Grèce les signes de la Phénicie; Homère n'articule jamais le mot γράμμα, mais bien celui de σῆμα [1], témoin cet épisode où l'honneur de combattre Hector est confié au guerrier désigné par le scrutin [2] :

.... Οἱ δὲ κλῆρον ἐσημήναντο [3] ἕκαστος...
Ἐκ δ'ἔθορε κλῆρος κυνέης, ὃν ἄρ ἤθελον αὐτοὶ,
Αἴαντος· κῆρυξ δὲ φέρων ἀν' ὅμιλον ἁπάντη,
Δεῖξ' ἐνδέξια πᾶσιν ἀριστήεσσιν Ἀχαιῶν.
Οἱ δ'οὐ γιγνώσκοντες ἀπηνήναντο ἕκαστος...
Γνῶ δὲ κλήρου σῆμα ἰδὼν, γήθησε δὲ θυμῷ [4].

Homère signale le patron d'un navire comme écrivain mnémonique :

Φόρτου τε μνήμων καὶ ἐπίσκοπος ἦσιν ὁδαίων [5].

La double graphie est distincte chez les Égyptiens : le

[1] Σήματα λυγρά.

[2] Iliad. lib. VII, v. 175 et suiv.

[3] Signis privatis notabant.

[4] « Chacun formule son vote, que reçoit le casque d'Agamemnon ; un « héraut porte l'heureux choix de la majorité, personne ne reconnaît le sigle « de son nom, Ajax seul déclare qu'il est le sien. »

[5] Voir Odyssée, liv. VIII, vers 163. — Un antique scholiaste, récemment

démotique et l'hiéroglyphique correspondent aux τοῦ λαου, τοῦ νομου des Grecs [1]; la pierre trigraphique de Rosette [2] en fait foi: sa partie intermédiaire montre un texte égyptien vulgaire en signes linéaires dactylologiques [3]. Les traités les plus accrédités constatent l'existence des deux graphies [4]. Il serait superflu de s'arrêter aux dénominations sous lesquelles on a prétendu classer les écritures démotiques égyptiennes.

Les récentes excavations exécutées par le colonel Vyse dans l'intérieur même des pyramides de Gyzeh, ont amené

édité : « Scholia antiqua in Homeri Odysseam, » ed. Ph. Buttmann, p. 281, ajoute :

« Ἄρα ὁ μεμνημένος πόσου ἐστὶν ἕκαστον ἄξιον ὃν γραμματέα καλοῦσιν εἴκος· .....

« Τοῦτο δέ τινες σημειοῦνται πρὸς τὸ ἀγνοεῖν γράμματα τοὺς ἥρωας. Τῇ γὰρ « μνήμῃ φασὶ τὰ ἐγκείμενα κατέχειν διὰ τὸ ἀπείρως ἔχειν γραμμάτων· ὅθεν καὶ τοὺς « Φοίνικας ἐμπόρους ὑπὸ τῆς χρείας αὐτῆς ἐπὶ τὴν τῶν γραμμάτων εὕρεσιν ἐλθεῖν· ἡ δὲ « χρῆσις παρὰ τοῖς παλαιοῖς (al. πολλοῖς) ἔχει, τὸν γραμματέα καὶ τὸν ἐπιμελητὴν « μνήμονα καλεῖσθαι. »

« On s'autorise de ce passage pour conclure que les guerriers ne connais- « saient pas l'écriture : ils disent que les souvenirs étaient conservés par la « mémoire, parce qu'on ne savait pas écrire ; c'est pourquoi les Phéniciens, « sentant cette nécessité, firent la découverte des lettres ; chez les anciens, on « appelle mnémoniste l'écrivain chargé de conserver les souvenirs. »

[1] Warburton fait voir que, par sacré, il ne faut pas entendre seulement religieux, mais encore historique, scientifique, et tout ce que les prêtres avaient mission de garder ou de propager. Voir Aperçu sur les Hiéroglyphes, p. 16.

[2] Voir Description de l'Égypte, vol. V, p. 53. Antiq. mém., t. II, p. 143, et planche VII, p. 146.

[3] Il est précédé d'un texte hiéroglyphique et suivi d'un texte grec.

[4] Voir Grammaire Égyptienne, par M. Champollion jeune, introd., p. XIII et XIV.

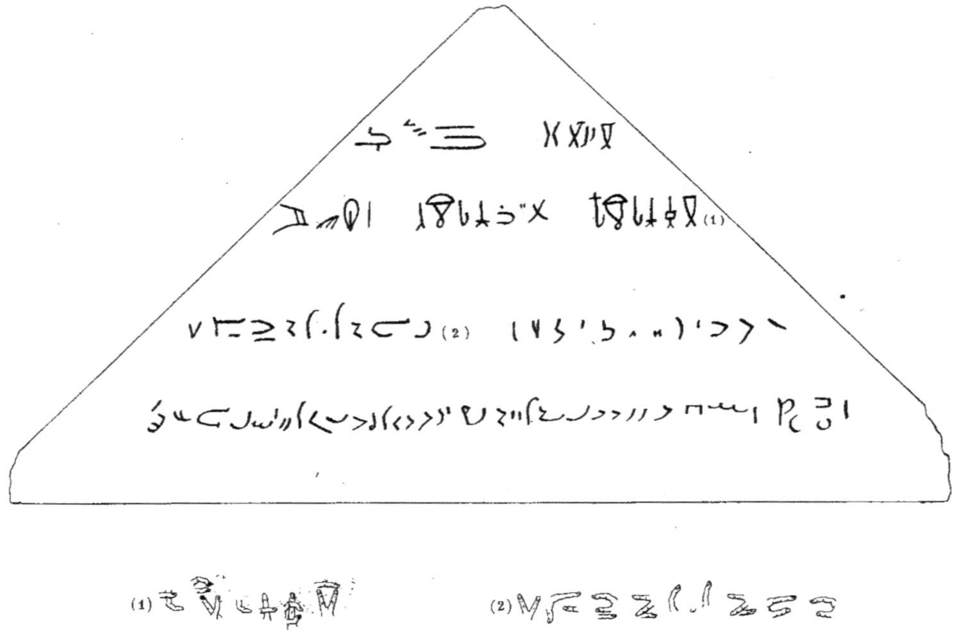

la découverte de signes démotiques tracés il y a trois
mille ans, puisque les parois sur lesquelles on les retrouve appartiennent à des espaces laissés vides lors de la
construction, afin de diminuer la quantité ou le poids
des pierres.

Ces signes, évidemment digités, sont plus simples encore que les caractères démotiques et phéniciens connus ;
nous reproduisons ces inscriptions (planche I, les deux
premières lignes)[1].

CHAMBRES DE CONSTRUCTION, GRANDE PYRAMIDE A GYZEH [2].

Les rapports de ces signes avec ceux de Charlemagne,
auquel la science les avait révélés, sont frappants ; pour
nous, il est évident que ces mêmes signes ont amené les
caractères hiéroglyphiques par voie d'ornementation.

Les plus antiques momies attestent encore l'existence
simultanée des deux modes : le papyrus enfermé avec le
corps embaumé contenait des invocations ou des détails
biographiques écrits en caractères cursifs ou démotiques ;
les inscriptions fastueuses de l'extérieur, gravées par les
Égyptiens sur la pierre ou le sycomore, étalent le luxe
hiéroglyphique, abrégé du texte, suivant eux myrmido-

[1] Voir Operations carried on at the Pyramids of Gizeh in 1837, by colonel Howard Vyse, t. I, p. 279. — Les marques des ouvriers, dans une
carrière, se réduisent à certaines réclames ou à des nombres ; il n'est guère
probable qu'elles rappellent un nom historique.

[2] Voir ibid., t. III, p. 102, pl. II, Inscriptions from Maasara and Toorah
quarries, les deux dernières lignes de notre pl. I. Dans les trois planches
de l'ouvrage anglais qui précèdent celle-ci, on voit des mains noires profilées
sur les frises.

nique, inscrit sur le rouleau de papyrus; ces figures, en harmonie avec le grandiose et la pompe architecturale, sont des signes-images; l'initiale du nom démotique de l'objet qu'ils représentaient, employée comme sigle, comptait seule pour la lecture.

Les caractères de l'égyptien vulgaire, du copte ancien [1] ou démotique, du phénicien, etc., appartiennent à des graphies particulières aux divers idiomes orientaux; l'immense quantité de papyrus en signes cursifs, l'impossibilité de réunir la série alphabétique des Phéniciens, variable suivant les temps et les lieux, tout concourt à prouver l'usage général des signes dactylologiques conventionnels, appropriés aux nombreux jargons qui divisaient les hommes.

Les monuments publics égyptiens ont rempli durant des siècles l'objet de leur destination; ils renferment des documents de tous les âges; si les signes graphiques ont une simplicité naturelle, on doit croire à l'antiquité relative [2]; sinon, il faut les assimiler aux caractères sanscrits et chinois, parce que les hommes ont procédé du simple au composé; l'alphabet démotique copte, qu'il ne faut pas confondre avec l'alphabet grec d'Alexandrie employé au IVe siècle seulement, est empreint de cette sim-

---

[1] Voir Étienne Quatremère, Recherches sur la langue et la littérature de l'Égypte, p. 4 et suiv.

[2] Les esprits sérieux sont encore sous l'impression des mécomptes que l'application de données plus astrologiques qu'astronomiques a fait subir à leurs inventeurs. Voir Champollion jeune, Précis du système, etc., p. 4 et suiv.

plicité originelle ; pour le faire figurer sur leurs monuments, les Égyptiens crurent devoir lui donner une physionomie architecturale ; enthousiastes du colossal, ils ne
voulurent point associer à leurs constructions gigantes-
ques les signes naïfs et minuscules de la dactylologie ; la
barre qui représentait la voyelle se change en plume
ouvragée plus ou moins ; le sigle, ou l'initiale, rappelant
le nom d'un être animé ou d'un objet bien connu, devient la représentation de cet animal ou de cet objet.

Ainsi, le nombre des signes hiéroglyphiques n'a d'autre limite que celle des objets matériels ayant une dénomination vulgaire chez les Égyptiens, puisque c'était
l'initiale de ces noms qu'exprimait l'image hiéroglyphique, lorsqu'elle n'était pas un symbole, une représentation en rébus, graphie mnémonique, mais nullement linguistique.

La littérature égyptienne renaissante a fait surgir des
classifications trop compliquées pour être rationnelles : la
haute antiquité ne peut se séparer d'une grande simplicité ; c'est pour avoir confondu la marche des besoins et
des idées qu'ils font naître, avec les procédés artistiques
de la civilisation, que le système graphique égyptien se
trouve établi à l'inverse. Le paradoxe s'efforçant de
montrer les théories compliquées dans le cerveau d'Adam,
pour descendre, par voie de simplification, jusqu'au
xixe siècle, serait difficile à accréditer, même de nos jours[1].
L'esprit de subtilité ne fait faire à la science que des pas

____

[1] Précis du Système hiéroglyphique, p. 417.

rétrogrades. Le père de l'histoire établit l'existence des deux espèces de graphies, ἱερά et δημοτικά :

Διφασίοισι (Αἰγύπτιοι) δὲ γράμμασι χρέωνται· καὶ τὰ μὲν αὐτῶν, ἱρά· τὰ δὲ, δημοτικὰ καλέεται[1].

Diodore de Sicile ajoute un imposant témoignage :

Παιδεύουσι δὲ τοὺς υἱοὺς οἱ μὲν ἱερεῖς γράμματα διττὰ, τὰ δὲ ἱερὰ καλούμενα καὶ τὰ κοινοτέραν ἔχοντα τὴν μάθησιν[2].

Clément d'Alexandrie, plus explicite, signale un troisième mode[3] :

Ὑστάτην δὲ καὶ τελευταίαν, τὴν ἱερογλυφικήν· ἧς ἡ μέν ἐστι διὰ τῶν πρώτων στοιχείων, κυριολογική.

Les érudits modernes n'ont point expliqué d'une manière satisfaisante le διὰ τῶν πρώτων στοιχείων[4], parce qu'ils ne soupçonnaient pas l'origine dactylologique de l'écriture ; il est évident que Clément d'Alexandrie parle ici d'un état de choses antérieur aux lettres, et indique les premiers pas qui conduisirent à leur emploi[5].

---

[1] « Ægyptii bifariis literis utuntur, quarum has Sacras vocant, alias Populares. » Herodoti Hist., t. I, p. 306, lib. II, cap. xxxvi.

[2] « Sacerdotes Ægyptiorum duo literarum genera, tum quas sacras vocant, tum quæ communiorem habent disciplinam, pueros docent. » Diodori Siculi lib. I, cap. lxxxi, p. 146 ; aussi lib. III.

Voir Wachteri Naturæ et Scripturæ Concordia [89] [221].

[3] Voir Stromat., lib. V, p. 657.

[4] Voir Aperçu sur les Hiéroglyphes d'Égypte, par Brown, p. 7 et 5 ; aussi, Précis du Système hiéroglyphique, par Champollion jeune, p. 376 et suiv.

[5] Nous ferons remarquer que, dans le vieux langage de Charlemagne, stecho, « paxillus, » signifie pieu, coin. Schilteri Gloss., t. III, p. 762, col. 2 ; belgo-batave, stok.

La linguistique du père de famille (langage du foyer)
devait marcher d'accord avec la dactylologie.

« Una quidem species est per prima elementa, Cyriolo-
gica dicta [1]; κυριολογική, domini dictum, » sarim des Hébreux, le langage patriarcal; on a toujours traduit στοιχείων dans le sens général de principes, éléments; mais
στοιχειωτική τῶν παίδων διδασκαλία de Clément d'Alexandrie [2] désigne une pratique particulière qu'on enseignait
aux enfants, c'est-à-dire, selon nous, les conventions
mnémoniques; Budé [3], en effet, donne à στοιχέω la même
signification qu'à συμφωνέω, s'accorder, convenir, parce
que les signes exigeaient des conventions préalables.
« Ἀντίστοιχα, dicuntur etiam quorum alterum alteri velut
ex adversa parte respondet; et ἀντιστοιχεῖν. » Scapulæ
Lexicon, col. 1453.

Ausone fait allusion à quelques modifications subies par
les signes, lorsque, dans l'éloge d'un professeur, il dit
(Crispe)

Qui primævos fandique rudes,
Elementorum prima docebas
Signa novorum [4].

Saint Irénée, Grec d'origine, qui écrivait au IIe siècle,
constate la nouveauté de l'écriture chez les Hellènes, et
l'état antérieur des choses :

Καὶ τοῦτο τοῖς τοῦ ἀλφαβήτου γράμμασι κατεστιγμήνην; νεωστί,

---

[1] Voir supra le passage de Clément d'Alexandrie.
[2] Voir Strom., p. 673, col. 1, lig. 22.
[3] Voir Lexicum gr.-lat., p. 1265-66.
[4] Voir Ausonii Opp., p. 181.

πρὸς τὸ ἀπ'ἀρχῆς, τὸ δὴ λεγόμενον, χθὲς καὶ πρῴην, Ἕλληνες ὁμολογοῦσιν ἀπὸ Κάδμου πρῶτον ἒξ καὶ δέκα παρειληφέναι, εἶτα μετέπειτα προσβαινόντων τῶν χρόνων αὐτοὶ ἐξευρηκέναι ποτὲ μὲν τὰ δασέα, ποτὲ δὲ τὰ διπλά· ἔσχατον δὲ πάντων Παλαμήδην φασὶ τὰ μακρὰ τούτοις προστεθεικέναι [1].

N'ayant pas été étudiés comme signes, les caractères vulgaires de la pierre de Rosette restèrent inextricables pour la commission d'Égypte, qui les qualifie de caractères inconnus [2]. Les signes digités se comprenaient aussi bien de gauche à droite que de droite à gauche; de haut en bas que de bas en haut; graphiques seulement lorsqu'il fallait échapper aux VERBA VOLANT.

Les signes de même organe, B P F, D T TH, L M N R, étaient semblables, mais différenciés suivant les toniques; K CH S X, répétaient les mêmes degrés gutturaux diversement modifiés : les huit carolines

Z Ϧ ⅃ Ϭ ΙΙϦ Ϣ Ϧ Ш sont égyptiennes [3].

Ainsi, les signes tracés dans les flancs de la pyramide de Gyzeh, ceux gravés au temps de Ptolémée Épiphane

[1] Sancti Irenæi Opp., p. 78, c. xv.

« Atque alphabeti literis recens, et, ut proverbio dicitur, heri ac nudius- « tertius, QUASI NOTIS QUIBUSDAM COMPUNCTAM, cum jam inde a principio sit. « Græci etenim se a Cadmo primum sex et decem literas accepisse confitentur : « ac postea temporis progressu nunc adspiratas, nunc duplices invenisse; « postremum vero omnium Palamedem longas adjecisse tradunt. »

[2] Plus de moitié appartient à l'alphabet démotique.

[3] Voir Description de l'Égypte, Alph. de la pierre de Rosette, au t. II, Antiq. et mém., p. 146.

Voir ci-après ALPHABET DE CHARLEMAGNE, pl. II.

sur la stèle de Rosette, puis les caractères carlovingiens, révèlent une dactylologie pratique, de trente siècles, de vingt siècles et de dix siècles.

Clément d'Alexandrie [1] reconnaît en Moïse le premier régulateur linguistique : Τὸν Μωυσῆ φησι γραμματικὴν πρῶτον τοῖς Ἰουδαίοις παραδοῦναι καὶ παρὰ Ἰουδαίων Φοίνικας παραλαβεῖν· Ἕλληνας δὲ παρὰ Φοινίκων [2].

Dès le commencement de notre ère, Josèphe [3] fait remarquer la lenteur des Grecs à se familiariser avec la graphie : Ὀψὲ δὲ καὶ μόλις ἔγνωσαν φύσιν γραμμάτων [4]. Quelques lignes plus bas il ajoute :

Ὅλως δὲ παρὰ τοῖς Ἕλλησιν οὐδὲν ὁμολογούμενον εὑρίσκεται γράμμα τῶν Ὁμήρου ποιήσεων πρεσβύτερον. Οὗτος δὲ καὶ τῶν τρωϊκῶν ὕστερον φαίνεται γενόμενος, καί φασιν οὐδὲ τοῦτον ἐν γράμμασι τὴν αὐτοῦ ποίησιν καταλιπεῖν, ἀλλὰ διαμνημονευομένην ἐκ τῶν ᾀσμάτων ὕστερον συντεθῆναι, καὶ διὰ τοῦτο πολλὰς ἐν αὐτῇ σχεῖν τὰς διαφωνίας [5].

D'accord sur ce point avec l'historien juif, Eustathe s'exprime ainsi :

« Quippe non vox iis ulla fuerat quæ scribere, non

---

[1] Opera, t. I, p. 413.

[2] « Mosen dicit Grammaticam primum tradidisse Judæis et eam Phœnices a Judæis accepisse, Græcos autem a Phœnicibus. »

[3] Flavii Josephi de Antiquitate Judæorum, p. 1034.

[4] « Sero et vix naturam potuere agnoscere literarum. »

[5] « Apud Græcos nulla invenitur conscriptio, poemate Homeri vetustior : et hunc etiam post bella trojana fuisse manifestum est, et aiunt neque hunc literis suum poema reliquisse, sed cantibus memoria reservatum, postea fuisse compositum et propterea multam in eo comperiri dissonantiam. » Flavii Josephi Opera omnia, t. II, p. 438-439.

« ulla quæ LEGERE significaret. Nam, ut superius annota-
« vimus, rem novam, statim atque appulit e Phœnice per
« Φοινικήϊον, rei usum per ἐκφοινίξαι, designabant. Postea
« ab iis γράφειν et ἀναγνῶσθαι ad scribendi et legendi sen-
« sum sunt translata. Quorum γράφειν proprie et primi-
« tus erat sculpere.... Γράμματα vero, qua demum literæ
« significari cœptæ, vox est recentior Homero [1]. »

Il est donc évident que les prétendues lettres de
Cadmus étaient des signes : leur forme, leur versatilité
démontrée par les inscriptions puniques, où ces caractères changent constamment de valeur, le témoignage de
Josèphe, celui d'Eustathe, tout concourt à prouver que
les signes digités ne furent fixés sur la matière que tardivement; la graphie de Moïse était analogue; des Israélites seuls pouvaient la comprendre : l'intervention obli-
gée de soixante et douze interprètes du Pentateuque en
est la preuve.

La voix de l'homme n'a pas changé; avant la graphie
les articulations phonétiques étaient graduées, et les premiers signes conventionnels, chargés de les représenter,
simples comme elles, ne différenciaient que les sons du
même organe plus ou moins accentués, échelle diatonique, base encore subsistante de toute analogie étymologique.

La linguistique ne se compose pas d'images, c'est l'expression du rapport des idées entre elles : le plus imitateur

---

[1] Voir Eustath. ad Iliad., p. 490. Chishull, Antiquitates Asiaticæ, p. 29,
note 52. Inscriptio Sigea.

des êtres [1], l'homme, fut conduit à la graphie par la reproduction des signes phonétiques, représentant les idées
dans leur corrélation circonstanciée, et non en peignant
les objets matériels : VERBA VISIBILIA et non RES VISIBILES.
L'articulation des substantifs isolés ne constitue pas plus la
linguistique qu'un appel nominal ne produit les parties
du discours. La peinture peut représenter plusieurs personnes, elle ne désignera jamais MOI, TOI, LUI. La proposition la plus simple contient un sujet, une action, un but;
le nominatif se modifie par le nombre et les personnes,
le verbe par les temps et les modes; le régime varie suivant la qualité, les lieux, la manière, etc. Le miroir est
incapable de rappeler une seule phrase, un pronom, une
préposition, une conjonction même, tandis que le sigle
peut exprimer l'action, le temps, l'espèce, l'affirmation,
la négation, le mouvement, l'interrogation, etc.; il dit
POURQUOI, COMBIEN, COMMENT, PARCE QUE, QUAND, OU,
CAR, POUR, etc. Cette faculté manque à la peinture, et
si les Mexicains l'ont employée comme mnémonique,
cela prouverait une incapacité graphique absolue, que
le progrès était impuissant à modifier jamais [2].

[1] Voir Aristote.

[2] Les savants traitant de l'origine de l'écriture, se sont égarés en ne
distinguant pas les « signa verborum, » des « rerum ipsarum imagines. »
(Wachter, Naturæ et Scripturæ Concordia, p. 1). Court de Gébelin sou-
tient que l'écriture voulant peindre une idée et l'idée un objet, on n'eut
qu'à en tracer la figure (Monde primitif, t. III, p. 379). Cette hypothèse
réduit le langage à la seule expression du nominatif, et le sourd-muet
dans l'état de pure nature est un être complet pour cette prétendue graphie.

Nous nous serions borné à présenter ces assertions sous la garantie de l'autorité la plus imposante en cette matière [1], n'était quelque contradiction, et si l'on n'avait professé récemment, à Paris, des principes diamétralement opposés.

L'écriture hiéroglyphique ne se compose pas d'IMAGES-IDÉES, mais bien d'IMAGES-LETTRES, puisqu'on retrouve dans ses sigles ornés, les labiales, dentales, liquides et gutturales, enfin les lettres du même organe, reproduites par le même signe dans différents degrés, toutes les fois qu'il n'a pas une valeur mnémonique.

La raison et la logique, d'accord avec les caractères tracés dans les cavités primitives des pyramides de Gizeh, se réunissent pour faire marcher la graphie égyptienne conformément aux principes de la séméiologie. La versatilité, autant que l'exiguité de la dactylologie, porta les hommes passionnés pour les grandes choses à l'adoption des sigles hiéroglyphiques phonétiques. Les noms spécifiques de LION, CORBEILLE, FAUCON, PLUME, étaient chacun et particulièrement prononcés d'une manière à peu près uniforme par les Égyptiens [2]; c'en fut assez pour qu'ils employassent les initiales de ces noms comme sigles, en reproduisant les images du lion, de la corbeille,

[1] Voir Champollion le jeune, Précis du Système hiéroglyphique, p. 328-329; aussi, p. 11, 73 et 375.

[2] Ceci explique pourquoi les autres peuples ne firent point usage des hiéroglyphes phonétiques, et comment nous ne pouvons guère comprendre que les noms proclamés d'ailleurs par l'histoire; le surplus exigeant une connaissance de la linguistique égyptienne, si éloignée de nous.

du faucon, de la plume, certains que le sigle viendrait à la
pensée du lecteur, qui articulerait d'initiale en initiale
le mot figuré ; c'est ainsi qu'on nous fait lire aujourd'hui
Ptolémée, Bérénice, Cléopatre, etc. [1]. Les langages
s'adressant aux yeux, parvenaient ainsi aux oreilles. Warburton affirme que les hiéroglyphes constituent un véritable langage écrit[2] : ce qui met des bornes à l'imagina-
tion des émules du père Kircher et à leurs scientifiques
extravagances.

Un monument lapidaire exhumé récemment au village de Malka, point central de la primitive Carthage[3],
révèle le système chirographique χειρονόμος, « qui certa
quadam lege et arte manus motitat[4]; » il est aujourd'hui
conservé au Musée royal de Copenhague.

Lorsque l'art avait encore peu d'initiés, il était naturel de prévenir que les caractères tracés étaient l'imitation des signes dont chacun connaissait la pantomime; à
cet effet, on représentait une main dont les doigts avaient
fourni les éléments graphiques, et dans la position propre
au dactylologue, indiquant du pouce une lecture de droite
à gauche.

Le consul de Danemarck voit dans cette main un
symbole votif, accompagné de deux caducées ou petits

---

[1] Voir Aperçu sur les Hiéroglyphes d'Égypte, par Brown, p. 30 et suivante.

[2] Ibid., p. 22.

[3] Voir Recherches sur l'emplacement de Carthage, par M. Falbe, pl. V,
n° 3.

[4] Scapulæ Lexicon, col. 1051. — Quintiliani Institut. orat., lib. I,
cap. xi, ad finem.

autels, qui sont tout simplement la représentation du
ciseau employé au tracé des caractères; l'explication
du texte punique, traduit en lettres hébraïques avec des
points-voyelles choisis, ne nous semble guère plus satisfaisante qu'à l'auteur lui-même.

On montre au Musée de Leyde des inscriptions analogues qui reproduisent cette main cadméienne [1]; la Bible
de Moutier-Grandval, conservée au British Museum,
en renferme plusieurs répétitions [2]. On y trouve au fol. 406
cette main en action, afin de produire un double sigle qui
justifie matériellement tout ce que l'induction nous a ré-
vélé touchant les pratiques vulgaires primitives [3]. La
main se voit encore dans la Bible de Charles le Chauve,
mais avec une intention mystique [4].

La dactylologie exigeant la proximité, on pourrait
s'imaginer qu'elle faisait double emploi avec la parole;
les signes sigliques rappelant un mot ou une phrase, frappaient l'esprit et la mémoire plus profondément que toutes les phraséologies possibles, et servaient heureusement les hommes privés de lettres : les sons ne laissaient
aucune trace; les signes sigliques au contraire, dès qu'ils
étaient fixés, devenaient l'intermédiaire de la pensée à
de grandes distances, et constataient les faits d'une manière indélébile.

[1] Voir inscriptions Humbert, n° 3 à 4, dans Falbe, p. 83.

[2] Aux fol. 41, 221, 411, etc.

[3] Voir notre pl. IV.

[4] Ms. grand in-fol., à la Bibliothèque du Roi, 1re page du texte, au-dessus
de la figure de saint Jérôme.

Les lettres arrivèrent par le chemin qui avait amené les chiffres :

« Qui et ideo mox ut numeros digitis significare didicerint, nulla interstante mora, literis quoque pariter iisdem præfigere sciunt [1]. »

Les doigts indicateurs des nombres étaient rectilignes : lorsqu'ils furent appelés à représenter des sons, et pour constater ce nouvel emploi, ils prirent une position courbée ; de là l'irrégularité des signes primitifs de forme toute dactylologique : les modernes les appellent DÉMOTIQUES, leur simplicité nous porte à croire qu'ils sont ceux de Cadmus [2] ; si l'on compte quelques signes de plus, ils sont dus au double emploi de ς π, γ $\varkappa$, δ τ, etc.

Les modernes classèrent les signes de Cadmus selon l'ordre alphabétique qui leur est familier ; les Phéniciens en suivaient un différent.

E, première voyelle, simulée par un doigt, hiéroglyphiquement et plus tard par une plume [3].

A, seconde voyelle, par deux doigts (en crochets), puis par deux plumes.

H ou I, par trois doigts et par trois plumes.

L'upsilon, qui a fait notre u et notre y, n'est autre que l'u plume ou voyelle [4].

---

[1] Bedæ Presbyteri liber de Loquela per gestum digitorum, etc., t. I, col. 140.

[2] Voir notre pl. III.

[3] Précis du Système hiéroglyphique, par Champollion le jeune ; Planches et explication, pl. VI.

[4] Ψίλον dor. pour πτίλον plume. Voir aussi plus bas le passage d'Otfrid.

Les voyelles E A H I O étaient parfois représentées par un seul doigt, comme par une seule plume [1] ; ce qui confirmerait, au besoin, leur versatilité.

La dactylologie primitive fut vainement entrevue par quelques érudits : « Hebraicos characteres omnes compositos esse ex solá littera iod varie colligata [2]. » A ce précieux renseignement, Postelle ajoute la distinction des deux espèces de langage. « Certum est, fuisse penes Mosem duas linguas aut saltem characteres, primam nobilissimamque, quæ cœlitus in tabulis est exarata, et communem popularemque, quæ ipsa nunc est Samaritana, olim fuit Fœnix, et in usu reipublicæ judaicæ communis. Quæ divinitus fuit inscripta, est plenissima mysteriis, et omnino ex solo iod composita [3]. »

« IOD FONS OMNIUM [4]. »

L'observation du fait est restée impuissante à révéler la cause : les signes écrits de la langue primitive, se composant du iod hébraïque diversement agencé, Angelo Canini [5] et d'autres hébraïsants, reconnaissent que le mot IOD [6] signifie MAIN, sans doute parce que celle-ci donnait

[1] Voir Précis du Système hiéroglyphique, pl. VI.

[2] Hermannus Hugo, de Prima Scribendi Origine, p. 42.

[3] De Fœnicum litteris, etc., Commentatiuncula, Guillelmo Postello Barentonio autore, signature B. iiij v°.

[4] Ibid. au tableau.

[5] Voir Institutiones linguæ Syriacæ Assyriacæ atque Thalmudicæ, p. 9.

[6] Iod antiquitus erat A E I O U, unde tot mutationes in nominibus. Scriecki lib. I, p. 3 :

son nom à la fraction d'elle-même appelée à constituer le système digitaire.

« Iod quasi iad , manus, quam incurvam exhibet ut « littera potest [1]. »

Ainsi le cippe de la cadméienne Carthage, reproduit par M. Falbe [2], ne pouvait recevoir une explication plus lucide et moins contestable.

S'il nous était possible de remonter à la dynastie chinoise des Schang, contemporaine de Moïse et de Cadmus, nous trouverions sans doute la même simplicité de signes que chez les Phéniciens et les Samaritains : l'I des Chinois conserve encore aujourd'hui la représentation du bras, de la main et des trois doigts ouverts [3]; celui des Samaritains, trois doigts réunis à leur base [4]; le phénicien ne s'éloigne guère de cette figure, et l'ancien hébreu la rappelle aussi [5] : bien que la complication des caractères sanscrits décèle une époque postérieure, néanmoins on

Iad , Bellarminus, Chevalerus; iam , Æthiopes; aim , Arabes.

Ie, Armeni, Moscovitæ; iede, en Pehlvi; iedi, calculer , parce que les premiers calculs se faisaient avec la main; Iedo, la plus grande ville de l'univers.

Iid, hit, Chaldei.

Iod, Hebræi, iota Phœnices, Syri veteres, etc.; ioda, Jacobitani.

Iod , hod , altitudo; God , Deus.

Iud, Syri recentiores. Hermannus Hugo, de Prima Scribendi Origine , p. 43 à 50.

[1] Excercitationes de Lingua Primæva, auct. Steph. Morino, p. 320.

[2] Voir Recherches sur l'emplacement de Carthage , à l'atlas, pl. V, fig. iii.

[3] Voir de Inscriptione melitensi, p. 65 et 66. Voir aussi notre pl. V, fig. i, n° 1.

[4] Voir notre pl. V, fig. i, n° 2.

[5] Ibid., n° 3.

remarque dans la configuration des voyelles une portion antique, empruntée aux signes numériques ; preuve évidente, non-seulement que ces divers peuples représentaient la voyelle I par un même signe, mais encore qu'ils classaient les voyelles dans un ordre analogue, et que tous furent dactylologues.

L'identité des signes séméiologiques à des latitudes antipodiques doit ramener vers l'unité tous les hommes de bonne foi, en même temps qu'elle établit incontestablement le berceau des êtres humains dans les limites géographiques et chronologiques fixées par le législateur des Hébreux.

Les encyclopédistes eux-mêmes reconnaissent l'affinité linguistique de l'hébreu, du lapon et du péruvien, notamment par l'usage commun des affixes, et ajoutent ces remarquables paroles : « Ne nous refusons pas à l'aveu d'une vérité authentiquement déclarée dans les livres saints, confirmée par tous les faits que nous offrent le physique et le moral de l'homme... nous sommes tous frères, tous issus d'un même père, tous partis d'un même lieu [1]. »

Une judicieuse observation a été faite au sujet de la figure des lettres hébraïques et samaritaines, en l'absence de toute notion dactylologique, par un savant professeur : « Ni l'une ni l'autre, dit-il, ne semble être prise dans la nature, et c'est l'argument le plus fort contre elles, parce qu'il est plus que vraisemblable que les premières lettres alphabétiques ont eu la figure d'animaux ou

---

[1] Voir Encycl. méthod., Grammaire et Littérature, t. I, p. 108, c. ii.

de parties d'animaux [1]. » Court de Gébelin est plus près
encore de la vérité : « L'homme peignit ses besoins et ses
pensées par les gestes; il imita par son écriture ces gestes
qui étaient si énergiques [2]. »

Les signes phéniciens de l'inscription de Malte, conservée à la bibliothèque Mazarine, sont tous formés par
la dactylologie la plus simple et la plus facile; nous donnons les deux signes qui dès l'abord paraissent offrir
quelque difficulté d'exécution [3], les autres seront aisément
saisis.

La main iodique forme l'initiale ou le sigle du plus
ancien nom de l'Éternel, IeHoVaH : on la trouve encore
de nos jours sculptée au haut de la Puerta principal o de
Justicia, de la célèbre forteresse de l'Alhambra, originairement phénicienne [4]. Si à cette haute pensée pouvait
succéder une considération minime, nous émettrions
l'avis que les Arabes, en relevant les antiques débris des
premiers colons, trouvèrent une représentation de la
main cadméienne [5], dont l'origine leur était inconnue, et
la reproduisirent religieusement, parce que, suivant eux,

[1] Voir l'abbé Mallet, art. Hébraïque (langue), Encycl. de Genève,
in-4, t. XVII, p. 137.

[2] Voir Monde primitif, t. III, p. 412, 413.

[3] Voir à la bibl. Mazarine, l'inscription Punique, ligne 3, signe 6, et
ligne 4, signe 1; notre pl. V, fig. II, et Lindberg, pl. I.

[4] Voir Plans, elevations, sections and details of the Alhambra, pl. II,
l'emblème de la divinité qui a créé le monde, au-dessous celui de l'autorité
humaine, qui ferme et ouvre, lie et délie.

[5] Comme de nos jours le sol d'Athènes restitue encore des fragments de
marbre, d'argile, des empreintes métalliques, rappelant l'oiseau de Minerve.

elle exprimait la puissance : les Phéniciens consacrèrent
la mémoire de leur dactylologie, en adoptant une main
pour symbole.

La distinction des deux procédés, expressions matérielles des idées, n'ayant point été faite, le chaos est entré
dans l'appréciation des signes employés; la graphie vulgaire, puisant aux sources digitées, se bornait à une mnémonique auxiliaire des idiomes que les documents imposants et classiques n'élevèrent point à la hauteur de langue
normale ; elle variait comme ces dialectes, suivant les
temps et les lieux : des conventions transitoires, comme
les habitudes et les costumes, insaisissables parce qu'elles
s'appuyaient sur des traditions aujourd'hui éteintes, feront longtemps encore le désespoir des philologues désireux d'approfondir les secrets de la haute antiquité ; un
alphabet phénicien invariable ne saurait se formuler, car
nonobstant le petit nombre d'inscriptions puniques connues, le docteur Lindberg [1] constate vingt-trois variations
notables en moins de quatre siècles; la graphie africaine
ressemblait peu à celle d'Espagne. Tout cela se comprend
et intéresse à peine, dès qu'on a reconnu l'origine conventionnelle digitée et mnémonique de ces éléments de
l'écriture.

La première fixité fut pour les Israélites; elle s'établit
à Athènes sous Callistrate [2]; chez les Latins, Ennius semble avoir obtenu l'adhésion à l'uniformité.

---

[1] Voir de Inscriptione melitensi phœnicio-græca , p. 81 et suiv.
[2] Voir Naturæ et Scripturæ Concordia Wachteri [256].

L'alphabet démotique, le phonétique et les signes de
Rosette, montrent par induction que primitivement la
main cadméienne verticale pouvait simuler toutes les
voyelles : un doigt élevé indiquait E, joint au suivant A ;
trois doigts représentaient l'I démotique ou carolin [1];
pour ce dernier, le petit o lié à la base se trouve formé
par le quatrième doigt et le pouce ; une volte montrait
l'O, puis l'U en les écartant ; ces deux voyelles de même
organe étaient fréquemment confondues ; les deux premiers doigts se montraient de profil et légèrement cour-
bés ; c'est de face qu'on présentait les autres.

Suivant la judicieuse remarque de Struvius, plus les
caractères sont antiques, plus ils sont inégaux [2] ; c'est une
conséquence de la dactylologie. Charlemagne ne s'arrête
pas à l'orientation des caractères, parce que les Phéniciens écrivaient de droite à gauche ; les notes se lisaient
dans tous les sens.

L'art d'écrire et de lire ne saurait être une invention
spontanée ; c'est le développement successif et graduel
des facultés communicatives du geste et de la voix, dé-
parties par la nature à l'espèce humaine.

La première des langues savantes, la langue hébraïque,
et ses nombreux dialectes, sont appelés sémitiques, con-
traction de l'ionien séméiotique, parce que la dactylologie -

[1] Voir l'Alphabet de Charlemagne, et aussi pierre de Rosette, Description
de l'Égypte ; Ant. mém., t. II, p. 146 ; et Précis du Système hiéroglyphique,
pl. VI.

[2] Collectanea manuscript., p. 14.

a précédé les lettres et la littérature[1]. L'Académie donne la dénomination de sémitique aux langues des enfants de Sem ; d'après cette définition, le patriarche auquel Dieu confia les êtres animés durant le cataclysme, parlait un autre idiome ? ce dont personne n'eut jamais la pensée : la qualification décèle l'usage général des signes digités.

A Rome, au temps de la république, la dactylologie était encore employée ; témoin ce passage d'Ennius, qu'après saint Isidore nous ne pouvons craindre de reproduire :

> . . . . . . Quasi in choro pila
> Ludens, datatim dat sese, et communem facit ;
> Alium tenet, alii nutat, alibi manus
> Est occupata, alii perpellit pedem,
> Alii dat annulum spectandum, a labris
> Alium invocat, cum alio cantat : attamen
> Aliis dat DIGITO LITTERAS [2].

On se rappelle aussi l'antique et barbare coutume qui faisait dépendre la vie du gladiateur d'un simple mouvement du pouce :

> . . . . . . Pectusque jacentis
> Virgo modesta jubet converso pollice rumpi [3].

L'imitation graphique des signes digités donna naissance aux signes tironiens, que les premiers chrétiens multiplièrent : « A christianis varie fuerint auctæ, ita ut

---

[1] Voir ci-dessus, p . 7.

[2] Ennii Fragmenta quæ supersunt, p. 457, Isidori Originum lib. I, cap. xxv, de Notis digitorum.

[3] Prudentii carmina contra Symmachum, lib. II, p. 864.

prioribus seculis Psalteria quoque ejusmodi notis scribe-
rentur [1]. »

La forme des chiffres romains montre qu'ils étaient, dès
l'origine, signes digités [2]; on comprend que les NOTÆ NU-
MERALES ont dû appeler par voie de conséquence les NOTÆ
VERBORUM : les unités se simulaient par le nombre des
doigts, de cinq en cinq pour les deux mains ; la manière
de reproduire les nombres élevés fut probablement conventionnelle, comme les premiers sigues-lettres; de là les
chronologies diversement supputées, malgré un point de
départ toujours le même.

Après Ennius, les connaissances littéraires s'étant répandues parmi le peuple, on n'employait plus que la
dactylonomie, « numerare per digitos [3]. » Suivant Ausone,
on pourrait présumer que les caractères réguliers de
l'école étaient nouvellement appliqués aux idiomes populaires [4].

Dans la confédération gallique, les chiffres romains
n'étaient en usage que chez les érudits; le vulgaire les
écrivait en notes. On retrouve ces notes-chiffres dans les
complications tironiennes reproduites par le Nouveau
traité de Diplomatique [5]. Lorsqu'on les rencontre dans

[1] Struvius, Collectanea manuscript., p. 17.

[2] Wachter, Naturæ et Scripturæ Concordia, c. I [314], c. III [319],
c. IV [322].

[3] Voir Beda, in lib. de Loquela per gestum digitorum, t. I, col. 140.
Auson. Opp. 7, v. 6. Cicer. sub fine Ep. ult. lib. V, ad Attic., p. 1266.

[4] Voir nos pages 15 et 48.

[5] Voir t. III, p. 516, pl. LXII, p. 597 et suiv.

les manuscrits de l'époque carlovingienne, on peut remarquer qu'elles sont évidemment l'œuvre de mains plus
exercées aux signes qu'à l'écriture, le procédé étant tout
naturel. Massieu est notre autorité ; avant d'avoir reçu
l'instruction mimique qui en fit un être supérieur à la
plupart des philosophes entendans-parlans, il se servait
des doigts pour compter, puis en forma des lettres : les
premiers hommes procédèrent de la même manière : les
nombres fournirent la forme des signes graphiques des
vocales ; la manière dont était simulée la troisième voyelle
par les Chinois, les Samaritains, les Égyptiens, les Phéniciens et par Charlemagne, en est la preuve.

« Les lettres et les chiffres se marquaient avec les
mêmes caractères, chez la plupart des peuples anciens [1]. » Ce qui est tout simple, puisque les uns et les
autres étaient signes digités.

Dès la plus haute antiquité, les navigateurs phéniciens [2]
portèrent au loin leurs signes conventionnels, et influen-
cèrent ainsi les langages des peuples établis sur le littoral
de la mer Égée, de la Méditerranée, de l'Océan, jusqu'au
cap Nord [3], où les érudits septentrionaux retrouvent encore aujourd'hui, chez les nains qui végètent sur ces

---

[1] Voir Court de Gébelin, Hist. naturelle de la Parole, p. 126; et ci-
dessus, p. 23. — Aujourd'hui encore une lettre isolée s'appelle CHIFFRE.

[2] La navigation côtière, on le comprend, fut la première de toutes.

[3] « Le lapon, langue semi-hébraïque, comme la finnoise, offre en plusieurs cas une parenté encore plus immédiate avec l'hébreu, que ne le fait le
hongrois. » Voir Ganander, Grammatica laponica, p. 76.

plages glacées, le phénicien ou l'hébreu dégénéré [1] : ainsi les Grecs, les Romains, les Celtibériens, les Gallo-Belges jusqu'aux Lapons, tous reçurent des marchands de Tyr et de Sidon, sinon le langage, au moins les premiers moyens de mutuelles relations; les caractères employés d'abord par les Gaulois comme symboles, puis comme sigles, étaient les mêmes que ceux adoptés par les Phocéens de Marseille; l'usage s'en développa lentement.

Pendant une longue suite de siècles, on a regardé les Gaulois comme descendant de Gomer, fils de Japhet [2], lequel avait importé le langage de l'antique tribu des Kimris, conservé avec des modifications dans le pays de Galles et la Grande-Bretagne [3]; la majorité des esprits sérieux reste fidèle à cette espèce de dogme, et nous sommes disposé à voir la linguistique variable de Gomer venir s'établir dans les Gaules, en passant par le chemin que suivit la culture de la vigne, partant de la même contrée, et remontant les nombreux fleuves qui affluent au Pont-Euxin; ce qui ne saurait impliquer la reconnaissance d'une langue primitive uniforme, d'un prétendu Gomérach [4]. Rien n'éleva le langage de Gomer à la hau-

[1] Voir notre page 25.

[2] Gomer est Comer, advena adveniens. Voir Scriecki, Origines rer. Celt. et Belg., lib. I, num. 14 et seq.

[3] Phaleg, col. 198. Voir aussi col. 663, n. 4.

Borel, Préf. au Dict. du vieux français, p. xxv. Suppl. au Dict. de Ménage. L'abbé Mallet confirme cette opinion. Voir art. langue HÉBRAÏQUE, Encycl. de Genève, in-4°, t. XVII, p. 154.

[4] Le Brigant, Élémens de la Langue des Celtes Gomérites, p. 1.

teur de langue régulière, et, par cela même, il dut se diviser en nombreux jargons.

Plus on pénètre dans l'antiquité, plus l'absence d'unité linguistique est manifeste : s'il était possible de remonter aux tribus, on découvrirait une multitude d'idiomes égalant le nombre des familles nomades; l'unité de la famille pouvait seule conserver l'unité du jargon; aussitôt les alliances ou la dispersion, les différences se caractérisaient par une séméiologie variable comme les langages.

L'écriture est la peinture conventionnelle de la linguistique : reproduction orale et corrélative des idées entre elles, la linguistique se compose de deux éléments : les voyelles et les consonnes, l'âme et le corps [1]; sans concours, le langage de l'homme resterait au niveau de celui des bêtes. La langue sainte, comme toutes les autres, possède ses voyelles naturelles [2]; toutefois, à moins qu'elles ne fussent initiales, toniques ou longues, généralement elles ne s'écrivaient pas. L'ancienne graphie ressemblait à la samaritaine, sans points ni accents; à compter de l'exil, les Juifs adoptèrent l'hébreu actuel [3], invention des rabbins, signalés de tout temps par l'abus des abréviations [4], et cherchant à s'attribuer l'interprétation exclusive des livres saints [5]. Saint Jérôme, d'une science si profonde,

---

[1] Vocales sunt sicut animæ : consonantes sicut corpora. Alcuini Opera, t. II, p. 269.

[2] Voir Steph. Morini Exercitationes de Lingua Primæva, p. 339, 346, 350.

[3] Voir art. BIBLE, Encycl. de Treuttel et Würtz, t. III, p. 462.

[4] Voir art. ABRÉVIATION et RABBIN, Encycl. de Genève, in-4°.

[5] La Misna fut écrite à Tibérias, par Rabbi Judah, vers l'an 150. Voir pour la Masore, Exercitationes de Lingua Primæva, p. 207, à la fin ; aussi, p. 199, 380, 446.

assure que, chez les Hébreux, le même mot se prononce
suivant la volonté des lecteurs et la diversité des pays :
« Hebræi pro voluntate lectorum, atque varietate regionum, eadem verba diversis sonis atque accentibus proferantur [1]. »

Si l'époque où s'établit la ponctuation des Hébreux est
controversée, on est unanime sur l'immutabilité des textes
antiques du Pentateuque, vierges de toute ponctuation ;
ces textes toutefois donnaient lieu à des interprétations
tellement diverses qu'au temps de Ptolémée Philadelphe,
il fallut soixante-douze interprètes pour faire la version
grecque, ce qui prouverait l'absence de voyelles écrites
si elle pouvait être contestée : le phénicien [2] et le démotique [3], avec leurs caractères dactylologiques, suivaient
les mêmes pratiques littéraires que l'hébreu.

L'algèbre emploie les caractères de l'alphabet comme
formules générales, donnant toute liberté à l'application
des quantités numériques; ainsi les points-voyelles n'eurent pas primitivement une valeur phonétique déterminée; ils laissaient aux idiomes vulgaires la facilité de produire les inflexions locales : les Arabes font encore varier
leurs points diacritiques [4].

---

[1] Epistolæ sancti Hieronymi, epist. 126.

[2] Voir les inscriptions puniques.

[3] Voir Caractères démotiques. Aperçu sur les Hiéroglyphes, par Brown ;
planche après la page 80.

[4] « Fata valet A vel E ; Damma O vel U ; Kesra valet I vel E. (Orientali)
plurimas vocales designare non solent, quia facile suppletur ab iis qui linguam, et ejus genium noverunt. » Steph. Morini Exercitationes p. 434,
435.

On décrit rarement les pratiques et les choses d'un usage fréquent ou familier : de là notre ignorance touchant une foule de détails vulgaires dans l'antiquité, et le silence gardé par les anciens au sujet des langages du peuple. Les modernes n'écrivent jamais tant que sur les matières qu'ils comprennent le moins. Le carthaginois, au temps de saint Augustin, semblait être encore un dialecte de la langue de Moïse [1].

Le samaritain, le chananéen, le phénicien, dialectes profanes et vulgaires du chaldéen, langue d'Abraham devenue ensuite hébreu sacerdotal [2], s'écrivaient par sigles, avec suppression de voyelles, mais sans points : la multiplicité des dialectes du peuple juif, et plus tard les nombreuses inflexions linguistiques des nations hospitalières, expliquent suffisamment l'invention d'un moyen propre à sympathiser avec les patois [3], multipliés en raison de l'isolement, de la politique et de la topographie.

Aux époques les plus reculées, les Hellènes tenaient des Phéniciens [4] la suppression des voyelles médiales : les chrétiens orientaux observaient ces vieilles coutumes de

---

[1] Encycl. de Genève, art. Hébraïque (langue), t. XVII, p. 154, col. 1.

[2] Par la Phénicie, on entend la Palestine, la Judée, le pays des Chananéens et des Hébreux. Voir Dissertation sur les médailles hébraïques, par Souciet, p. 4, et Dict. dipl., t. I, p. 416.

[3] En hébreu, A vaut O, E, I, suivant qu'un point est placé dessus ou dessous, ou bien deux points : U = O. Voir art. Hébraïque (langue), Encycl. de Genève, t. XVII, p. 137, col. 2. Exercitationes, etc., p. 378.

[4] Des fouilles exécutées récemment dans la plaine de Troie, ont exhumé des statuettes égyptiennes placées comme Cabires dans les tombeaux des héros d'Homère. Voir Itinér. de Lille à Constantinople, en 1819, 2 vol. in-4° de notre collection.

leurs ancêtres, familiarisés avec l'hébreu, qui seul permet l'intelligence du Pentateuque, barrière naturelle entre
la religion du Christ et le polythéisme : sans le soup-
çonner, ils enseignaient aux néophytes les suppressions
rabbiniques et les innovations introduites dans le texte
du premier législateur orthodoxe.

Les plus anciennes inscriptions latines montrent aussi
la variation des voyelles [1]. Dans la confédération gallique,
l'application générale des degrés et des mutations n'était
ni régulière ni systématique : subordonnée à certaines
coutumes locales et à une euphonie dont les habitants de
chaque cercle étaient arbitres, l'usage s'établissait partiellement et capricieusement; de là peut-être ce despotisme
dont notre langue est encore esclave, éternel désespoir
des étrangers.

Voulant se faire un rempart de l'isolement et de l'absence de communication, les petits souverains du grand
échiquier des Gaules maintenaient la diversité des langages, s'opposaient même à la fusion. Les langues qui ont
pris naissance dans l'agglomération gauloise conservent
les traces des transformations vocales : ainsi, relativement
à nous, les Anglais prononcent A pour E, I pour E, E pour
A; l'antique échelle graduée des dentales, labiales, gutturales, est évidente encore dans les langues germaniques [2].

---

[1] L'inscription de la colonne rostrale (Rome, prem. guerre punique) écrit
E pour I, O pour U, C pour G , etc. Voir Recherches curieuses sur la diversité des langues, par Brerewood , p. 72.

[2] B = P, V, W ; D = T, TH ; F = V. A se change en E, U en O, I en J, etc.
Les degrés sont encore frappants, lorsque le français est prononcé à la

Les erreurs des numismates et des diplomatistes viennent de ce qu'ils n'ont point distingué ni séparé la siglique vulgaire, employée dans les Gaules, d'avec les écritures des langues classiques : les traités spéciaux nous les représentent confondues avec les caractères extraits des inscriptions monétaires[1] ou des diplômes rédigés en grec et en latin. Heureusement, les habitudes locales représentées par les notes, se font jour parfois.

Presque tous les alphabets septentrionaux anciens contiennent des lettres carolines : on comprend difficilement l'obstination des érudits à ne pas reconnaître l'existence de cette espèce de graphie vulgaire[2], alors qu'ils dévoilent avec tant de sagacité les arcanes monogrammatiques, et ceux des notes latines qui rappellent les procédés énigmatiques ridiculisés par Otfrid.

manière allemande : le diapason opposé se remarquait dans l'affectation des merveilleux de l'époque républicaine; ceux-ci prononçaient PA-I, ceux-là STRAZ-PYRCK.

[1] Les Types et Monogrammes mérovingiens de Guill. Combrouse sont des notes, ainsi que les Monogrammes carlovingiens. Voir Catal. raisonné des Monnaies de France, p. 103, pl. V, et p. 105, pl. IV.

[2] Eadmer, abbé de Saint-Alban, trouva dans la cavité d'un mur un manuscrit indéchiffrable, estimé d'une écriture particulière aux Bretons. Nouv. Traité de Dipl., t. II, p. 74, note.

L'abbé Le Beuf découvrit à Autun un manuscrit en écriture inconnue. Ibid., p. 64, note 2.

« Nella fine del 1400, si conservava in Ravenna un documento in papiro di non inteso carattere, ch'era de' tempi dell'imperadore Adriano; il che non è da riputar impossibil punto. » (Verona illustrata, t. I, col. 332.)

De nombreux manuscrits conservés à Ratisbonne sont écrits en notes. Voir Alcuini Opp., Præfatio, p. II.

Les langages se divisaient en sacrés ou savants d'une part, en démotiques ou vulgaires d'autre part; comme la législation se composait de la loi écrite, puis des coutumes locales purement traditionnelles et orales : « Tuit li droit escrit qui sont, et totes les bones costumes dont on use[1]. »

L'absence de graphie explique pourquoi les provinces de la Gaule Belgique suivaient le droit coutumier, tandis que le midi des Gaules, au contraire, était régi par le droit écrit, ou droit romain.

Le champ de l'erreur est resté sans limites, à défaut d'une démarcation entre les langues grammaticales et les idiomes vulgaires. On l'a déjà vu, les langues sont devenues régulières par suite des monuments écrits et traduits de leur littérature. Comme Moïse avait élevé l'hébreu au rang de langue sacrée et savante, Périclès et Auguste, en attachant leurs noms aux siècles qui enfantèrent des chefs-d'œuvre de tous genres, sanctionnaient l'autorité de deux langues étudiées d'âge en âge par les érudits de toutes les nations ; les langages démotiques ou vulgaires, utiles dans leur sphère, disparaissaient avec les causes qui les entretenaient, ne léguant rien à la postérité : ils rendaient des services de tous les instants, sans capter l'attention des hommes lettrés qui les dédaignaient. Cette incurie effaça les traces étymologiques laissées par le peuple dans les dérivés encore existants. On crut à l'obstination du silence, alors que les moyens

[1] Le Conseil de Pierre de Fontaines, p. 261.

graphiques se bornaient à une mnémonique en signes abréviateurs, connue sous le nom décevant de notes : « Notæ sunt figuræ quædam, vel ad brevianda verba, vel sensus exprimendos : vel ob diversas causas constitutæ [1]. »

Les notes, graphie mnémonique [2] et compliquée, marques pour soi et les siens, étaient appelées écriture abrégée, parce qu'elles se composaient de sigles. Ces signes d'abord dactylologiques, ressource des premiers chrétiens se réfugiant dans les Gaules [3], ne portaient point ombrage aux jalouses appréhensions des Druides, persuadés qu'ils resteraient inaccessibles au vulgaire. Les notes, en effet, révèlent, avec le désir de conserver la pensée, celui d'échapper à l'intelligence commune et de n'être compris que par un petit nombre d'initiés. Toutefois, saint Augustin les nomme VERBA VISIBILIA [4], ce qui ne saurait impliquer contradiction, car les gestes compliqués, comme les linéaments qui les représentaient, exigeaient une entente préalable. Le saint docteur ajoute même que parfois les notes ont l'avantage sur les lettres. « Plerumque loquendi consuetudo vulgaris utilior est significandis rebus, quam integritas litterata. »

[1] Alcuini Opera, t. II, p. 271.

[2] Philostrate prend le change, à propos de ce mot employé par Strabon : il ne s'agit pas de l'art douteux de dispenser la mémoire, mais de l'aider par a reproduction de signes plus ou moins expressifs. Philostrat. Lemnii Opp. quæ exstant, p. 523, 524.

[3] Voir Trithème et Biographie universelle, t. XLVI, p. 557.

[4] B. Augustini Opera. Doctrina christiana, lib. II, t. III, col. 20.

Alcuin les qualifie notaria verba [1], qui signifie littéralement : « Signa ad verba memoranda. »

Pline, énumérant ses occupations diverses, dit : « Sedeo
pro tribunali, subnoto [2] libellos, conficio tabulas, scribo
plurimas, sed illiteratissimas literas [3]. » Un commentateur [4] reconnaît qu'il s'agit ici de notes (marques); et
Sidonius ajoute que dans ce passage : illiteratissimas
signifie literis vacans [5].

Un vieux proverbe latin distingue parfaitement l'écriture savante de la graphie vulgaire, en caractérisant ainsi
la complète ignorance : « Neque literas scit, neque notare potest [6]. »

Evodius écrivant à saint Augustin dit, en parlant d'un
jeune secrétaire : « Erat autem strenuus in notis et in
scribendo bene laboriosus [7]. »

On a écrit, et l'on répète qu'on ne lisait pas les
notes d'autrui. L'évêque Petilianus disait : « Notas non
novimus, neque ea natura rerum est atque ipsarum, ut

---

[1] Alcuini Opera, t. I, p. 98.

[2] Les composés de signo et de noto, marquer, sont aussi nombreux qu'on
doit s'y attendre : assigno, designo, insigno, obsigno, præsigno, resigno,
subsigno, etc.; adnoto, denoto, ignoto, pernoto, subnoto, etc.

Signer, consigner, désigner, résigner, enseigner, enseigne, enseignement,
consigne, insigne, etc.; noter, notable, notaire, notoire, notoriété, notion,
notice, notifier, etc.

[3] « Literata quæ scribi potest; illiterata, quæ scribi non potest. » Alcuini
Opera, t. II, p. 268.

[4] De prima Scribendi Origine, p. 175.

[5] Plinii Secundi Epistolæ, lib. I, epist. x.

[6] Certain érudit prétend qu'il faut lire natare au lieu de notare! De prima
Scribendi, etc., p. 178.

[7] B. Augustini Opera, t. II, col. 560, b.

ita dixerim, litterarum ut quisquam notas legat alienas[1]. »
Cette proposition, vraie dans un sens général, est fausse
dans l'application particulière. En effet, les notes rappelant la dactylologie : « Quidam motu manuum pleraque
significant[2], » inventée dans l'intérêt du foyer et des
patois, pour se ressouvenir et s'entendre avec des pro-
ches, des familiers ou une clientelle locale, on pouvait,
à l'aide de quelques explications, comprendre les notes
usitées dans la contrée, lesquelles recevaient ainsi une
application plus étendue, sans devenir intelligibles aux
étrangers; pour obtenir la publicité, on traduisait dans
une langue savante le sens exprimé par les signes, et
l'on changeait ainsi ses clients intimes contre des lecteurs
érudits[3].

« Instituta sunt per literas, signa verborum, ita voces
oculis ostenduntur non per se ipsas, sed per signa quædam.... Ista igitur signa non potuerunt communia esse
omnibus gentibus[4]. »

Un mathématicien du xviie siècle, Hérigone, prétend
que les notes sont une langue universelle que tout le
monde peut entendre[5]. Les autorités précédentes et les
textes en notes parvenus jusqu'à nous, donnent un démenti formel à cette assertion.

Nous ne suivrons pas les savants dans leurs divaga-
tions touchant les notes : ils les classent en nombreuses

---

[1] Baluzii Capitularia reg. Franc., t. II, col. 1162.
[2] B. Augustini Opp., t. III, col. 20.
[3] Nouv. Traité de Diplom., t. III, p. 569, et à la note.
[4] De Doctrina christiana B. Augustini, t. III, l. II, col. 21.
[5] Voir Dictionnaire de Trévoux, t. VI, p. 238, col. 1.

catégories, sans apercevoir que ces divisions établissent
d'une manière indubitable l'emploi des signes vulgaires
dans les circonstances où les langues savantes étaient
sans application possible : en effet les notes « serviles,
pecurias, juridicas, judiciarias, suffragatorias, censorias,
tesserarias, sortiarias, grammaticas, arithmeticas [1], notis
sententiarum, vulgaribus, militaribus, digitorum, etc. [2], »
répondent aux besoins immédiats du peuple, à ses devoirs, à ses usages, à ses occupations comme à ses intérêts : quels services eussent pu rendre les écritures savantes dans ces conditions, et à des hommes privés de
toute littérature, sans en être toutefois ni moins heureux,
ni moins estimables? Il y a cinquante ans à peine, les
neuf dixièmes des Français ne savaient ni lire ni écrire;
si les lumières contribuent au bonheur, en réprimant les
mauvais penchants, c'est alors seulement qu'elles puisent
aux sources morales : de tout temps, la multitude et
l'érudition furent antipathiques.

La fixité et l'identité permanente des notes constatent
leur antiquité : les manuscrits du ve siècle montrent les
mêmes signes que ceux du xe; cette vieille mnémonique
des peuples, que l'on s'est borné à considérer sous les
seuls rapports d'abréviation et de célérité, parce qu'elle
employait les sigles, les notes sténographiques, tachy-
graphiques, brachygraphiques, etc., dont la similitude
des épithètes avec nos écritures cursives, expédiées, cou-
rantes, minuscules, etc., n'a pas été comprise, bien que

[1] Hermannus Hugo, De prima Scribendi Origine, p. 189.
[2] Isidorus, lib. I, §§ 18, 19, 20, 21 et 22.

ces modes, tous deux vulgaires, aient été qualifiés ainsi par opposition à la graphie sacrée et savante qui se traçait posément, avec espace et régularité.

Les notes nous ont été transmises pour ainsi dire furtivement, par de courtes remarques en marge de certains manuscrits; par des phrases interlinéaires, qui souvent n'ont aucun rapport avec le texte : ce sont parfois des imprécations contre quelques puissants du jour, qu'on n'ose attaquer qu'en patois; des ordonnances, des recettes, des indications pour les familiers, les émules [1]. On recueillait de cette manière, et pour l'usage particulier, les sermons des pères de l'Église, les leçons scolaires, les discours, harangues, homélies, et tout ce qui ressortissait d'un voisinage contemporain.

Les notes, vers leur déclin, subsistèrent longtemps encore comme sténographie; de là l'erreur accréditée généralement qu'elles ne furent jamais autre chose.

Les anatomistes des notes s'inquiètent peu si les suppressions portent généralement sur les vocales : ne s'étant pas rendu compte des habitudes gauloises, ces érudits supposent et suppléent des voyelles là où il n'y en avait aucune trace : à travers leur prisme, les coutumes hébraïques ne sont pas soupçonnées; obstacle tel cependant qu'il rendit la graphie vulgaire des Gaulois inaccessible à l'antiquité, et empêcha toute citation textuelle, parce qu'on ne sut quelle vocale employer, l'usage ne pouvant

[1] Voir Corpus Inscriptionum Gruteri.

Voir art. BRACHYGRAPHIE, Encycl. des gens du monde.

rien apprendre dans un pays divisé en fractions, où chaque localité conservait soigneusement sa coutume.

Ils n'ont pas remarqué davantage que les ruches ou paraphes, si bizarres dans les diplômes mérovingiens [1], étaient ménagés à dessein, pour l'insertion de quelques sigles en langages et en caractères vulgaires.

Ainsi, abstraction des caractères grecs, des groupes enclavés, des inscriptions, suscriptions, souscriptions, lettres couchées, renversées, rétrogrades, préposées, onciales, cursives, indistantes, de dimensions diverses et dans toutes les orientations ; en dégageant enfin le positif du chaos, le Nouveau Traité de Diplomatique [2] montre que les notes, à l'insu des interprètes modernes, s'écrivaient à peu près sans voyelles [3].

Plusieurs manuels de prétendues abréviations vulgaires ont été imprimés dans leur prolixité [4], lorsque trois lignes eussent suffi au principe : « La règle qui supprime les voyelles écrites souffre exception, quand deux mots ont identiquement les mêmes consonnes ; alors on écrit

[1] Voir Mabillon, de Re Diplomatica, p. 381 et 389.

[2] T. III, p. 597 et suiv.

[3]

R V T V	pour	eructavit.	C G R		pour accingere.
V B M		verbum.	T M		tuum.
S B Æ		scribæ.	S P C		specie.
V L T R		velociter.	P C H R D N		pulchritudine.
G T A		gratia.	M L T R		mirabiliter.
L B S		labiis.	P P L I		populi.
T S		tuis.	I N M R		inimicorum.
P P T		propterea.	D R T N S		dirutionis.
B N X T		benedixit.	D L X S T		dilexisti.
I T M		in eternum.	C S T V S		consortibus.

[4] Voir Manuel tironien, par Feutry.

la voyelle qui les différencie. » Soumis à cette prescription, les vocabulaires celtiques, reproduisant la partie la moins variable des mots, eussent considérablement perdu de leur monstrueuse exubérance [1].

La diplomatique, recherchant surtout les liens et les rapports qui unissent les langues entre elles, a vu la migration des lettres sans solution de continuité, des Phéniciens chez les Grecs et chez les Romains, apportant aux Gaulois, à des époques plus ou moins reculées, d'abord les caractères propres à fixer la pensée, puis la littérature, à laquelle s'initièrent quelques privilégiés. Les paléographes ne s'occupèrent jamais des langages du foyer, dont les textes n'apparaissaient pas sous leurs yeux ; la grande lacune resta inaperçue, parce qu'on était riche en chartes grecques et latines, seules aptes à recevoir l'authenticité et la sanction des pouvoirs.

Quand chez les Latins, par suite de l'importance des productions littéraires du beau siècle d'Auguste, la langue fut devenue normale, l'alphabet était connu de presque tous ; cependant le pape Fabien, au IIIe siècle, voulut que, pour l'histoire de l'Église, l'incomplète graphie des notes fût accompagnée d'une écriture latine en toutes lettres :

« S. Fabianus papa [2].... regiones divisit diaconibus, et fecit septem subdiaconos, qui septem notariis imminerent, ut gesta martyrum in integro [3] colligerent. »

---

[1] Voir Recherches sur les Formes grammaticales de la langue française, p. 13.

[2] Anastasius bibliothecarius, de Vitis Romanorum Pontificum, p. 16-17.

[3] Cod. Maz, in integrum : Reg. Vat. et Flor., in integrum et fideliter.

Isidore de Séville, le plus encyclopédique des esprits
du viie siècle, après avoir établi la différence entre les
notes latines qu'il attribue à Ennius et les notes vulgaires
employées de son temps dans les assemblées politiques,
judiciaires et militaires, donne cette définition[1] :

« Note autem dicte, eo quod verba vel syllabas, præ-
fixis caracteribus[2] notent, ut ad notitiam legentium revo-
cent, quas qui didicerunt proprie iam notarii appel-
lantur. »

Il parle ensuite « de notis digitorum. » Leur corrélation
à l'alphabet carolin est évidente, ainsi qu'avec les plus
anciens signes graphiques usités parmi les hommes[3].

La graphie n'était possible que pour les langues con-
stituées par des productions orales uniformes et d'une
importance suffisante pour servir de points de comparaison ; il n'existait pas de langue gauloise proprement
dite ; les Celtes ou Gaulois étaient des nations et non pas
une nation[4]. La division de l'échiquier gallique faisait
obstacle ; il ne pouvait y avoir que de nombreux patois,
et les patois, encore de nos jours, ne sauraient s'écrire de
manière à être généralement compris, parce que, confiés
à la seule phonie, ils ne correspondent pas à la valeur
des caractères employés par la graphie. La variété dans
la prononciation des voyelles amena leur suppression, et

---

[1] Isidori Etymologia, lib. I, c. xix , de Notis vulgaribus.
[2] Les sigles.
[3] Voir nos pl. IV et V.
[4] M. Galli, Essai sur le Nom et la Langue des anciens Celtes, p. 35.

cétte remarque est encore applicable aux jargons syncopés des habitants de nos campagnes : ces élisions sont un obstacle de moins pour l'intelligence commune.

Il est évident que le langage par signes offrait l'avantage d'un lien commun, susceptible de cette fixité dont la parole était privée. L'emploi des lettres comme sigles et la suppression des voyelles donnaient une grande rapidité à la dactylologie, bornée sans doute aux phrases les plus simples, aux lieux communs ou de conventions préalables; des conditions plus larges devaient compromettre l'intelligence réciproque.

L'hébreu שָׂרִים (sarim), « principes familiarum[1], » équivaut, suivant les Septante, à γραμματεῖς, que la Vulgate traduit par « magistri[2], » dans le sens de ὑπομνηματογράφοι[3] : au chef de la famille appartenait, en effet, l'enseignement du langage par signes. Au retour de la captivité de Babylone, les langues vulgaires et sacrées sont distinctes; les écrivains de la première espèce s'appellent γραμματεῖς τοῦ λαοῦ, ceux de la seconde, γραμματεῖς τοῦ νόμου[4]. A Athènes comme à Rome, il y avait une langue uniforme suivant des règles; puis les patois du peuple répandus jusque dans les capitales mêmes, et, à plus forte

---

[1] Voir Exercitationes de Lingua primæva, auct. Step. Morino, p. 128; de là l'appellation archaïque κυριολογίκη, employée par Clément d'Alexandrie, Strom. v. 657.

[2] Voir article de M. Hoffmann, traduit dans l'Encycl. de Treuttel et Würtz, t. XIII, part. II, p. 556, col. 1.

[3] Voir notre p. 5.

[4] Voir Hermannus Hugo, De prima Scribendi Origine, p. 420.

raison dans les provinces : ALIUD ESSE LATINE, ALIUD GRAMMATICE LOQUI [1].

L'écriture savante est qualifiée par Aristophane ἱερομνημονεῖν [2]; la graphie vulgaire en signes mnémoniques s'appelait simplement μνημονεῖν.

Philon [3] rapporte que les quartiers d'Alexandrie, au nombre de cinq, étaient vulgairement désignés par les cinq premières lettres de l'alphabet; ces quartiers avaient des noms polygrammatiques, bien qu'une seule lettre ou sigle suffît à leur dénomination [4].

Sous Auguste, Alexandrie possédait encore des magistrats indigènes.

Τῶν δ'ἐπιχωρίων ἀρχόντων κατὰ πολεῖς μὲν, ὅ τε ἐξηγητής ἐστι πορφύραν ἀμπεχόμενος, καὶ ἔχων πατρίους τιμὰς, καὶ ἐπιμελείαν τῶν τῇ πόλει χρησίμων· καὶ ὁ ὑπομνηματογράφος καὶ ἀρχιδικάστης [5].

La qualification donnée aux hommes qui employaient les signes vulgaires jette un grand jour sur la matière :

[1] Quintil. de Institutione Oratoria, lib. I, cap. vi, t. I, p. 62.

[2] Voir Νεφέλαι, antépénultième vers du premier acte.

[3] In Flaccum, p. 973 , A.

[4] En conséquence de cette manière d'écrire, Ptolémée Philadelphe disait en plaisantant, au philologue salarié Sosibius, que le registre portant l'acquit de SOter, de SOSIgène, de BIon et d'AppoloniOS, SOSIBIOS n'avait rien à réclamer. (Athenæi Nautratitæ Deipnosophistarum, in-8, lib. XI , c. xii, t. IV, p. 329 et suiv.)

[5] Strabonis Res Geogr., t. VI, p. 519, lib. XVII, § 12. « Ex indigenis magistratibus in urbe est exegetes, sive interpres, qui purpuram gestat, et patrios honores habet, et ea curat quæ urbi sunt necessaria, idem HYPO-MNEMATOGRAPHUS (mnémographe) et judicum præfectus. »

ὑπόμνημα, « reminiscimentum, memoriæ subsidium ; » c'est la mnémonique véritable, sinon l'art douteux de donner de la mémoire, au moins celui de rappeler par des signes frappants et abrégés les objets et les pensées, VERBA VISIBILIA [1]. Le plus ancien édifice d'Alexandrie s'appelait σῆμα [2], ses habitués σημειογράφοι ; leurs occupations étaient semblables à celles des écrivains en mnémonique : c'étaient les notarii des Latins [3].

Quelques éclaircissements sur les magistrats appelés mnémons ont été donnés récemment [4]. L'auteur établit leur hiérarchie et voit dans ces fonctionnaires les « notarii, tabularii, scribæ, » sans toutefois préciser la qualité d'écrivains en langages vulgaires.

Le célèbre médecin Duret affirme que les œuvres d'Hippocrate se partagent en deux grandes divisions linguistiques : « Duo capita habent, Ὑπομνήματα libri sunt ad subsidium memoriæ scripti…. aliud genus qui Συγγράμματα vocati sunt [5]. »

Saint Étienne, qui mourut neuf mois après Jésus-Christ, parlait au peuple [6] le langage des signes :

[1] B. Augustini de Doctrina Christiana, t. III, col. 20.

[2] Guper, p. 160 ; M. Matter, p. 58.

[3] Glossarium Mediæ et Infimæ Ætatis, Du Cange, t. IV, col. 1215.

[4] Mémoires de l'Institut, t. VI, p. 221.

[5] Ludovici Dureti in libros Aphorismorum Hippocratis, 1554, in-4 parvo, fol. 1 recto. Ce précieux manuscrit, dont on croyait devoir déplorer la perte, appartient maintenant à des hommes capables et zélés ; ils ne négligeront rien pour en faire jouir la science.

Son tombeau, près de Jérusalem, portait une inscription syriaque.

« Stephanus plenus gratia et fortitudine faciebat prodigia et signa magna in populo [1]. »

Le patriarche de l'église d'Alexandrie, fondée par saint Marc vers l'an 50, indiquait chaque année, en signes vulgaires, le jour de Pâques à toute la chrétienté, d'où est venue la dénomination d'ère vulgaire [2].

Origène catéchisait à Alexandrie dans la langue vulgaire (l'ancien copte), vers la fin du IIe siècle.

Dionysius de Milet, versé dans l'art des notes, qu'il tenait des Chaldéens, fut particulièrement honoré par Adrien [3].

Saint Genez d'Arles, greffier public, écrivait en notes les interrogatoires des criminels et la sentence des juges [4].

Strabon, Pline et César assurent que les caractères grecs étaient connus des Gaulois [5]; ce dernier ajoute qu'ils n'en faisaient point application à leur propre langue :

« Neque fas esse existimant, ea litteris mandare [6]. »

Si quelques hommes d'élite en adoptèrent l'usage, ce

[1] Acta Apostolorum, c. VI, v. 8. A moins de prendre une disjonctive au lieu de la conjonctive, et de faire ainsi un pléonasme, il faut reconnaître à σημεῖα μεγάλα le sens attaché à l'antique édifice d'Alexandrie. Cette version latine avec une notation psalmodique est extraite d'un manuscrit du IXe siècle, petit in-4, fol. 9, qui fait partie de notre collection.

[2] L'ère chrétienne n'a été écrite en latin qu'au VIIe siècle.

[3] Hist. de l'École d'Alexandrie, par Matter, p. 266.

[4] Nouveau Traité de Diplomatique, t. III, p. 569.

[5] Histoire Littéraire de la France, t. I, p. 12.

[6] Cæsar, de Bello Gallico, lib. VI, cap. XIV, p. 203

Cadmus apporta les signes graphiques aux Hellènes : quatre générations plus tard, un de ses descendants régnait en Béotie (OEdipe, voyez p. 7). La langue des Phéniciens, mieux connue, montrera sans doute autant d'analogie avec le grec qu'on lui en suppose avec l'hébreu.

fut en cultivant les langues savantes; nous avons prouvé que les langages maternels, abandonnés au caprice des habitudes locales, restaient sans moyens graphiques de transmission. Les premiers chrétiens, refoulés par la fureur du paganisme expirant, reçurent asile dans les Gaules, où ils apportaient une écriture d'origine commune, mais devenue cryptique, comme leurs retraites, comme les premières cérémonies du culte destiné à éclairer bientôt toute la civilisation.

Les coutumes barbares des Phéniciens avaient été imitées par les druides [1]; leur fanatisme ombrageux réussit à étouffer tout développement intellectuel, mais ils ne proscrivirent point une graphie essentiellement circonscrite [2].

« Cum christiana religione musas excipere, ut non sit quærendum quibus hoc tempore tum ibi litteris uterentur. Litterarum secreta [3], inquit Tacitus, viri et feminæ pariter illic ignorant [4]. »

Les Romains, en s'établissant dans les Gaules, n'eurent pas d'abord l'influence linguistique qu'on leur suppose : « Græca leguntur in omnibus fere gentibus, latina suis finibus, exiguis sane, continentur [5]. »

---

[1] Voir Histoire de Provence, par Papon, t. I, p. 486.

[2] A l'époque où la foi, quoique fervente, était encore peu répandue, les suppressions de voyelles plaisaient aux druides et satisfaisaient les rabbins.

[3] Ce mot SECRETA fit constamment prendre le change aux modernes : Hickesius y voit une preuve de la pureté des mœurs dans les Gaules, où, suivant lui, on ne faisait pas usage de billets doux. Linguarum vett. septent. Gramm. Franco-Theot., t. I, p. 2. — Conférer dans Tacite, « cum notis variorum, » les notes de Lipsius et de Gronovius, t. II, p. 637.

[4] Mabillon, de Re Diplomatica, p. 46.

[5] Cicero in orat. pro Archia poeta, t. IV, p. 2187.

Le premier souci des guerriers était de dompter, puis
de contenir les peuples subjugués; leurs édits manquaient de cette puissance morale qui modifie les usages :
le rit grec, établi avec le christianisme, parlait plus haut
que toutes les contraintes, et l'influence latine ne se fit
réellement sentir qu'après la translation du trône des
Césars à Constantinople, lorsque le rit latin fut enfin
adopté dans les Gaules; néanmoins, dès la conquête, les
vainqueurs imposèrent leur langue aux transactions offi-
cielles; les documents religieux, législatifs, politiques ou
diplomatiques, étaient contraints de prendre la langue
latine pour interprète : les langages maternels se dédom-
mageaient en perpétuant la pratique des vieux arcanes
du foyer.

Le nord des Gaules reçut les premiers éléments littéraires de l'Orient; le midi les puisait directement à Rome;
les colonies romaines dans la Gaule Narbonnaise et l'antique alliance de Marseille avec la ville éternelle, ouvri-
rent les relations; la législation romaine y fut adoptée avec
sa littérature, tandis que les coutumes locales restèrent
aux Gallo-Belges. La connaissance des caractères latins se
répandit ainsi plus tôt au midi qu'au septentrion; de là une
différence marquée entre l'exécution calligraphique des
manuscrits latins écrits dans les contrées méridionales et
ceux venant du nord. Cependant on n'en peut rien conclure quant à la priorité de l'application aux langages
vulgaires, puisque les monuments littéraires manquent
également à toutes les latitudes avant Charlemagne.

Lors de la substitution du rit latin au rit grec, il s'éta-

blit une écriture transitoire.; les manuscrits latins septentrionaux conservent de fréquentes similitudes graphiques avec les usages anciens; groupes de lettres non
alignées ni espacées; voyelles daguessées ou suppléées
d'une manière microscopique dans le corps des consonnes, préfixes, affixes, suffixes, etc. On remarque fréquemment sur les marges des codex de ces temps, les
exercices ou essais d'alphabets latins que des scribes inexpérimentés venaient y copier pour se familiariser avec les
caractères destinés à propager plus tard leurs langages
maternels [1]. On voit encore, jusqu'au xiiie siècle, nombre
de ces essais graphiques même dans les manuscrits en
langages vulgaires. A leur retraite les Romains emportè-
rent les archives dont ils étaient dépositaires [2] : les livres
carrés remplacèrent immédiatement les rouleaux; l'Église
voyait dans ceux-ci des auxiliaires à la littérature payenne,
et leur contexture les rendait impropres aux cérémonies
du christianisme; double motif d'exclusion : c'est seulement au ve siècle que les livres carrés apparaissent dans
les Gaules; les livres en théotisque peuvent dater du ixe,
tandis que les textes en langages romans d'une certaine
étendue ne se montrent que vers la fin du xe siècle.

Le plus ancien livre de prières connu est celui de
Charles le Chauve [3]; il faut encore attendre plusieurs siè-

---

[1] Nous possédons plusieurs manuscrits revêtus de ces exercices, auxquels
on n'a pas fait suffisamment attention : les collections importantes de manuscrits en conservent toutes plus ou moins.

[2] Nouveau traité de Diplomatique, t. I, p. 97.

[3] A la Bibliothèque du Roi, superbe manuscrit sous le n° 1152.

cles pour rencontrer des oraisons en langages vulgaires ;
lire et écrire fut l'apanage tardif des populations qui se
bornaient à réciter des patenôtres et des litanies.

La comptabilité nationale et la première bibliothèque
publique en France eurent Charles V pour fondateur.

Si une élasticité sans limites et des modifications continuelles rendent insaisissables les dialectes gaulois antérieurs à l'occupation romaine, le précieux temps d'arrêt
imprimé par la conquête, l'ascendant des vainqueurs,
conséquence de leur supériorité littéraire, tout concourut à
donner une impulsion nouvelle aux idiomes du pays ; les
étymologistes n'ont pas à saisir un Prothée : notre langue,
prenant naissance dans la partie septentrionale des Gaules, ne répétait plus guère que des mots romanisés, dont
quelques-uns étaient fixés par l'influence régulière d'une
langue d'origine commune, et possédant tous les éléments de transmission, avec une représentation graphique qui devenait la nôtre.

Les degrés et les transformations se sont généralement
régularisés lors de l'emploi des caractères latins, vers 840,
de manière toutefois à conserver de nombreux vestiges
des modifications antérieures. La séparation des mots est
aussi l'œuvre des Romains.

Les monuments monétaires des Gaulois attestent la présence des caractères grecs avant l'occupation romaine [1];
toutefois on ne s'en servait guère que comme symboles :

---

[1] Voir Études numismatiques, par J. Lelewel, p. 217. Les caractères ioni-
ques descendent du pélasgien, que le phénicien avait formé.

la victoire vint imposer les coins de l'empire, sous peine
de démonétisation ; puis elle ordonna d'inscrire en toutes
lettres les noms des princes et des lieux [1] ; à cette injonction, répondit une obéissance inintelligente et réfractaire.
Les chrétiens fugitifs et leurs prêtres, remplissant une mission de paix et de persuasion, introduisirent bientôt dans
la confédération gallique la religion et les lettres, en rappelant les arcanes des notes, modifiées à la manière hébraïque : de là les difficultés inextricables apportées à la
numismatique ; l'épigraphie mérovingienne, exécutée au
moyen d'onciales latines, sera longtemps encore, à cause
de la persistance des habitudes locales, une des plus
grandes difficultés de la science, livrée à de continuelles
hésitations et aux luttes opiniâtres entre l'usage et l'arbitraire.

Contraints par l'autorité romaine à inscrire en toutes
lettres le nom du lieu où se frappaient leurs monnaies, et
dans leur embarras, les Gaulois gravèrent sur le bronze :

MURINO	pour	MORINI.
NAMASAT		NEMAUSUS.
RATUMACOS		ROTOMAGUS.
SOOCVANOS		SEQUANUS, etc.

Dans l'impossibilité d'expliquer ces versatilités, les numismates les appellent des déviations [2].

---

[1] Voir Numismatique du moyen âge, première partie, p. 86 et 11.
[2] Voir Études Numismatiques, p. 218, 228.

La langue des Goths et celle des Francs sont connues
grâce aux versions évangéliques faites par les moines ou
les évêques chefs de ces peuples, après leur conversion
au christianisme : Ulphilas, dès la fin du ive siècle et dans
sa ferveur, confia à un Hellène le soin de fixer avec les
caractères grecs, seuls connus du petit nombre des érudits septentrionaux, la version évangélique traduite en
langue gothique et restée orale chez le néophyte désireux
de convertir sa nation; toutefois, ces caractères ne purent
se propager en Gothie, les monuments littéraires de cette
contrée, avant l'an 1000, sont en notes runiques. Les
runes naissent toutes de l'I, ce sont des signes digités rectilignes dont l'origine est phénicienne; elles sont de
beaucoup antérieures à Ulphilas.

Otfrid, moine en 843 à Weissembourg d'Alsace, formula enfin et le premier, en lettres latines correspon-
dantes autant que possible aux inflexions vocales de ses
compatriotes, une version théotisque qui répand la
lumière sur le mécanisme de cette langue et de ses voisines.

La sollicitude de Charlemagne pour généraliser les
études allait porter ses fruits; le temps d'une heureuse
innovation approchait, et la littérature indigène allait
enfin sortir des limbes où elle était ensevelie. « Otfridus
monachus, qui Germaniæ sermonem omnium primus
litteris tractare aggressus, linguam appellavit scriptu
perdifficilem, propter sonum incommodum, et litterarum plerumque congeriem, multis in eam sententiam
collectis argumentis : tum vocalium creberrimum pro

eo quod nunc fit, usum fuisse, perpetuum veluti testimonium ejus scriptio dicit [1]... »

La lettre d'Otfrid, « Liutberto Moguntiacensis urbis archiepiscopo, » placée en tête de la traduction des Évangiles [2], contient les renseignements les plus précis sur l'insuffisance des moyens de fixer la pensée chez les Austrasiens à l'époque carlovingienne. Nous reproduisons ce précieux document, dont l'éditeur n'a point saisi la portée [3].

« Scripsi namque Evangeliorum partem francisce compositam.... Cordisque præcordia lectiones has theotisce conscriptas semper memoria tangent. Hujus enim linguæ barbaries ut est inculta et indisciplinabilis, atque insueta capi regulari freno grammaticæ artis, sic etiam in multis dictis scripto est propter literarum aut congeriem aut INCOGNITAM SONORITATEM difficilis. Nam interdum tria U U U, ut puto, quærit in sono, priores duo consonantes, ut mihi videtur, tertium vocali sono manente. Interdum vero nec A, nec E, nec I, nec U vocalium sonos præcanere potui, ibi Y græcum [4] mihi videbatur adscribi [5]. Et etiam hoc elementum lingua hæc horrescit interdum, nulli se chara aeri aliquotiens in quodam

---

[1] Welserus, Rer. Boic., lib. II, in fine, p. 145.

[2] Voir Thesaurus Antiquitatum teutonicarum Schilteri, t. I, p. 10.

[3] Les vers théotisques rapportés par Strickerus, Thesaurus Schilteri, à la fin du t. II, p. 55 à la note, sont une traduction du roman de Roncevaux ; le colloque de la Samaritaine n'est pas antérieur à Otfrid.

[4] Voyez upsilon, p. 23.

[5] Ce qui était difficile à Otfrid eût été impossible avant l'alphabet de Charlemagne.

sono nisi difficile jungens. K et Z sæpius hæc lingua
extra usum latinitatis utitur, quæ grammatici inter literas
dicunt esse superfluas. Ob stridorem autem dentium
interdum, ut puto, in hac lingua Z utuntur; K autem
ob faucium sonoritatem. Patitur quoque metaplasmi
figuram nimium, non tamen assidue, quam doctores
grammaticæ artis vocant sinalipham, et hoc nisi legentes
prævideant, rationis dicta deformius sonant, literas interdum scriptione servantes, interdum vero EBRAICÆ
LINGUÆ more vitantes, quibus ipsas literas ratione sinaliphæ in lineis, ut quidam dicunt, penitus amittere et
transilire moris habetur; non quo series scriptionis hujus
metrica sit subtilitate constricta, sed schema omœoteleuton assidue quærit. Aptam enim in hac lectione et
priori decentem et consimilem quærunt verba in fine
sonoritatem, et non tantum per hanc inter duas vocales,
sed etiam inter alias literas sæpissime patitur conlisionem
sinaliphæ, et hoc nisi fiat, extensio sæpius literarum
inepte sonat dicta verborum. Quod in communi quoque
nostra locutione, si solerter intendimus, nos agere nimium invenimus. Quærit enim linguæ hujus ornatus, et
a legentibus sinaliphæ lenem et conlisionem lubricam
præcanere, et a dictantibus omœoteleuton; id est consimilem verborum terminationem observare. Sensus enim
hic interdum ultra duos vel tres versus vel etiam quatuor
in lectione debet esse suspensus, ut legentibus, quod
lectio signat, apertius fiat. Hic sæpius I et O, ceteræque
similiter cum illo vocales simul inveniuntur inscriptæ,
interdum in sono divisæ vocales manentes, interdum

conjunctæ, priore transeunte in consonantium potestatem. Duo etiam negativi, dum in latinitate rationis dicta confirmant, in hujus linguæ usu pæne assidue negant, et quamvis hoc interdum præcavere valerem, ob usum tamen quotidianum, ut morum se locutio præbuit, dictare curavi. Hujus enim linguæ proprietas nec numerum, nec genera me conservare sinebat. Interdum enim masculinum latinæ linguæ in hac fœminino protuli, et cætera genera necessarie simili modo permiscui. Numerum pluralem singulari, singularem plurali variavi, et tali modo in barbarismum et solœcismum sæpius coactus incidi. Horum supra scriptorum omnium vitiorum exempla de hoc libro theotisce ponerem; nisi irrisionem legentium devitarem. Nam dum agrestis linguæ inculta verba inseruntur latinitatis planitiæ, cachinnum legentibus præbent. Lingua enim hæc velut agrestis habetur; dum a propriis nec SCRIPTURA, nec arte aliqua ullis est temporibus EXPOLITA, quippe qui nec historias suorum antecessorum ut multæ gentes cæteræ, commendant memoriæ, nec eorum gesta vel vitam ornant dignitatis amore. Quod si raro contigit, aliarum gentium lingua, id est, Latinorum vel Græcorum potius explanant; cavent aliarum et deformitatem non verecundant suarum. Stupent in aliis vel literula parva artem transgredi, et pæne propria lingua vitium generat per singula verba. Res mira, tam magnos viros prudentiæ deditos, cautela præcipuos, agilitate suffultos, sapientia latos, sanctitate præclaros, cuncta hæc in alienæ linguæ gloriam transferre, et USUM SCRIPTURÆ IN PROPRIA LINGUA NON HABERE. Est tamen conveniens, ut

qualicunque modo, sive corrupta, seu lingua integræ artis, humanum genus Autorem omnium laudent, qui plec-
trum eis dederat linguæ, verbum in eis suæ laudis sonare,
qui non verborum adulationem politorum, sed quærit in
nobis pium cogitationis affectum, operumque pio labore
congeriem, non laborum inanem servitiem.

« Hunc igitur librum vestræ sagaci prudentiæ proban-
dum curavi transmittere, et quia a Rhabano venerandæ
memoriæ[1], digno vestræ sedis quondam præsule, educata
parum mea parvitas est, præsulatus vestræ dignitati sa-
pientiæque in vobis pari commendare curavi. »

L'examen attentif des manuscrits théotisques signalés
comme exécutés du vii[e] au viii[c] siècle[2], démontre qu'ils
ne sont pas antérieurs au ix[e] : plusieurs de ces versions,
orales d'abord, furent écrites en latin lorsque la graphie
vulgaire n'existait pas encore, puis restituées dans leurs
idiomes primitifs quand celle-ci devint usuelle[3]. Aucune
date certaine n'étant jusqu'à ce jour assignée à la graphie
vulgaire, le désir d'accroître la valeur des textes, en leur
attribuant la plus haute antiquité, provoqua l'exagération
et l'erreur.

Otfrid, notre guide, déclare que ses contemporains
« usum scripturæ in propria lingua non habere. » Cette
assertion péremptoire est transformée par les auteurs de·

---

[1] Mort en 856.

[2] Voir Langue et Littérature des Francs, par G. Gley, p. 27.

[3] Ce sont en effet des homélies, des formules de chants, des règles d'ordre,
des prières publiques, toutes choses également faciles à retrouver dans la mémoire des hommes.

la Nouvelle Diplomatique, dans l'argument que voici :
« Ils ne faisaient point usage de l'écriture pour polir leur
langue[1]. » Le spécieux est évident; une langue aux inflexions multiformes ne pouvait être ramenée à l'unité
par une mnémonique versatile elle-même; l'amélioration
par voie de fixité était impérieuse; en l'absence de graphie
réelle, le despotisme des usages opprimait sans contrôle ,
ce qui fit dire à Pontanus : « OEdipo itaque opus sit, qui
hanc sphingem in totum explicet[2]. » Les caractères in-
scrits sur la matière subjective étaient de véritables marques, confiées à l'interprétation des adeptes; elles devenaient lettres mortes lorsque ceux-ci se taisaient ou
disparaissaient[3].

La réflexion dissipe l'étonnement; les moyens graphiques, même les plus réguliers, demeurent, par leur nature essentiellement bornée, impuissants à formuler les
inflexions populaires variées, insaisissables et sans limites : encore au XIIe siècle la différence des patois était
telle en France, qu'on ne se comprenait pas d'une province à l'autre[4]; impossible alors, comme aujourd'hui,
de rendre les intonations du peuple par le moyen des
lettres : « propter linguarum dissonantiam. » Les habitants de nos campagnes varient leurs jargons presque

[1] Nouveau traité de Diplomatique, t. III, p. 114.

[2] Orig. Francor., lib. VI, p. 606.

[3] La matière employée par les Francs était le bois; en belgo-batave,
boek, beuke (d'où notre mot bouquin), signifie à la fois hêtre et livre; on
montre au Musée Royal de Copenhague des livrets exécutés vers l'an 1000
sur des planchettes de hêtre.

[4] Voir Académie des Inscriptions, t. XVII, p. 728.

dans chaque paroisse : si l'art échoue au xixe siècle, faut-il s'étonner qu'il n'y ait pas eu tentatives alors que les moyens de parler à sa propre mémoire étaient incertains ?

Bien que les paléographes n'aient tenu aucun compte des assertions d'Otfrid, et que l'insurmontable obstacle à la graphie vulgaire ait été ignoré ; tous reconnaissent que les textes nationaux disparaissent entièrement vers le viiie siècle ; mais pour faire remonter la graphie jusqu'à cette époque, il faut nécessairement effacer les travaux linguistiques de Charlemagne, tout ce qu'ont écrit sur la matière Alcuin et Raban, accuser ensuite d'imposture le premier traducteur théotisque des Évangiles ; ces concessions laisseraient encore la graphie et la linguistique dans les conditions reconnues précédemment : le millésime seul serait reculé, sans apporter aucun changement aux limites et aux circonstances bien autrement positives que les appréciations contestables, appuyées sur l'art de connaître l'âge des écritures, alors qu'on est privé d'ailleurs de toute indication.

Depuis le monument évangélique d'Otfrid et le pacte de Strasbourg, il s'écoula plus d'un siècle sans productions nouvelles ; les ténèbres s'étaient épaissies après la mort de Charlemagne. Le travail nécessaire au développement des langages vulgaires, désormais transmissibles et rationnels, ne pouvait marcher que lentement. Quant à la Normandie, elle ne fit usage de la graphie que plus d'un siècle après la descente de Rollon [1].

---

[1] Ce fait est attesté par Richard Ier, troisième duc de Normandie. Voir l'abbé De La Rue, t. II, p. 194-195.

Il faut reconnaître ici une des principales causes de l'éclipse intellectuelle survenue à la suite du grand siècle : on négligeait les antiques ressources mnémoniques, et l'on n'était pas suffisamment familiarisé avec les représentants approximatifs des sons : de là une multitude d'anomalies, d'erreurs et de non-sens, remarquables encore dans les plus anciens textes.

Si une œuvre de régénération a été opérée plus tard sur quelques rares productions rédigées d'après l'antique manière, et nous serions autant en peine de l'affirmer que de le contester, on n'en doit pas moins croire que la graphie mnémonique était mise au néant, la vieille siglique gauloise enterrée à toujours, et le nouveau-né dépouillé des indices de son extraction.

Un sourd-muet, guéri à Paris en 754, apprit immédiatement la langue vulgaire, et ne se familiarisa avec les lettres qu'après avoir passé quelque temps dans un monastère : « unde factum est ut, tam auditu quam locutione, in brevi, non solum ipsam rusticam linguam perfecte loqueretur, sed etiam litteras in ipsa ecclesia, clericus effectus, discere cœpit[1]. »

Dom Mabillon a publié l'alphabet des Gaulois avant l'influence latine, d'après quelques inscriptions antiques[2]. On retrouve ces caractères grecs plus ou moins altérés sur les monuments runiques, conservés jusqu'au pôle nord : Ulphilas les employa dans son Codex Argen-

---

[1] Académie des Inscriptions, t. XVII, p. 713.
[2] De Re Diplomatica, p. 347.

teus [1]. L'érudit bénédictin s'est borné à faire connaître les majuscules : le plus profond savoir ne garantit guère de l'erreur, lorsqu'il y a préoccupation; prenant le change au sujet des paroles si précises du moine austrasien, auquel il faut ajouter l'autorité de Welserus, de Génébrard, de Fauchet, etc., dom Mabillon, ordinairement si bon guide, se borne à conclure des assertions d'Otfrid, qu'avant Charlemagne les Gaulois étaient plus adonnés aux armes qu'à l'étude [2]. Les éditeurs du Nouveau traité de Diplomatique ont surenchéri : enfin un auteur récent ajoute que si les Gaulois n'ont point écrit, c'est qu'ils n'avaient rien à raconter [3].

Lorsque ceux-là mêmes que nous regardons comme nos maîtres, les Romains, placent les Gaulois au premier rang de la science et de l'éloquence [4], lorsqu'ils reconnaissent notre supériorité en astronomie, en géographie, en histoire naturelle, lorsqu'ils avouent la perfection relative de notre agriculture et de notre industrie manufacturière; comment expliquer le silence prolongé de nos pères envers leurs contemporains et la postérité ?

Peut-on admettre que les hommes répandus par milliards sur l'immense surface qui sépare l'Ibérie des bouches du Rhin, et qui s'étend depuis le Rubicon jusqu'en

---

[1] Conservé à Upsal, en caractères presque tous grecs; magnifique copie exécutée à Rome, au ve siècle, lorsque les Goths y dominaient. (De visu.)

[2] De re Diplomatica, p. 46.

[3] Dissertation sur la langue française, etc., p. 5.

[4] Voir Posidonius, Ap. Athæn., lib. VI; Strabon, lib. IV; Diodor. Sicul., lib. V; Ammian., lib. V; Lucan., lib. I; Ælian., lib. XII.

Irlande, traversèrent une suite de siècles sans écrire jamais une seule phrase des langages maternels, et ne pas reconnaître que ce mutisme était la conséquence d'un insurmontable obstacle ? L'Histoire littéraire de la France montre le grec et le latin comme intermédiaire exclusif avec la postérité[1], sans apercevoir l'absence de graphie, cause du silence absolu des langages vulgaires, silence qu'elle attribue à l'entêtement ou au caprice des indigènes ! [2]

Le même ouvrage signale comme écrivains gaulois, des Romains d'origine, rédigeant dans leur langue ou dans celle de leurs pères, ou bien des ecclésiastiques écrivant dans la langue de l'Église.

« Cur leges pleræque cantilenæ appellentur ? an quod homines priusquam litteras scirent, leges cantabant, ne eas oblivioni mandarent ? » Διὰ τί νόμοι καλοῦνται οὓς ᾄδουσιν ; ἢ ὅτι πρὶν ἐπίστασθαι γράμματα, ᾖδον τοὺς νόμους, ὅπως μὴ ἐπιλάθωνται[3];

Ce fut en vers que Lycurgue et Dracon donnèrent leurs lois aux Spartiates et aux Athéniens.

Cicéron atteste que, de son temps, les enfants chantaient la loi des Douze tables. « Discebamus enim pueri XII (tabulas) ut CARMEN NECESSARIUM [4]. »

---

[1] De nos jours encore la langue latine est l'interprète universel de la science.

[2] Histoire littéraire de la France, t. I, p. 1 et suiv.

[3] Aristotelis sect. XIX, Problem. 28.

[4] Ciceroni de Legibus, lib. II, c. XXIII. On enseignait les enfants en les faisant chanter en chœurs, et non par cœur : rétablir la valeur primitive des mots sera toujours une impérieuse nécessité : RIEN vient de RES, c'est l'inverse qu'il signifie maintenant.

Νόμος signifie tour à tour, loi, tradition, chanson : les trouvères ont toujours employé le mot chanson dans le sens de tradition, dont ils ne font pas usage :

Vielle chançon de grant antiquité [1].

La difficulté de rien fixer d'une manière durable dans la mémoire du peuple donna naissance aux chansons traditionnelles. C'est presque toujours à la suite d'expressions antiques, détournées de leur signification primitive vers l'époque de la renaissance, que l'erreur s'est introduite parmi nous : les nuages ne se seraient point accumulés sur le berceau de notre poésie, si les éditeurs de nos anciens documents avaient connu le sens originel du mot provenant, quant à sa valeur, de cette langue grecque à laquelle la nôtre doit autant qu'à la langue latine; ils eussent compris dès lors qu'un texte ancien, renfermant des assonances plus ou moins mélodiques, dut naître en l'absence de graphie pour le peuple et dans l'intérêt de la tradition : cette vieille coutume ne constate pas nécessairement une antériorité sur Otfrid ; le mode mnémonique, suivi par les premiers trouvères, se prolongea longtemps encore en communauté avec la graphie vulgaire.

La terre Franciæ Salicæ [2], située entre la Meuse et le Rhin, entre Tongres et Diest, forma plus tard la majeure partie du comté de Loos, patrimoine d'Ogier, ce qui au-

---

[1] Roman de Guillaume d'Orange, à la Bibliothèque du Roi, manuscrit n° 6985, fol. 167 v°, col. 1.

[2] Voir Leges Salicæ illustratæ Wendelino, à la carte; et la Chevalerie d'Ogier, préface, p. ix.

torisait les historiens à désigner comme Français par excellence le prince de la France Salique [1].

La coutume salique ou royale [2], œuvre orale de Marcomir, aidé des principaux du pays, « priores eorum invenerunt [3], » n'était confiée à aucun texte matériel jusqu'à Charlemagne, « qui jura quæ scripta non erant, describere ac litteris mandari fecit [4], » il lui donna dès lors autorité de loi [5].

Les plus anciennes chroniques qui font mention de la loi salique, en nommant ses collaborateurs, indiquent les localités où ils se réunirent; on reconnaîtra dans les modifications toutes naturelles que subirent ces noms de lieux [6], la réalité des transformations phonétiques que nous indiquerons.

Une observation nécessaire, touchant l'étymologie

---

[1] A la bataille de Muret, le général, à l'instant décisif, rappelle aux Français les plus illustres noms de leurs ancêtres :

« Francorum genus egregium, Carolique potentis

« Rollandique cohæredes et fortis Ogeri. »

Philippéide de Guillaume Le Breton, Histor. des Gaules, t. XVII, p. 221.

[2] En théotisque SAL signifie palatium, aula, regia; voir Schilteri Glossarium Teutonicum, verb. SAL II et SALICA.

Lex Salica, lex Aulica, lex Regia, et terra Salica, terra jurisdictionis legis Salicæ, prope urbem Tungrorum; Tungri victores Belgarum, « qui primi Rhenum transgressi Gallos expulerint ac nunc Tungri, tunc Germani vocati sunt. » TACITUS, de Morib. Germ. c. II, p. 590.

[3] Ado Viennensis circa 850, apud Windelinum, XVIII.

[4] Eginhardus, vita C. M., t. I, p. 88.

[5] Legum Longobard., lib. III, c. XXXI.

[6] SALECHEIM   BADECHEIM   WIDECHEIM   Gesta Francor. Marq. Freheri.

  SALECHAGIN   WIBORATHGIN   WIDECHAGIN   Anon. MS. Cameracensi.

          IUBORHAGIN   WINDIGATIN   Chronic. Moissiacense.

française, c'est que le progrès s'étant constamment exercé dans le sens de la délicatesse et du poli, l'acception est devenue progressivement plus restreinte, plus fine, plus délicate ; lorsqu'après un long temps, on recourut au primitif, il se retrouva large, grossier, acerbe [1].

Les traditions mérovingiennes de la coutume royale, diverses comme tout ce qui est confié à la mémoire, trouvaient leur appui dans les souvenirs : « in mente, in pacto, in sententia [2], in conventione, in consuetudine, etc. » Le rhythme, l'assonance et la musique furent ses moyens de transmission et de perpétuation.

La coutume salique fut une loi, une tradition, une chanson par excellence. Le texte de Hérold, le plus authentique et celui qui résume le mieux les vieilles traditions [3], montre encore un rhythme, des homoïoteleutes, et peut se ranger en couplets. Voici le célèbre titre LXII, qui exclut les femmes : l'antique version, le CARMEN NECESSARIUM de Cicéron, est imprimé en noir, les interpolations le sont en rouge :

SALEhaim	BODEhaim	WINDOhaim	
SALEgeve	BODEgeve	WINDOgeve	Sigebertus Gemblac.
SALEchove	BODEhove	WINDEhove	
SALEheim	BODEheim	WINDEheim.	Wendelin.

En ajoutant aux anciennes racines de ces noms le théotisque GAST (hôte, enfant de), on trouve ceux des collaborateurs, Salegast, Bodegast, Widogast, etc.

[1] Ainsi GAST employé par Marcomir (Voir ci-dessus.) fit le roman GARS : ce dernier était une injure vers la fin du moyen âge ; le féminin prit une acception plus outrageante encore.

[2] Voir M. Pardessus, p. 222 , ligne dernière.

[3] Ibid., p. 259 , et Wendelin., Leges Salicæ, p. 43.

I.

Si quis mortuus fuerit, [1]
Et filios non dimiserit,
Si pater aut mater superstites fuerint
In ipsam hereditatem succedant.

II.

Si pater et mater non superfuerint,
Et fratrem aut sororem dimiserit,
In hereditatem ipsi succedant.

III.

Si isti non fuerint,
Tunc soror matris
In hereditate succedat.

IV.

Si vero soror matris non fuerit,
Sic soror patris in hereditate succedat.

V.

Et postea sic de illis generationibus,
Quicumque proximior fuerit,
Ipsi in hereditate succedant,
Qui ex paterno genere veniunt.

VI.

De terra vero salica
In mulierem nulla
Portio hereditatis transit,
Sed hoc virilis sexus acquirit....
Sed ubi inter nepotes....
Post longum tempus,
De alode terræ contentio suscitatur,
Non per stirpes,
Sed per capita dividantur.

Tel fut le procédé perpétuel de l'Église : afin que ses commandements restassent dans la mémoire de tous, ils

[1] Rhythme ïambique naturel : ◡– ◡– ◡– ◡– .

sont encore aujourd'hui terminés en assonances[1] : composer en vers n'était pas une manie poétique, mais une
nécessité imposée par les intelligences vulgaires incultes
et paresseuses.

Ce motif a fait rédiger en vers une des plus anciennes
coutumes, celle de Normandie, ainsi que les règles
d'ordre et les statuts de divers états : il existe d'anciennes traductions rimées des Institutes de Justinien ;
le code vulgaire de la sagesse, les leçons incisives de
nos pères, les proverbes, en un mot, ne se sont transmis
d'âge en âge que par l'intermédiaire de l'assonance.

La version en langue vulgaire la plus respectable parvenue jusqu'à nous, est celle des livres des Rois avec les
homélies [2], d'une graphie du xie siècle, tandis que la
rédaction remonte au ixe, ensuite des prescriptions du
concile de Tours, en 813 [3].

Fedeil Deu, entend l'estorie.... [4] Le temple devisad si cume vu véez que
ces mustiers en la nef e al presbiterie sunt partiz [5].

On chercherait vainement une version primitive qui
révélât mieux les habitudes mnémoniques de nos ayeux.

Le docte Barbazan y avait signalé de nombreux vers en

[1] Dans les Gaules, l'enseignement se faisait en vers. Voir Hist. littéraire,
t. I, p. 41 ; t. XVI, p. 151-153 ; aussi le passage de Josèphe : Sed cantibus,
et notre page 17.

[2] Voir li Livres des Reis, manuscrit petit in-fol. à deux col., à la bibl.
Mazarine, imprimé en 1841 sous le titre : les quatre Livres des Rois.

[3] Fabliaux et Contes, par Barbazan, préface, t. I, page vij à xj.

[4] Les quatre Livres des Reis, p. 4.

[5] Ibid., p. 248.

assonances, mêlés à la prose : l'éditeur moderne n'a pas voulu les reconnaître ; il prétend n'y voir qu'une recherche de l'antique traducteur, dépourvue de toute poésie[1]. Cependant, outre les versets reproduits par Barbazan, voici quelques-unes des nombreuses strophes du premier livre : elles montrent un rhythme en un art poétique déjà exercé :

en E

Mened les unt de Amalech ,
[2] E le plus bel qu'il i truvèrent
Al vès nostre [3] Seignur guardèrent,
Le el ocistrent e desbaretèrent.   p. 55.

en A

Samuel le pople pas ne ublia ;
Un aignel laitant [4] sacrefia ;
Pur sa gent de quer ura :
Deu l'oïd e sa gent salva.   p. 25.

en I

Les noz del ost s'en sunt fuiz ,
E laidement sunt descunfiz ,
E morz sunt ambes dous tes fiz ;
E l'arche Deu i unt cil pris.   p. 16.

en U

Ne remaigne mais l'arche Deu
De Israel ensemble od nus,
Kar sa venjance trop est dure
Sur Dagon nostre [3] deu et sur nus.   p. 18.

Nous avons vainement cherché des assonances en O :

[1] Voir les quatre Livres des Reis , introduction , p. LV.

[2] Si la mesure est quelquefois rompue , c'est par l'addition postérieure et parasite d'épithètes étrangères au texte latin ; ainsi melioribus est traduit par le mielz e le plus bel [4] ; obtulit, par offri e sacrefia.

[3] Nostre, graphie moderne, il y a eu xo. Si l'on pouvait saisir les modifications imposées aux patois par les premiers écrivains vulgaires, on restituerait sans peine en petits vers nombre de vieux textes considérés comme de la prose.

les voyelles O et U semblent n'être qu'une modification;
leur dactylologie est la répétition de E, A, I [1]. Nous
sommes tenté de croire qu'elles n'étaient pas encore
employées comme voyelles finales dans les assonances
antérieures au concile de Tours [2].

La version primordiale des Livres des Rois fait indifféremment usage des voyelles les unes pour les autres; ce
qui atteste sa proximité de la période laographique; ce
texte donne ainsi la raison des nombreuses irrégularités
de notre ancien langage; il n'y avait pas de règles, mais
des coutumes locales, jusqu'à ce jour inaperçues.

La mnémonique par assonance [3] n'était ni régulière ni
continue; des hommes étrangers à la lecture comme à
l'écriture ne pouvaient consulter leurs devanciers . l'uniformité, l'étude, le travail, leur était interdit; les grands
événements, les impressions vives, les allocutions, les
maximes, appelaient l'assonance : les inspirations in-
stantanées d'une nature inculte brillaient par lueurs; de
là ces intermittences de vers et de prose : si l'on pouvait
comparer deux manuscrits antiques contemporains, les
passages rimés montreraient une grande similitude, alors

[1] Précis du Système hiéroglyphique, planche VI.

[2] Souvent nos premiers textes écrivent U pour O : « Pro Deo amur. »
(Serment de 842.) Au midi, l'U se prononce toujours ou.

[3] « J'appelle assonance la correspondance imparfaite et approximative du
son final du dernier mot du vers avec le même son du vers qui précède ou
qui suit; comme on appelle rime la correspondance parfaite du son iden-
tique final des deux vers formant le distique. » (M. Raynouard , Journal des
Savants, juillet 1833.)

que les transitions et les lieux communs, corrompus les premiers, offriraient de notables différences. Il y a présomption de haute antiquité, lorsque la rime est fréquente et rapprochée. On faisait sérieusement jadis ce que certains bouffons répètent encore de nos jours : un événement, une solennité, provoquent des compliments èn formes rhythmiques, l'interlocuteur revient à la prose dès que sa mémoire le trahit, ou qu'un incident vient troubler l'impromptu médité.

Les versions orales étaient d'autant plus exactement reproduites qu'elles avaient été plus heureusement favorisées par l'assonance : les répétitions apportaient un nouveau tribut d'homoïoteleutes ; indépendamment de l'importance du sujet, c'est par les plus heureux procédés mnémoniques employés, que les traditions étaient assurées de ne plus sortir de la mémoire des hommes.

Les catégories étaient le moyen mnémonique le plus puissant ; les vers se rangeaient

> par voyelles finales,
> par homonymie,
> par assonances.

On les groupait en strophes, distiques, quatrains, couplets, tirades, laisses, etc. Pour découvrir les vieux récits assonants, parmi la prose du moyen âge où l'on s'est obstiné à ne pas les reconnaître, il ne faut jamais perdre de vue les élisions rustiques et les adjonctions d'une graphie incertaine à son début, dont la prononciation ne tenait aucun compte, et réciproquement.

Il est évident, pour les oreilles exercées, que l'accent

prosodique français se perd vers le Nord ; la raison en est simple : d'abord on n'était fixé par aucune voyelle déterminée, plus tard les diphthongues médiatrices étaient essentiellement sourdes : le Midi conserva l'usage des vocales simples et l'accentuation romaine qui fait les longues et les brèves [1].

Si, au beau temps de Rome, il était impossible d'écrire les langages gaulois [2], on le tenterait vainement aujourd'hui ; de là l'insuffisance et la stérile prolixité de tous les vocabulaires celtiques, bretons, gallois, etc., compilés dans l'ignorance des antiques conditions constitutives de ces idiomes ; la confusion règne partout en ces sortes d'ouvrages, et Bullet n'hésite pas à la faire remonter à la tour de Babel [3]. Toutefois ces langages, mieux appréciés, se montrent simples comme les besoins des premiers habitants de nos forêts : leurs mots se forment d'une partie radicale, composée d'articulations graduées du même organe, en consonnance avec les voyelles déterminées par les prédilections locales ; cette règle facile à saisir, appelle cependant, par voie de conséquence, des variations telles qu'on ne saurait rien fixer nettement.

Notre plan nous interdisant les détails, forcé de nous renfermer en un cercle dont les nombreuses tangentes nous lanceraient dans l'espace, avare du temps que le lecteur peut nous accorder, nous nous bornerons à lui pré-

[1] Voir Monuments de la Littérature Romane , p. 88.
[2] Latour d'Auvergne, Origines gauloises, p. 66.
[3] Dict. celtique, Préface, p. v, et t. III, p. 1.

senter quelques principes, résultats de faits appuyés sur les plus imposants témoignages; abandonnant les développements et leurs conséquences à son libre arbitre comme à sa sagacité.

Les érudits ont négligé la recherche des causes qui perpétuèrent l'absence complète de toute littérature nationale chez les peuples composant la plus notable portion de notre vieille Europe, et les motifs d'un silence prolongé jusqu'au ixe siècle; ils firent plus, ils rejetèrent les explications catégoriques données par un contemporain de ce même siècle, s'annonçant, l'Évangile à la main, et sans ostentation, comme frayant une route nouvelle à la graphie du pays : ils s'imaginèrent réfuter Otfrid, en lui opposant les écrits latins publiés dans les Gaules [1] : nos archéologues ne virent pas que les investigations et l'expérience des faits durant dix siècles, confirment l'assertion de l'heureux novateur, et que, pour le démentir, il fallait produire des textes en langages vulgaires antérieurs à ses œuvres, ou au serment de Strasbourg rédigé par Nithard vers le même temps : les dates de ces ouvrages ne nous sont pas transmises avec précision : Nithard a commencé vers 844 la chronique latine à la fin de laquelle est rapporté le texte du serment; il est mort en 859 [2].

La réputation littéraire d'Otfrid s'établit dès 843 [3]; il la dut aux seuls travaux en langue théotisque; déclarant lui-même que son histoire évangélique constitue le pre-

---

[1] Nouveau traité de Diplom., t. III, p. 114.

[2] Historiens de France, t. VII, p. 244. E.

[3] Walckenaer, Art. NITHARD., Biogr. univ., t. XXXI, p. 291, note.

mier monument écrit en langue vulgaire, nous devons le croire, et puisque Nithard n'articule rien de semblable, il faut conclure qu'écrivant vers 844, il fit après cette époque, et sur la formule du serment bilingue placé à la suite de sa chronique, une application de la nouvelle méthode inventée par Otfrid, qui jouissait déjà de la célébrité acquise par des publications antérieures à l'année 843 : en effet un long travail a dû précéder ses succès : le choix de chaque lettre n'était déterminé par aucun antécédent; contrarié par des divergences infinies, chaque articulation soumise pour la première fois à l'appréciation, présentait des difficultés dont il est impossible aujourd'hui de comprendre toute l'étendue : un homme versé dans les langues savantes put seul les surmonter, en faisant de l'euphonie générale une application raisonnée et soutenue.

Le serment de 842 ne fut écrit que vers la fin de la carrière de Nithard, puisque celui de Lothaire, datant de 860, et prononcé dans la langue usitée à Cologne (le théotisque), ne nous est parvenu que par une traduction latine [1].

Les quatre dédicaces [2] qui accompagnent le premier ouvrage vulgaire écrit en caractères latins, prouvent qu'il fut exécuté avec une laborieuse lenteur : si la lettre à Liutbert, archevêque de Mayence, n'a pas été rédigée avant 863, il est certain qu'une partie du travail de longue

---

[1] Voir de Rebus Franciæ orientalis, auct. Eckhart, t. II, p. 474-75.

[2] 1° à Louis le Germanique; 2° à l'évêque de Mayence; 3° à Salomon, évêque de Constance; 4° à deux moines de l'abbaye de Saint-Gall.

haleine qu'elle mentionne, avait paru longtemps aupar-
avant : le nom du prélat (Liutbert) est écrit de quinze
manières différentes [1], ce qui ne peut étonner lorsqu'on
apprécie l'hésitation qui devait accompagner l'application
nouvelle de l'alphabet latin : cette versatilité est commune aux noms d'hommes et de lieux prononcés par les
Francs avec d'âpres aspirations que ne pouvaient représenter les caractères graphiques de Rome : tant que
l'hérédité ne fut pas stable, les noms appartenant aux
dialectes vulgaires subissaient une graphie locale et arbitraire [2]. On n'a d'ailleurs aucune preuve qu'Otfrid ait
survécu à l'année 870 [3].

Raban Maur [4], évêque de Mayence en 827, l'homme
le plus érudit de son siècle, professait le grec et le latin
avant son épiscopat. Le prévoyant docteur, pour rendre
les caractères latins applicables à la langue vulgaire, rap-
pela l'usage des points-voyelles : il nous a laissé un glos-
saire théotisque de l'Ancien et du Nouveau Testament: les
textes primitifs devaient être écrits suivant la méthode de
l'auteur; des copistes postérieurs ont suppléé les voyelles.

Contemporain d'Otfrid et son maître, Raban ajoute
aux lumières que ce dernier a répandues : il est évident

[1] Schilter., Thes. Antiq. teut., t. I, p. 12.
Encycl. de Genève, t. XVII, p. 152, col. 2.
Trévoux, t. VI, p. 221, c. 1.
[2] On dit encore de nos jours que les noms propres n'ont pas d'orthographe.
[3] Hist. litt. de la France, t. V, p. 370.
[4] Surnommé Maur par Alcuin son maître. Voir Alcuini Opp., t. I, p. 162.

que le procédé rabbinique n'étai t applicable qu'aux dialectes maternels ; les littératures grecque et latine avaient
leurs règles particulières et fixées à la prononciation
près : recommander la suppression des voyelles, eût été
s'isoler des textes et abâtardir sans motif les littératures
savantes.

« Litteras quippe, quas utuntur Marcomanni, quos nos
Nordmannos vocamus, infra scriptas habemus; a quibus
originem, qui Theodiscam loquuntur linguam, trahunt.
Cum quibus carmina sua incantationesque ac divina-
tiones significare procurant, qui adhuc paganis ritibus
involvuntur....

A   E   I   O   V

« Genus vero hujus descriptionis tam quod supra cum
punctis V et vocalibus, quam subtus cum aliis vocalibus,
quam solitum est informatum continetur, fertur quod
sanctus Bonifacius archiepiscopus ac martyr ab Angul-
saxis veniens hoc antecessoribus nostris demonstraret,
quod tamen non ab illo in primis cœptum est, sed ab
antiquis istiusmodi usus crevisse comperimus [1]. »

Il résulte de l'ordre numérique des points, que Raban ne classait les voyelles ni dans l'ordre phénicien
ni dans l'ordre latin.

L'apôtre de la Germanie, saint Boniface, né en Angleterre vers 680, un des premiers prédicateurs au Nord,

[1] HRabani Mauri Opera quæ reperiri potuerunt omnia, t. VI, p. 334 et
seq.

catéchisait les payens dans leurs idiomes septentrionaux : Raban fait observer que l'usage des points-voyelles dans les Gaules remonte à une époque plus reculée.

Les monuments littéraires gaulois manquent plus complétement encore que ceux de la langue des Francs [1]. Quand les Romains subjuguèrent la confédération gallique, si étendue et si peu homogène, ils y trouvèrent quantité de provinces et de cantons gouvernés par plus de soixante chefs ou princes souverains [2]; la langue mère, privée d'uniformité, conservait cependant la racine des mots; les patois variaient leurs inflexions suivant la di-

---

[1] Les tablettes de Corbière, monument unique, trouvé au commencement de ce siècle, dans un tombeau au pied des Pyrénées, consistent en plusieurs feuilles de plomb sur lesquelles sont gravées à la pointe d'un stylet des figures d'hommes et d'animaux ; des inscriptions gauloises-celtiques sont placées au-dessus en caractères (estimés runiques) imités du grec : les mots chargés de consonnes groupées, laissent entre celles-ci des espaces où l'on suppose que devaient s'intercaler les voyelles (voir la Tour d'Auvergne, Origines gauloises, p. 13). La pierre écrite de Saulieu, signalée aussi comme extraordinaire, se voit dans la paroisse d'Alligny en Morvan : elle appartient probablement au iie siècle de notre ère, et représente une famille gauloise : le mari, la femme et trois enfants : la mère porte l'ascia des premiers chrétiens : on voit à la base sept ou huit caractères frustes; les deux seuls un peu distincts paraissent appartenir à l'alphabet des Hellènes. Voir Description du Duché de Bourgogne, par Boquillet et Courtépée, à la fin du t. VI; texte et figures après la table.

[2] Tacite, Fauchet, et Borel, suite au Dict. Étym. de Ménage, t. II, p. xxxvii, préface. A l'établissement du christianisme, les provinces gauloises devinrent pour la plupart des évêchés, et les petits souverains temporels et feudataires, des princes de l'Église : l'ascendant mérovingien et carlovingien entraîna les petites principautés. Le célibat des évêques à la fin du xie siècle favorisait la réunion des domaines séculiers.

versité des dominations : cette langue mère n'avait pas, comme celle des Hébreux, le sacerdoce pour interprète, cependant, comme dans celle-ci, les voyelles changeaient et se remplaçaient les unes les autres, de même que les nombreuses gutturales aux inflexions décroissantes dont le dernier terme était parfois une disparition complète : système essentiellement versatile qui perpétuait l'impossibilité de formuler graphiquement pour tous ce qui était articulé avec tant de variété par chacun[1].

L'antique manière orthographique montre les traces de préfixes et d'affixes gutturales propres au gallo-belge : Éginard, Raban, Louis, s'écrivaient HEINHARDUS, HRABAN, CHLoWIs, HLUDOVICUS : le J de JUsque n'est autre chose qu'un degré décroissant de la gutturale G; la nécessité de simuler graphiquement ces articulations nationales força Chilpéric à augmenter l'insuffisant alphabet latin.

Le français actuel jouit du bienfait de l'adoucissement progressif des gutturales, et n'en conserve d'autres traces que l'H aspiré, étranger aux langues néo-latines : les philologues familiarisés avec les langues septentrionales comprennent ce mécanisme parce qu'il fonctionne encore dans la linguistique du Nord[2], « aspiratio Germanis familiaris[3]. »

---

[1] On aperçoit aussi les traces de l'absence des voyelles en de vieux textes latins antérieurs à Otfrid. V. Alcuini Opp.

[2] Faites articuler les mots GAILLARD, GAND, etc., par un Belge ou un Espagnol, la mutation de l'H en G est immédiatement évidente.

Voir Trévoux, t. V, p. 221, c. II.

[3] Manuscrit à la Bibl. du Roi, fonds Saint-Germain latin, n° 59. Tractatus de Laudibus sancte Crucis, fol. 5 recto.

Le signe écrit n'est rien (conventionnel), mais bien le son qu'il est chargé de représenter.

On tenait les langages gaulois de sa nourrice, ou ils se communiquaient sans étude à la suite de rapports immédiats; pour eux, il n'y avait ni uniformité, ni principes, ni règles; comme tous les jargons, ils ne vivaient que de traditions orales.

Les écrivains de la renaissance, en nous transmettant plusieurs alphabets vulgaires, avaient un oculaire cabalistique et voyaient partout la magie. L'alphabet des antiques Normands a quelque analogie avec celui de Charlemagne [1]; l'alphabet du pape Honorius provient d'une source très-ancienne, puisque les voyelles s'y produisent sous forme de tétraphtongues [2].

En résumé [3], les premiers besoins eurent le geste pour interprète; il attacha aux premiers sons une valeur de

----

[1] Rapporté par Bède ; voir Trithême en français, lib. IV, fol. 183.

[2] Le signe plus que triple donné à l'ı par Charlemagne sert dans l'alphabet d'Honorius à la voyelle o, preuve surabondante qu'il représentait anciennement aussi bien ı que o, et en même temps la voix complexe ıo (Polygr. traduite par Collange, l. V, fol. 184, v). Le caractère représentant u réunit toutes les voyelles.

[3] Les progrès linguistiques des peuples marchaient avec ceux de la graphie :

Jargons,	séméiologie,	Enfants de Noé.
Patois,	entente conventionnelle digitée,	Cadmus.
Dialectes,	dactylologie siglique,	Ennius.
Idiomes,	notes ad memorandum,	Chrétiens d'Alexandrie.
Langages,	graphie rustique caroline,	Charlemagne.
Langue,	écriture littéraire régulière,	Otfrid.

La nécessité de développer au xıxᵉ siècle une série non interrompue de coutumes primordiales conséquences les unes des autres, l'oubli où elles sont tombées, prouverait surabondamment l'absence prolongée d'une véritable graphie.

convention, indiqua les nombres, et y assimila les premiers signes représentant les éléments vocaux, alors va-
riables comme les signes dactylologiques. Après la dactylologie, les moyens les plus efficaces pour favoriser la
mémoire furent l'assonance, le rhythme, l'allitération,
l'écho ou réclame, les refrains dépendants de la musique,
car la musique elle-même fut un puissant moyen mnémonique.

CAROLOGRAPHIE

PROPTER INCOGNITAM SONORITATEM

Le berceau de la langue française apparaît à travers les ténèbres répandues à la suite du grand siècle de Charlemagne : les premiers documents montrent un travail d'agrégation rebelle naguère à l'analyse des philologues.

L'histoire généalogique de notre langue suit d'abord l'itinéraire tracé par le glaive des princes francs, et des lieux où s'établit leur cour rayonnent, comme d'un foyer, les plus nombreuses et les plus brillantes productions de l'esprit, modifiées par les contrées tour à tour demeures des souverains, autour desquels se groupaient les hommes de valeur n'appartenant pas à l'Église [1].

Les langages vulgaires, influencés non par le latin grammatical, mais par le latin vulgaire [2], qui avait ses voyelles

---

[1]
  Costume estoit, signor, à icel dis
  Qu'ensemble estoient li chevalier gentil
  Aus bonnes villes, aus chatiaus signoris ;
  Or sunt aus villes, aus bors et aux maisnis
  Et aus buissons ensemble o les herbis.
                    (Garin le Loherain, t. I, p. 166.)
Voir M. Augustin Thierry, Hist. du Tiers-État, t. I, introd., p. v et vi.

[2] Hist. de la Gaule méridionale, par M. Fauriel, t. I, p. 540.

inconstantes, ses consonnes graduées, contractèrent une irrégularité encore évidente dans les anciens textes.

Les premiers matériaux des langages romans au nord furent naturellement empruntés aux dialectes usités en Austrasie : l'influence latine s'exerça sur les patois des hommes fixés entre le Rhin, la Meuse et l'Escaut : les Austrasiens instruits [1] étaient trilingues : les éléments linguistiques soumis à la suprématie de la langue de Rome appartenaient aux langages alors théotisque [2] et gaulois [3], aujourd'hui belge et wallon. « Ante tamen Bruno, Francorum regia proles... usus francisca (theotisca), vulgari, et voce latina, instituit populos eloquio triplici [4]. »

Ce théotisque ou bas-allemand, langue primitive au berceau des Francs, depuis l'Elbe, le Weser et le Rhin, entre la mer du Nord et ces fleuves, sauf les modifications apportées par le temps, est encore aujourd'hui parlé en commun par les Belges, les Bataves, et conservé oralement par les paysans frisons [5]. Leur pays, où les eaux circulaient dans tous les sens avant de se rendre à la mer, s'appelait PLATTE-LANDEN [6] : NEDER signifie plus bas;

---

[1] Gaulois, Latins et Francs.

[2] La langue des Francs, théotisque, thyoitisque, thyois, c'est l'ancien flamand d'Aix-la-Chapelle, fréquemment appelé franco-théotisque. Voir Cluverius, Germania Antiqua, lib. I, c. IX, p. 63, 68-69, et notre page 110.

[3] De même Gaulois, Galois, cas oblique, Galon, Walon.

[4] M. Raynouard, Choix des Poésies orig. , t. I, introduction, XV.

[5] Je dois cette observation à l'auteur des Monuments de Rhodes, général néerlandais Rottiers.

[6] D'où Plat-man, Flat-man, Flamand.

ainsi PLAT-DUYTSCH, plat-allemand, NEDERLANSCHETALE, désignent les idiomes des Pays-Plats, des Pays-Bas, et des contrées au-dessous.

Les Celtes et les Gaulois sont identiques; ces dénominations collectives font naître la confusion lorsqu'on ne précise pas la localité : Κελτοί, adouci Γαλάτοι, du phénicien Galouth, émigré [1], ne fut jamais qu'une appellation générique; quelques anciens n'assignent d'autres limites à la Celtique que les bornes mêmes de l'Europe, « Europa sive Celtica [2]. »

Celui des langages gaulois qui nous occupe exclusivement est le gallo-belge de Strabon [3], dont le caractère a toujours été distinct du gallo-romain : le gallo-belge ne s'écrivait pas plus que le théotisque, qui lui fut superposé; la prononciation et les formes orthographiques primitives montrent les rapports, conséquences de cette proximité originelle : Marquard Freher, dans ses Recherches sur la

---

[1] Voir Encycl. de Treuttel et Würtz, art. GAULE, t. XII, p. 192, col. 2.

De là sont venus Kelte, Celte, Gal, Gaule, Waele, Wallon, et dans Tristan, t. II, Waucleis, p. 38; Walos, p. 43.

Voir Chevalereux d'Artois, introd., p. VI.

S'il était besoin de prouver que le wallon est l'ancien gaulois septentrional, nous citerions un manuscrit de notre collection : Chi S'ensieuent les Lois des Pers dou castel de Lille, et les enquest quierquies d'iaus et les jugemens et les consaux fais d'iaus et des comuns homes, quierquiet en la salle de Lille, l'an 1286, petit in-folio. Quierquies, quierquiet, rappellent l'usage druidique de rendre la justice sous un querque ou quercus, suivant qu'on adopte l'hypothèse que le latin procède du gaulois, ou le gaulois de la langue de Rome.

[2] Orthelius. Voir Galli, Essai sur les Celtes, p. 36.

[3] Avant l'arrivée des Francs c'était le gaulois-wallon. Strabon. Rerum Geographicarum, lib. 4, § 3, t. II, p. 56.

langue dont les rois de France se sont servis, s'exprime ainsi :

« Recte faciunt cordatiores Gallorum, qui linguam Teutonicam (quam vulgus insulsum ceu barbaram et inconditam contumeliose Barragouin, voce plusquam barbara vocat), quum suis majoribus ipsisque adeo primis et laudatissimis regibus gentilem et vernaculam fuisse agnoscant. Si non ipsi addiscunt, et libenter usurpant, certe ob antiquitatem, copiam et magestatem admirantur : ipsamque Germaniam in ea, qua olim Romani, Ilium, veneratione habent [1]. »

Les langages gaulois, influencés dès le principe par l'Orient, rappelés à leur caractère primitif par la langue de Rome, à laquelle le climat avait conservé ses inflexions natives, reçurent les rudes impressions septentrionales du théotisque ; de là un caractère mixte qui force à rechercher les racines françaises dans le grec, dans le latin et dans le tudesque ; les mots qui n'ont pas cette origine sont nécessairement gaulois-wallons : ces radicaux, méconnaissables par la variété des degrés phoniques et la non-fixité des voyelles, forment la partie constitutive : les noms appartenants à d'autres langages sont entrés par voie de proximité, ou d'une manière erratique. Ces considérations, puisées à la source, ne conservèrent pas chez nous leur évidence ; le siècle appelé peut-être avec trop de complaisance siècle de renaissance, ne tenant aucun compte du more majorum, exclusivement fasciné par le

---

[1] Historiens des Gaules, t. VII, p. 40, A.

grec et le latin, effaça sans discernement les traditions nationales, et ouvrit une fausse route, de laquelle nous ne
sommes point encore sortis : nos étymologistes furent du
naturel de Ménage : « Ille hariolari plerumque maluit quam
demonstrare, ingeniumque labori injucundo prætulit [1]. »

Samuel Bochart, Étienne Morin, et les philologues allemands ne perdirent pas les traces, Raban-Maur eut de
dignes continuateurs : Scrieckius [2], Eckhart [3], Wachter [4],
Scherzius [5] et tant d'autres montrèrent, mais en vain, la
véritable route.

Nous verrons plus loin que le catalan est au provençal
ce que le théotisque est au flamand.

Les quatre caractères ajoutés à l'alphabet par Chilpéric, dès 575, ont été l'objet de nombreuses controver-
ses : on doit aux heureuses investigations des auteurs du
Nouveau traité de Diplomatique [6], et à leurs études ap-
profondies sur les anciens textes qui nous les transmettent, d'être fixé touchant leur valeur : oo æ th et uuui
(wui); ces caractères complexes donnaient possibilité d'inscrire dans les textes latins authentiques, les noms théotisques et gaulois des hommes et des lieux dont la phonie
ne trouvait pas de représentant dans l'alphabet latin [7].

---

[1] Eckhart, de Rebus Franciæ orientalis, t. I, p. 856.

[2] Originum rerum Celticarum et Belgicarum libri XXIII.

[3] De Rebus Franciæ orientalis, t. I, p. 856.

[4] Glossarium continens Origines et Antiquitates totius linguæ germanicæ.

[5] Glossarium germanicum Medii Aevi, et Gottlob Haltaus, Glossarium
cum , etc.

[6] T. III, pag. 60 et suiv.

[7] oo, Doon; uuui, Wuilliaume, etc.

De là l'injonction de l'autorité pour l'adoption de ces nouveaux caractères, et celle de recopier les manuscrits, suivant cette prescription : « Ac libri antiquitus scripti, planati pumice rescriberentur[1]. » Leur analogie avec les signes carolins les fit admettre parmi ceux-ci.

La division territoriale de la confédération gallique s'étant pour ainsi dire effacée sous la puissance de Charlemagne, les efforts de l'empereur afin d'amener les idiomes vulgaires à l'unité préparèrent d'une manière relative l'uniformité de prononciation, et par voie de conséquence la fixation des voyelles : les partages politiques postérieurs séparèrent la linguistique tudesque de la romane wallonne.

C'est à la condition de reconnaître une langue maternelle étrangère à Charlemagne, qu'il nous est permis de le proclamer père de la langue française.

Le théotisque, langue maternelle de Charlemagne et d'Ogier, fut aussi celle des premières cantilènes du cycle : l'empereur lui-même avait écrit les chants traditionnels redisant les hauts faits des princes germains, afin que la mémoire en fût perpétuée parmi les hommes[2]. Ce qui n'existait qu'oralement prit un corps et fut soumis à l'écriture, soit en « notaria verba » pour lui et les siens, soit en « signa carolina, » obstacle réel pour arriver jusqu'à nous.

---

[1] Sancti Gregorii de Histor. Ecc. Francorum, t. I, lib. V, c. xlv, p. 330. Les alphabets des Francs, sous les noms de Wastbalde, Doracus, Hiclus, n'ont pas fixé l'attention des diplomatistes. Voir Nouveau Traité de Diplom., t. II, p. 73.

[2] Voir Einhardi, t. I, p. 88. Histoire littéraire de la France, t. IV, p. 409.

Les influences littéraires latines suivirent, dans la Provincia Romana, les phases de l'empire romain à sa décadence : les accents courtisanesques des hommes attachés à la cour des rois d'Aragon recommencèrent pour le Midi une littérature légère, participant des anciens principes de la littérature savante [1]. Alors et depuis longtemps [2] la voix mâle et inculte des Francs retentissait sur les cimes escarpées des Ardennes ; les héros du ciel et ceux de la terre trouvaient des interprètes parmi les septentrionaux ; leur mélopée, suppléant à la graphie, s'adressait à la mnémonique, et lui confiait nos primitives chansons militaires et les chansons-complaintes : les premières, soumises au xie siècle à l'écriture, s'altérèrent plus encore que les dernières, relevant de la seule tradition ; répétées d'âge en âge, celles-ci se font encore entendre sur la voie publique, dédaignées et ne s'adressant plus qu'à la classe illettrée du peuple, incapable d'y reconnaître une des traces authentiques de nos plus vieilles coutumes, une des deux branches de la grande division intellectuelle.

Des barrières naturelles, autant que les antipathies

---

[1] « Todos los Poemas, que componian assi los senores reyes de Aragon , « como los cortesanos, eran en catalan. Los reyes de Aragon, y mas en particu- « lar el rey don Juan el I hizieron tanta estimacion de la Poesia Catalana, « que llamavan el Gay Saber, o Sciencia gaya, que para alentar los ingenios « al trabajo con el premio, concedieron muchos privilegios a los que se esme- « ravan en esto, como consta en muchas provisiones reales. » (Zurita, Annal. Aragon.) Crescimbeni , Istor della volgar Poesia , giunte alle Vite de' Poeti Provenzali , t. II, p. 170.

[2] Dès le deuxième siècle. Voir Tacitus, de Morib. Germanorum, c. ii, t. II, p. 590.

héréditaires, séparaient la Provincia Romana de la Gaule chevelue : les premiers chants septentrionaux restèrent étrangers aux Provençaux, parce qu'il n'existait entre les deux peuples ni affinité ni relations, ni sympathies ; nos chansons traditionnelles parvinrent au delà des monts alors seulement que la graphie les eut fixées et que les textes purent ainsi franchir les frontières : les traces mnémoniques conservées au Nord et négligées au Midi établissent suffisamment l'antériorité.

S'il était difficile de s'occuper de l'antique chanson-complainte, parce que rien de matériel n'en subsiste, il est aisé de rappeler celles qui ont laissé de longues et profondes traces ; primitivement elles participaient de la langue savante et de la vulgaire, et ce mélange les fit appeler épîtres farcies [1].

On peut encore entendre, dans la bouche des paysans de la Flandre wallonne, des couplets appartenant aux complaintes de Guy l'Hermite, de Geneviève de Brabant, de saint Hubert d'Ardennes ; les érudits en ont recueilli quelques-unes sous les titres de :

Complainte de sainte Eulalie,
>   du comte Regnier,
>   du comte de Guignes,
>   d'Enguerrand de Créqui,
>   du comte de Nevers,
>   de Guillaume de Saint-Amour,

[1] Telles furent les diverses complaintes ou passions de saint Étienne. Voir Mystères inédits du quinzième siècle, préface, t. I, p. ix et suiv.

Complainte de Pierre des Brosses,
de la châtelaine de Vergi,
du châtelain de Coucy,
de Pyrame et Thisbée,
de Joseph, etc., etc.

Il faut le redire, les premières formes de nos chansons traditionnelles furent toutes mnémoniques : elles se composaient d'assonances fréquemment répétées, comme dans la loi Salique, les livres des Rois, les épîtres farcies, etc., où l'emploi des petits vers de six ou de huit syllabes est suffisamment établi : nous avons vu de célèbres philologues prendre ces vers pour de la prose.

L'antique chanson latine est une traduction, par les clercs, des chansons vulgaires qui intéressaient l'Église : elle conserve la physionomie mnémonique des originaux : les assonances y sont répétées, et les petits vers ont une préférence marquée.

Chlothar' est canere
De rege Francorum,
Qui ivit pugnare
In gentem Saxonum.

Quam provenisset
Si missis Saxonum
Inclyt' non fuisset
Faro de Burgundium [1].

Cette chanson du VIIe siècle (622) fut composée d'abord

[1] Recueil des Historiens de France, t. III, p. 505.

en langage vulgaire, seul compréhensible aux militaires, au peuple, aux femmes : « Ex qua victoria CARMEN
PUBLICUM juxta rusticitatem per omnium pene volitabat
ora, ita canentium, fœminæque choros inde plaudendo
componebant [1]. » La victoire célébrée ne pouvait être
indifférente aux zélateurs du christianisme, empressés
d'affranchir des chances de l'oubli le texte confié à la
seule mémoire.

Les petits vers mnémoniques de l'original théotisque
sont imités dans la traduction latine, quelques mono-
syllabes rectifiés suffisent pour rétablir le rhythme primitif: l'abbé De La Rue [2], dans une circonstance analogue,
prend les petits vers de l'ancien trouvère Philippe Than
(1125) pour des hémistiches de vers alexandrins dé-
pouillés de la rime.

> Philippe de Taun
> En franceise raisun
> Ad estrait le Bestiaire,
> Un livre de grammaire.

Généralement, l'esprit chevaleresque des originaux,
écrits pour les laïques, devient ascétisme sous la plume
latine des clercs.

> L'estoire d'Alixandre vos voil par vers tretier
> En roumans, qu'as genz laie doit auques profitier [3].

---

[1] Recueil des Historiens de France, t. III, p. 505.
[2] Essais historiques, etc., t. II, p. 45, 46.
[3] Roman d'Alexandre, à la Bibl. du Roi, manuscrit 6985, fol. 41 r°, c. 1.

Le cycle d'Artus [1], imitation mystique, se compose de légendes, et les légendes prirent naissance dans les cloî-tres, où dominait la langue de l'Église; il est probable que toutes sont traduites du latin : les chants guerriers, au contraire, inventés, puis écrits dans le langage des soldats francs, passèrent du théotisque dans le roman wallon.

L'insuffisance de la graphie mnémonique paralysa les efforts de Charlemagne pour la fixation du langage na-tional; protecteur plus heureux de la langue latine, il en généralisa les études, puis Otfrid recueillit les fruits que les institutions impériales ne tardèrent pas à porter : les clercs et les érudits, nombreux dès lors, s'empressèrent d'adopter les caractères latins, avec lesquels ils s'étaient familiarisés : l'opportunité fit triompher un simple moine là où le plus savant, le plus puissant roi avait échoué :

> Scilicet imperii ut quantum rex culmine reges
> Excellit, tantum cunctis præponitur arte [2].

Jusqu'à Otfrid, les procédés graphiques adaptés aux langages vulgaires étaient tellement inextricables, que tout autre qu'un initié n'y pouvait rien déchiffrer : la gravité des circonstances et la haute portée de l'engage-ment contracté à Strasbourg, par les compétiteurs de Lothaire, déterminèrent l'application de la méthode Ot-fridienne à la courte formule du serment bilingue : dès

---

[1] La quête du san-g-réal, celui du Roi des Rois, conservé encore à la sainte chapelle à Bruges.

[2] Voir notre page 128, vers 20 et 21.

lors la cour de nos souverains se rapprochant toujours du centre des Gaules , celle des deux langues qui n'avait aucune affinité avec le langage usité en Neustrie dut nécessairement se replier vers la Germanie, pour se fondre dans les dialectes du haut allemand, qui déjà se reproduisait par la graphie latine : la partie de la Belgique qui avait adopté le langage des Francs [1] attendit néanmoins jusqu'au xiie siècle pour employer les caractères latins.

En faisant subir au latin les variations phonétiques conséquences naturelles des signes chilpériens et carolins, on voit se former et apparaître le dérivé français, retenant à peine quelques radicales, souvent modifiées ; les consonnes du même organe variant leurs degrés, les gutturales s'adoucissant progressivement et les diphthongues royales se produisant sous leurs voix multiples, en même temps que des touches consonnantes donnent leur appui aux trop nombreuses vocales : il est évident qu'un dérivé français peut descendre d'un primitif latin en conservant à peine une seule des lettres qui le composaient [2] ; mais alors même, l'analogie n'est pas violée, la logique et la raison conservent leurs droits ; c'est une palingénésie gardant, sous sa forme nouvelle, les éléments modifiés de sa primitive existence. Ces combinaisons purement mécaniques offrent l'avantage de ne laisser aucune place à l'interprétation ; on acquerrait

[1] La Flandre flamingante.

[2] Ainsi vir a fait ver, var, puis ber, bar, et baron au cas oblique.

même une certitude égale au calcul des chiffres, si Otfrid
ne nous eût fait part de l'embarras qu'il éprouvait à se
déterminer en faveur de telle ou telle voyelle [1] : cette
alternative originelle perpétue ses conséquences : toutefois, lorsqu'après avoir soumis un radical apparent aux
transformations imposées par la filière phonétique, on
n'arrive pas au dérivé correspondant, il y a certitude
acquise que le premier ne constitue pas la racine : c'est
une pierre de touche répondant à l'épreuve alors seulement que les éléments ont une origine commune : si le
procédé est parfois inefficace pour remonter vers une
source inconnue, il est décisif et certain lorsqu'on descend du primitif au dérivé.

Il ne faut point perdre de vue qu'il s'agit moins d'in-
criminer l'élasticité et le vague du mode suivi par les
temps, que de le bien reconnaître.

Toutefois, lorsque les transformations analogiques ne
présentent pas une garantie suffisante, la logique, la chronologie, l'histoire, les chroniques et les mœurs locales,
fournissent presque toujours de sûrs moyens de rectification.

Suivant Maffei [2] et Scaliger [3], la langue des Gaulois et
celle des anciens Germains étaient identiques : cette assertion mérite d'être examinée ; et d'abord il n'y avait pas

---

[1] « Propter literarum aut congeriem aut incognitam sonoritatem difficilis. »
Præfatio Otfridi, apud Schilter., Thes., t. I, p. 11, col. I, et ci-dessus, p. 58.

[2] Museum Veron.

[3] In Propert., I, 4.

de langue gauloise proprement dite, mais bien des idiomes, des dialectes et des patois.

Le langage des Francs, tout septentrional, ne ressemblait point à l'idiome indigène des Gallo-Wallons, ni à
celui usité en Neustrie.

Le serment de Strasbourg montre les deux langages
préexistants dans la Gaule-Belgique, le théotisque et le
wallon : ce dernier, dur et âpre d'abord, mais latinisé
après l'occupation romaine, tendait à s'adoucir encore;
s'il eût été germanique, moins docile aux influences latines, il n'aurait pu nous transmettre cette foule de dérivés, conséquences d'une analogie primitive [1], sans
laquelle les modifications paraissent rebelles : les Nordmans, en s'établissant avec Rollon dans la Neustrie maritime, y trouvèrent un idiome gaulois, auquel ils durent
se soumettre, à cause de son antipathie avec les langues
du Nord; et le roman-normand ne retint rien des inflexions septentrionales des vainqueurs.

Les éléments graphiques des Francs étaient aussi ceux
des Gallo-Belges : antiques influences phéniciennes, absence de littérature indigène sous César, apparition isochrone des usages qui amenèrent l'écriture, lors de
l'établissement du christianisme, soit par les ouvriers
évangéliques, soit par les chrétiens persécutés, apportant
avec eux des caractères cryptiques, adoptés ensuite pour
les langages vulgaires, cause d'absence de tout texte antérieur à Charlemagne, les diphthongues chilpériennes et

---

[1] Académie des Inscriptions et Belles-Lettres, t. XXIII, p. 249, in-4°.

carolines, offertes à la versatilité des habitudes locales,
fixées bientôt par l'initiative d'Otfrid ; après quoi les langages septentrionaux latino-sympathiques se propagent
et amènent le français actuel.

L'alphabet de Charlemagne réunit, dans son ensemble, les caractères vulgaires employés depuis les époques
les plus reculées :

.... Deo seriem revelante, ab origine rerum
Omnem quippe viam doctrinæ invenit [1].....

Les persécutions exercées sur les Coptes ou chrétiens
de la Thébaïde expliquent l'analogie de leurs signes avec
l'écriture : des voyelles changeantes, représentées par
les mêmes signes modifiés, ainsi que des consonnes de
même organe, dont les hiéroglyphes phonétiques correspondants montrent la corrélation par l'identité des
figures répétées dans les divers degrés [2].

« Videtur Francos veteres.... gotho-runicas habuisse,
ex quibus cum græcis et latinis maxime non suo loco
interpositis, et non raro etiam truncatis, distortis, inver-
sis, duplicatis, conjunctis, dimidiatis, transpositis docti
eorum SECRETA ALPHABETA fecerunt. Hujus generis Karlus
Magnus, teste Otfrido, multa excogitavit, quibus per
LATISSIMUM SUUM IMPERIUM securus uteretur [3]. »

---

[1] Voir notre page 128.

[2] Voir notre page 23, et, spécialement pour l'O et l'Y hiéroglyphiques,
Aperçu sur les Hiéroglyphes, trad. de l'anglais, par Brown, p. 80, à la
planche.

[3] Hickes, Grammatica franco-theotisca, t. I, p. 4.

Cette dernière phrase, explicite autant que possible, prouve que SECRETA ALPHABETA ne saurait signifier alphabet caché : secreta est ici l'équivalent de INCOGNITA, employé par Otfrid [1].

Il n'est pas hors de propos de faire remarquer que le CODEX REGIUS, si savamment expliqué par dom Carpentier [2], appartient à l'époque carlovingienne.

La sollicitude du souverain, noblement excitée en faveur des classes vulgaires ne sachant ni lire ni écrire, était impuissante à les porter vers l'étude : le clergé jouissait des ressources du latin; les érudits, de toutes celles d'Athènes et de Rome; les autres classes, luttant contre les besoins, dépendantes, serviles, adonnées aux armes, n'avaient guère plus les moyens que le désir de s'instruire : dans ces circonstances, l'empereur, GRAMMATICÆ DOCTOR [3], jugea qu'une marche analogue à celle suivie par les premiers hommes, conduirait de nouveau vers l'émancipation intellectuelle :

> Solus iter meruit doctrinæ adipiscier omne [4].

De là les efforts pour amener le vulgaire à se familiariser avec l'écriture, sans études préalables et par l'emploi de signes digités, précurseurs de la représentation graphique, à laquelle le peuple se trouverait préparé de lui-

---

[1] Voir Schilteri Thesaurus, t. I, p. 11, col. 1.
[2] Alphabetum tironianum, p. vij.
[3] Ci-après, page 128.
[4] Ibid., vers 13.

même, et pour ainsi dire immédiatement initié : cette
haute pensée, digne du héros dont le nom retentissait
jusqu'aux extrémités de la terre, le détermina à perfectionner les traditions antiques et celles importées par les
premiers chrétiens de l'école d'Alexandrie; les signes na-
turels, accrus et modifiés, atténuèrent les divergences et
assurèrent aux majorités l'unité des moyens, obstacle
jusqu'alors invincible, surmonté toutefois un demi-siècle
plus tard par Otfrid : la comparaison de l'alphabet carolin avec le démotique égyptien (copte ou langage vulgaire d'Alexandrie), et leur traduction en signes digités
lèvent tous les doutes.

On a compris maintenant l'importance du monument
impérial conservé par Trithème [1] et reproduit par Hickes [2]; l'alphabet de Charlemagne révèle la nullité de la
graphie nationale antérieure, l'antique dactylologie, les
voyelles simples et versatiles, mais déterminées, obstacles à la fusion, suppléées par des lettres multiphones [3].
C'était l'âme de la grammaire, élaborée par les plus
hautes intelligences d'une époque grandiose à tant de
titres.

L'empereur croyait ne devoir pas tenir compte des
notes vulgaires ; il céda aux objections des érudits appelés à l'aider dans le grand œuvre de la graphie nationale ;

[1] Trithemii Polygraphia, lib. VI, Sig. qij v°.

[2] Linguarum vett. septentrionalium Thesaurus. Gram. franco-theotisca,
t. I, p. 3.

[3] AI donne A, I et AI : EO = E = O et EO ; UIO = U, I, O, puis UI, UO,
IU, OU, OI, etc.

Alcuin adresse à Charlemagne les paroles suivantes, qui assignent une date certaine à la GRAMMATICA NOVA :

Anno 798 , ad domnum Regem.

« Quod vero nota repetere indignum dixistis, nescio, quid flaccina rusticitas diviti sapientiæ ignotum ingerere valeat ; sed si nota, et olim audita non licet inferre, quid faciemus de literis, syllabis etiam, et verbis, quibus uti nobis necesse est quotidie ; nisi novæ grammaticæ artis regulas excogitare incipiamus [1] ? »

Alcuin dut tenir à l'empereur ce langage : « Ou les colléges latins que vous instituez réussiront, et alors leur graphie s'adaptera aux langages rustiques ; ou bien les moyens termes que nous proposons réuniront toutes les divergences jargonesques : dans l'un et l'autre cas, le but sera atteint. » Ce qui arriva effectivement, en laissant toutefois d'antiques traces de la fédération linguistique préparatoire, si ingénieusement instituée par le chef de l'État.

C'est au développement des germes de science répandus par les soins de l'empereur lui-même, qu'il faut attribuer la désuétude où tomba la grammaire impériale : les palmes furent pour Otfrid, bien que l'illustre devancier nous eût pour toujours imprimé une physionomie linguistique semi-septentrionale, caractéristique entre toutes les langues que les hommes aient jamais parlées. La noblesse de nos origines est son ouvrage ; un demi-

---

[1] Alcuini Opera, t. I, p. 91. Alcuin signale le danger de rompre les liens qui rattachent d'anciens souvenirs, et de rendre incompréhensibles les monogrammes d'un usage journalier.

siècle borna la pratique de l'alphabet ; son importance, toutefois, est encore évidente : la majorité des prononciations ralliée en un faisceau commun, et les diphthongues carolines, traduites en caractères latins, restent à jamais parties intégrantes du français, comme elles seront toujours le guide le plus sûr pour son analyse étymologique.

Sept siècles s'étaient écoulés, lorsque Trithême, adonné aux écritures cabalistiques et d'étroites conventions, assimila le précieux document carlovingien aux produits de ses rêves, sans reconnaître que cette mine, ouverte par les sommités intellectuelles du grand siècle, et dans un but de haute philanthropie, renferme les éléments de nos analogies, et met à découvert la filière par laquelle passa celui des langages romans destiné à former le français actuel.

L'inconcevable assertion que Charlemagne ne savait pas écrire, et l'interprétation erronée d'une ancienne épithète, devinrent pour l'alphabet carolin [1] ce que les laves furent à Pompéia : ensevelie sous la réprobation générale, la GRAMMATICA NOVA disparut, et l'on ne comprit pas l'immensité de cette perte : toutefois, si le corps est à jamais détruit, l'ombilic nous reste, et cette puissance encyclopédique permet de remonter vers nos sources littéraires, aussi bien qu'elle explique les mystères de notre émancipation intellectuelle, la nature, le caractère et l'espèce de poésie cultivée par nos aïeux, et si mal appréciée de nos jours; par son entremise, il nous a été donné de reconnaître les faits, de les coordonner, de

---

[1] Appelé SECRET dans l'acception que nous faisons connaître p. 105 et suiv.

proclamer comme conséquence les lois qui ont régi la linguistique et la littérature; la certitude du procédé a pu seule nous inspirer assez de confiance pour n'avoir pas à redouter l'épithète de novateur.

Après onze siècles d'une incurie difficile à qualifier, nous offrons au lecteur cette œuvre vénérable, avec le détail des notes formant la dénomination des signes carolins [1], et leur rapport avec la haute antiquité : FILIA TEMPORIS. L'intelligence ayant manqué aux copistes, ils ont commis quelques erreurs : nous avons fait tous nos efforts pour les éviter : les lettres chilpériennes, préconçues dans un esprit analogue, se trouvent à leur place, excepté l'Ω, que nous avons classé selon l'usage.

L'impossibilité de les tracer d'une manière cursive et de les lier entre eux, prouve que les caractères carolins furent inventés pour l'usage d'hommes étrangers à toute graphie, et accoutumés à suppléer leur propre nom par le signe de la croix [2].

L'absence d'orientation uniforme rendait les NOTARIA VERBA inintelligibles, à moins de conventions préalables : l'alphabet de Charlemagne obviait à ce grave inconvénient; l'alfaï ne pouvait se confondre avec aucun autre caractère, soit que l'I précédât ou suivît le Z; les autres

---

[1] L'Alphabetum tironianum Carpentieri donne les notes composées ; le signe simple qui explique les caractères carolins est une conséquence d'observation.

[2] Dans la plupart des chartes d'intérêt local écrites en latin par des clercs, avant l'époque otfridienne, les parties signent en faisant une croix, seule graphie familière aux hommes étrangers à l'écriture. Bibliothèque de l'École des Chartes, t. II, 2ᵉ série, septembre-octobre 1845, p. 73 et suiv.

ALPHABET DE CHARLEMAGNE.

Valeur	Notes	Noms	Espèces
ai	alfai	alfai	Egyptienne dipht.
b,v	bit / vit	vita	Démotique 2 deg.
c	cap	cap	Egypt. gutt.
d,t	tlt	delt	Egypt. 2 deg.
eo	co / eo	eo	Diphthongue.
f,v	ffi / ffi	fi	2 deg.
g	ci / gi	gi	Egypt. div. d
h		h	Gutturale.
uio	uio / uio	uio	Démot. tripht.
k	kap	kap	Egyptienne
l	la	la	
m	mu	mu	Démot.
n	ru / nu	nu	Démot.
ou	ou	ou	Diphth.
p,v	vi / pi	pi	2 deg.
p	c doux	q	Guttur 2 d
r	rho	rho	Egyptienne.
s	sim / sim	sima	Phénicienne.
th	thi	thi	Chilpérienne.
ui	ui	ui	Diphth. 2 d.
x	g doux	xi	Guttur 2 d
y	ups	ups	
z	zi	zi	Phénicienne.
w	uui / vui	vui	Chilpérienne.
oo	o	o	Chilpérienne.

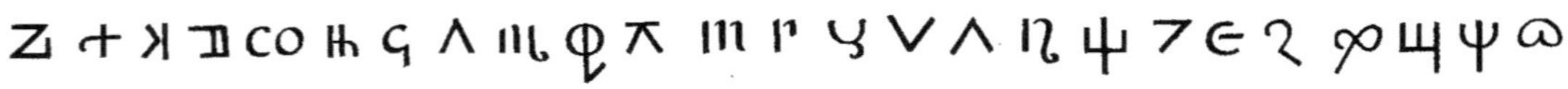

Hiéroglyphiques.
Voyelles
Gutturales
Dent. lab.
Liquides

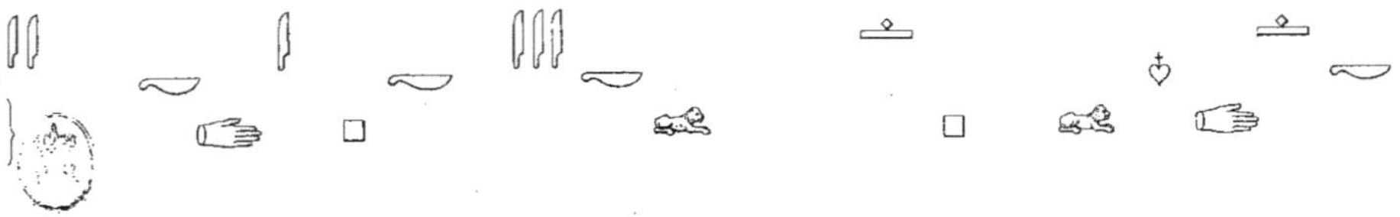

DACTYLOLOGIE.

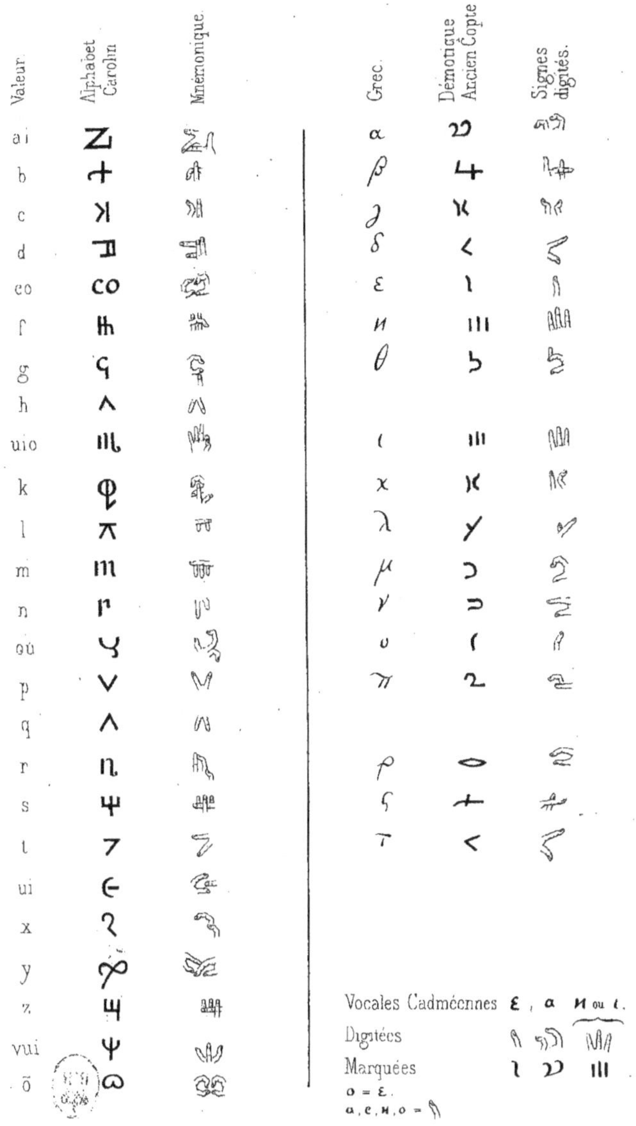

Valeur	Alphabet Carolin	Mnémonique	Grec	Démotique Ancien Copte	Signes digités.
ai			α		
b			β		
c			᧡		
d			δ		
eo			ε		
f			η		
g			θ		
h					
uio			ι		
k			χ		
l			λ		
m			μ		
n			ν		
oü			υ		
p			π		
q					
r			ρ		
s			ς		
t			τ		
ui					
x					
y					
z					
vui					
ō					

Vocales Cadméennes   ε, α, η ou ι.

Digitées

Marquées

o = ε.

a, e, η, o =

signes avaient également tous une forme distincte qui ne permettait pas la confusion.

L'authenticité de l'alphabet carlovingien ne put le préserver d'un long oubli; cependant, sans le comprendre, Trithéme se fit un devoir de nous le transmettre; mais il enveloppa le document impérial, si digne d'être médité, si fertile en conséquences, du discrédit justement attaché à ses hallucinations [1].

Quelques érudits firent de vains efforts pour retrouver la précieuse grammaire : au xviiᵉ siècle, Schilter écrivait à Mabillon : « Quam male actum cum antiquitate nostræ gentis, quod nec Caroli nec Otfridi institutiones grammaticæ, in tanta chartæ vilitate et inventa arte typographica, posteris servatæ [2]! »

Lors du partage de l'empire, le refoulement du théotisque vers la Germanie enlevait la grammaire aux contrées où les langages romans étaient seuls nationaux.

La distinction établie par Tacite : « Litterarum secreta [3], »

---

[1] La GRAMMATICA NOVA est-elle à jamais perdue ? Un conservateur de la bibliothèque Saint-Emmérame à Ratisbonne écrit : « Magnum manuscripto-« rum eximiæ vetustatis atque optimæ notæ numerum continenti, admotus fui. « Deprehensis nempe quibusdam codicibus, nongentorum et amplius anno-« rum ætatem indubiis notis præferentibus. » (Alcuini Opp., t. I, p. ij.) « Indubiis notis, » seraient-elles les notes suivant l'Alphabetum tironianum ; et les « optimæ notæ, » les signes carolins avec lesquels la grammaire dut être écrite ? S'il en était ainsi, tout espoir de retrouver le monument linguistique carlovingien ne serait pas perdu, et c'est parmi les beaux et nombreux manuscrits de Ratisbonne qu'il faudrait le chercher.

[2] Thesaurus Antiquit. teutonicarum, t. II, Ἐπινίκιον, p. 2.

[3] Taciti Opp. : Histor., lib. II, § 4; Annales, l. XIII, § 43; de Orat., § 12, etc., not. p. 837.

s'appliquait aux langages vulgaires : l'illustre historien avait employé ailleurs le même mot secreta[1] dans l'acception qu'y attachèrent Lucrèce[2], Horace[3], Martial[4], l'équivalent de privée, d'intime, de conventionnelle; la littérature de la famille, du foyer, par opposition à la littérature scolastique, érudite, publique : cette qualification de secret donnée à l'alphabet de Charlemagne fit tomber dans une grave erreur; on crut que l'empereur s'en servait exclusivement avec ses favoris, ses généraux, qu'il s'agissait d'un alphabet d'étroite convention, d'entente particulière, d'une espèce de chiffre, tandis qu'au contraire c'était un pacte offert à toutes les divergences de prononciation; une espèce de panacée, de spécifique, contre l'anarchie linguistique[5]; « quibus per latissimum suum imperium securus uteretur[6]. » Dans l'esprit d'Otfrid, qui écrivait trente ans après, secreta est l'équivalent de incognita[7] parce qu'alors les vocales étaient indéterminées.

Peut-on supposer avec quelque apparence de raison que le monarque eût pris la peine de composer une grammaire, et d'appeler, de contrées éloignées, des hommes d'élite, tels qu'Alcuin, Bérenger, Théobalde, Nan-

---

[1] Facciolati lexicon. Secretus, Privatus, Intimus.

[2] Lucret. l. I, v. 195.

[3] Horat. l. II S., I, v. 71.

[4] Martial. l. VIII, ep. xv.

[5] Encore aujourd'hui, secret est synonyme de recette, remède, tempérament, etc.

[6] Voir Hickes, et ci-dessus, p. 99.

[7] Otfridus apud Schilter., t. I, p. 11.

non, etc., pour un objet restreint et particulier, alors
que la nation tout entière manquait de moyens graphiques ?

Indépendamment des modifications imprimées par le
temps au mot secreta, modifications dont on est mauvais juge lorsqu'on les explique suivant l'échelle du progrès, nous ferons observer que, relativement au but que
se proposait le congrès scientifique, auteur de l'alphabet
carolin, l'épithète secreta était parfaitement choisie ; on
appelait secrets les langages rustiques, parce que, expri-
mant les besoins particuliers de la famille, de la tribu, du
village, ils étaient de véritables secrets relativement les
uns aux autres : de nos jours, lorsque deux provinciaux
compatriotes se rencontrent dans une grande ville, dès
l'abord ils emploient le patois, l'idiome secret de leur
pays, et se félicitent de n'être compris par personne :
l'alphabet destiné à réunir, par un lien commun, les
innombrables secrets linguistiques locaux, fut intitulé
alphabet secret, afin de marquer sa différence avec l'alphabet des écoles, de l'Église ou de l'unité, de la léga-
lité et de la publicité.

En Italie, vulgaire est encore synonyme de familier et
familier de privé : ἐγχώριος γλῶττα ; « redutto di grama-
tica in volgare ad utilitade de' volgari... sanza lettera [1]. »
A cette époque, et au point de vue de l'Église romaine,
dans les Gaules, on appelait barbares les jargons tudesques des Francs, rustiques les patois des régnicoles,

---

[1] Vocabolario della Crusca, t. V, p. 320, col. 2.

et l'on qualifiait romans les idiomes qui retenaient le mieux la physionomie de la langue de Rome.

Dans sa préoccupation exclusive pour l'antiquité classique, la renaissance n'accorda aucune attention au monument linguistique élaboré par les sommités intellectuelles réunies autour de Charlemagne, dans un but tout national, et dépositaire des éléments constitutifs et à jamais caractéristiques de notre langue.

« Carolus rex Francorum, cognomento Magnus, nationis sue misertus, barbariem Nannone, Theobaldo, Albino et Berengero adjutoribus, linguam tentavit regulare germanicam [1]. »

L'honneur qui en jaillit sur l'empereur paraissait devoir surpasser la gloire de ses armes : « Grammaticæ doctor ! [2] » Les biographes d'Alcuin s'expriment ainsi : « Rex grande opus, quod diu magno animo volvebat et revolvebat, illorum consilio innixus, aggressus est... barbariem et ignorantiam oppugnare cœpit [3]. »

Trithême avait eu en sa possession une partie du royal monument littéraire ; « hujus fragmenta grammatices assecutus, et ego præsentes Alphabeti characteres de multis extraxi, ne penitus interirent [4], » dit-il, et, bien que versé dans l'art de déchiffrer les plus anciennes écritures, il

---

[1] Trithême (Polygr. lib. VI, sign. qij) déclare avoir lu ce passage dans la grammaire d'Otfrid, commentaire de la grammaire impériale et comme elle perdue.

[2] Alcuini Opp., t. II, p. 451.

    Alcuini Opp., t. I, p. xxviii, col. 2.

[4] Polygraphia Trithemii, lib. VI.

déclare n'être jamais parvenu à comprendre ce fragment, ni même à le lire parfaitement [1], ce qui est tout
simple, puisqu'il devait être écrit en notes ou en signes
carolins.

Le prince et ses conseillers, initiés à l'archéologie et
aux langues séméiotiques, puisent de toutes parts, re-
prennent en les modifiant, les usages précédemment établis par les nations diverses, et rattachent le système
euphonique et graphique qu'ils veulent faire prévaloir
aux éléments dactylologiques des Phéniciens et des Coptes [2]; « ab origine rerum. »

L'école d'Alexandrie, au IVe siècle, fit pour l'Égypte
ce qui, cinq cents ans plus tard, fut répété dans les
Gaules par suite des études que Charlemagne y avait
propagées : la graphie des Hellènes s'établit à Alexandrie
aux dépens de l'insuffisante démotique digitée : cinq siècles après, l'écriture latine remplaçait en Occident des
procédés analogues, appelés NOTARIA VERBA.

Ce que Petilianus dit des notes [3], nous devons l'appli-

---

[1] Académie des Inscriptions, t. XVII, p. 172.

[2] La discussion des différences qui caractérisent les Égyptiens, les Phéniciens et les Coptes est étrangère à notre sujet.

On n'est pas d'accord sur la question de savoir si l'Évangile de saint Marc
fut primitivement rédigé en grec ou en copte. « Opinati sunt Marcum,
quando quidem Coptitis, seu Ægyptiis Evangelium prædicavit, coptice
illud scripsisse. » Hist. Patriarcharum Alexandrinorum, p. 6.

« In usu fuisse non modo inter christianos, sed etiam in plebe, linguam
illam veterem, quæ postmodum sublata prorsus ex communi sermone, in
libris tantum ecclesiasticis conservata est. » Ibid., p. 290.

[3] Voir notre page 41.

                ÉLÉMENTS CARLOVINGIENS.

quer au démotique et au phénicien, parce que la plupart des signes changeaient de valeur dans chaque localité, et reproduisaient des textes en jargons particuliers : il ne nous est permis de déchiffrer avec certitude que des noms d'hommes et de lieux connus d'ailleurs.

L'influence de l'alphabet carolin sur les origines théotisques et françaises se manifeste d'elle-même.

Les principes, simples comme les hommes de cette époque, se résument ainsi :

1° L'antique usage des voyelles locales : •∴ [1]

2° Diphthongues conciliatrices carolines..............

ai	eo	io	uo	ui
ia	oe	oi	ou	iu

3° Consonnes graduées (labiales.. du même organe. (dentales.

B	P	F	V	W
D	T	TH	puis rien.	

4° Gamme décroissante des gutturales. C G H J K Q S X Z) et dispari-
5° Liquides additionnelles se remplaçant L M N R) tion.

Identité de la source théotisque et wallonne :

Ego. . . . { Théotisque, ECH, ICH, IC, IK. Flamand, IK.
{ Wallon, EJO, EJOU, JOU, JOE, JO. Français, JE.

Pater. . . { Théotisque, FADAR, FADER [3]. Flamand, VADER.
{ Wallon, PAITRI, PAIBI, PAIRE. Français, PÈRE.

Mater. . . { Théotisque, MODAR, MODER. Flamand, MOEDER.
{ Wallon, MAITRI, MAIRI, MAIRE. Français, MÈRE.

Frater. . . { Théotisque, PRUADRE, BROUDHER. Flamand, BROEDER.
{ Wallon, PRAITRE, PRAIRE. Français, FRÈRE.

[1] Alphabeta et characteres jam inde a creato mundo ad nostra usque tempora, sign. A iij.

[2] Alphabet de Charlemagne, p. 104, pl. II.

[3] Conf. Scrieck. in Monita sua, præfatio, p. ij.

La quiescence établie, les articulations non vibrantes disparaissent souvent.

HABERE...⎰ Théotisque, HEBEAN, HEBBIAN, HABEN, HAVEN. Fl. HEBBEN.
⎱ Wallon,   HABER, HAVER, HAVOIR.   Fr. AVOIR.

Le théotisque [1] de Charlemagne a produit le belge actuel, par le changement des voyelles, par les divers degrés des consonnes, et par les toniques introduites contre les hiatus : le vieux langage de la Belgique existe encore chez le peuple d'Aix-la-Chapelle, de Mayence et de Bonn.

[1] L'étymologie du mot THIOIS, d'où la langue était appelée THIOITISQUE, est déduite ainsi par Cluverius, Germania antiqua, p. 68-69 :

THEUTH, dénomination générique, variable suivant la diversité du dialecte :

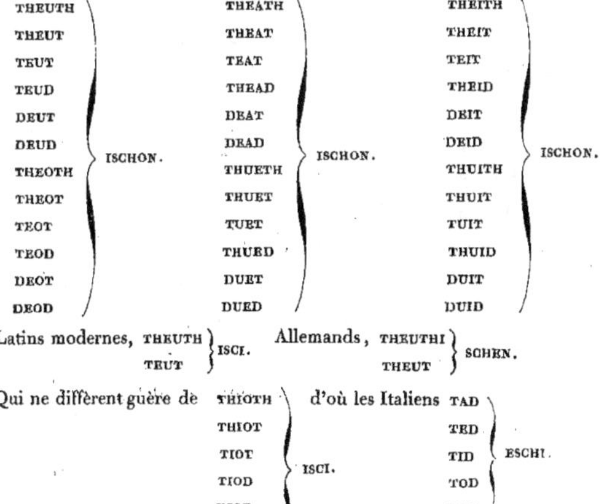

THEUTH		THEATH		THEITH	
THEUT		THEAT		THEIT	
TEUT		TEAT		TEIT	
TEUD		THEAD		THEID	
DEUT	ISCHON.	DEAT	ISCHON.	DEIT	ISCHON.
DEUD		DRAD		DEID	
THEOTH		THUETH		THUITH	
THEOT		THUET		THUIT	
TEOT		TUET		TUIT	
TEOD		THUED		THUID	
DEOT		DUET		DUIT	
DEOD		DUED		DUID	

Latins modernes, THEUTH ⎱ ISCI.   Allemands, THEUTHI ⎱ SCHEN.
                 TEUT ⎰   THEUT ⎰

Qui ne diffèrent guère de THIOTH ⎱   d'où les Italiens TAD ⎱
                           THIOT | TED |
                           TIOT   ⎰ ISCI.   TID ⎰ ESCHI.
                           TIOD | TOD |
                           DIOT | TUD |
                           DIOD   ⎰

<table>
<tr><td>

THEOTISCE.

Gidan ist nu mi redina ,
  Thaz si sint guate thegana ,
Ouh Gote thiononte alle ,
  Joh uuisduames folle.
Nu uuill ih scriban unser heil ,
  Euuangeliono deil.
So uuir nu hiar bigunnuu
  In Frenkisga zungun.

</td><td>

BELGICE.

Gedaen is nu myn reden
  Dat zy zin goeden dienaers ,
Ook God dienend' alle ,
  In wysdoms vulle.
Nu will ik scryven ons heil
  Evangeliums deel.
Zo wy nu hier beginnen
  In Fransche tonge.

</td></tr>
<tr><td>

LATINE.

Facta nunc est narratio
  Quod (Franci) sint boni milites,
Et Deo serviant omnes
  Sapientia pleni.
Nunc volo scribere nostram salutem
  Evangeliorum partes.
Quod nunc hic aggredimur
  In francica lingua.

</td><td>

GALLICE.

Ores est le récit terminé
  De la valeur des (Francs) Thiois ;
Tous adorent Dieu ,
  Aiment la sagesse.
Je veux écrire pour salut
  D'Évangiles les parties.
Nous commençons ici
  En française langue [1].

</td></tr>
</table>

Fuyant le despotisme espagnol et les cruautés du duc d'Albe, les Belges portèrent en Hollande des richesses de tout genre : leurs savants, alors si nombreux, voulurent soumettre aux règles de l'érudition l'antique langage de Charlemagne ; ils échangèrent ainsi les précieux vestiges de l'antiquité contre une régularité de médiocre intérêt : le philologue, mieux inspiré, retrouverait dans le belgo-théotisque des lumières singulièrement utiles aux origines françaises.

On a publié récemment que l'abbaye de la Trappe

---

[1] Otfridi Evangel. lib I, c. i, v. 221 à 228, apud Schilter, t. 1, p. 26.

puisait son nom dans un patois du Perche [1] : la langue de Charlemagne, belge ou batave, donne :

TRAP,	escalier [2].
TRAP aen,	attaché au degré [3], pilier d'escalier.
TRAP wys,	chemin par degrés, échelle de Jacob, vers la perfection, gradatim.

Le langage wallon, résistant à l'influence des Francs, était une espèce de latin rustique, avec voyelles simples et versatiles : des litanies répétées par la tradition avaient conservé une phrase consacrée au souverain ; les églises de la Gallo-Belgique retentissaient d'une invocation usitée avant 745 [4]. C'est le plus authentique et le plus ancien monument du roman wallon; un pronom, puis un article, s'affranchissant de la loi du régime : « In his litaniis barbaram romanam linguam, qualis illo aevo in familiari usu recepta erat, observare licet in his vocibus, TU LO IUVA, TU LOS IUVA, ubi dicere solemus, TU ILLUM, TU ILLOS [5]. » La popularité de ces répons leur valut une graphie latine au même titre que le KYRIE ELEISON.

Ce langage antécarolin, bien qu'il eût alors Charles pour objet,

TU LO IUVA [6],

---

[1] Vie de Rancé, p. 92.

[2] Trap, partie intégrante de attraper, faire tomber au piége : piége, degré aval, du théotisque AF VALLEN, qui a fait AVALER.

[3] Marien-trap, Notre-Dame des Degrés.

[4] Les noms d'Orihel, Raguhel, Tobihel, placés en tête de ces litanies, disparurent peu après le concile de Rome, où l'on reconnut « quæ nomina non angelorum sed dæmonum esse. »

Vetera analecta Mabillonii, p. 171.

[6] Dans un autre compartiment de l'échiquier gallique, peut-être TI LE IUDE. Le cri traditionnel du chasseur : TAÏAUT! n'est autre que T'AIAUD, aide-toi.

fut modifié par le nouvel alphabet; l'application des diphthongues amena TOI LUI AIUVA , les nombreux hiatus produits par l'accumulation des vocales [1], forcèrent à intercaler entre elles des consonnes toniques [2], afin de leur donner un appui; de là AIUTA , AIUDE, puis AIDE : les diverses cases de l'échiquier gallique employèrent les consonnes en rapport avec les habitudes locales, et firent des contractions analogues.

L'élasticité systématique de l'alphabet carolin , inventé pour ramener tous les dialectes rustiques vers l'unité par l'emploi des diphthongues , a doté notre langue d'une phonie qu'on ne trouve dans aucune néo-latine : OE, OU ont produit l'E muet et l'U français [3].

Ce qui précède porte à reconnaître que le langage de Gomer, l'antique gaulois, parent du latin, diphthongué d'une manière germanique par Charlemagne, appela des articulations consonnantes pour former le français actuel : l'examen des procédés constitutifs, dont la

---

[1] Il est bon de faire observer que le xe siècle fut absorbé par le travail nécessaire pour alléger les langages vulgaires des « vocalium creberrimum , » et trouver des points d'appui pour une vocalisation indéterminée, « incognitam : » nos plus anciennes poésies en conservent les traces :

>   ... Eve vit qu'ele a perdue
>   Sa brebiz, s'ele n'a aïue.   Roman du Renart, t. I , p. 3.

[2] Faisant vibrer, contendantes , euphoniques , comme QU'EN DIRA-T-ON, SAN-G-REAL , DONNE-S-EN, etc.

Ego, EJO , JO , IO, néo-latin . IOE semi-septentrional, produit l'E muet, comme TU (latin), prononcé TOU , TOE , a fait TOI, TE et TU avec l'intonation française. Jo! est encore le cri traditionnel de l'archer wallon , alors qu'il atteint le but.

marche fut variée comme les caprices du vulgaire, nous entraînerait trop loin ; l'indication doit suffire ici [1].

La grande mosaïque de la confédération des Gaules fera toujours obstacle à préciser la marche graduée des consonnes et des gutturales, qui, en général, tendait vers l'adoucissement, mais la différence des climats, les habitudes locales, les considérations politiques et les antipathies qui les accompagnent, durent parfois contrarier la loi naturelle qui incline vers l'urbanité : ainsi, tandis qu'une province adoucissait son vocabulaire, une autre au contraire donnait plus d'énergie au sien : les princes, nous l'avons dit, ne restaient point étrangers à ces habitudes exclusives; l'absence de communication y ajoutait. Toutefois, une remarque importante domine les transformations originelles ; purement orales et phonétiques, les caractères complexes, chargés de les représenter plus tard, furent approximatifs, insuffisants et inexacts ; ainsi la complication des lettres n'exclue pas une prononciation primitive simple, et la manière dont nous prononçons les diphthongues en est la preuve.

Les signes-notes antérieurs à l'alphabet carolin, suivant les degrés des sons organiques et l'ordre naturel, ne correspondaient point à la série conventionnelle adoptée pour l'alphabet latin; l'échelle diatonique devait simplifier l'entente siglique.

---

[1] Facere, faisere, faiere, faire.
Bevere, boivere, boiere, boire.
Placere, plaicere, plaiere, plaire, etc.

Une comparaison faite par Alcuin prouve sa connaissance des usages égyptiens et confirme l'existence de la dactylologie ; chez les jeunes gens de Rome et d'Alexandrie, la prononciation des lettres et des syllabes n'était pas invariable : l'accord n'existait, même pour les langues latines et coptes, que chez les hommes d'expérience :

« Nisi forte notaria manus verba, syllabas, vel literas immutasset, quod sæpe evenire solet non solum Latinis, sed etiam Ægyptiacis pueris [1]. »

La rencontre de manuscrits exécutés en signes carolins [2], durant la courte époque de transition, laissait à peine quelques chances : la théologie offrait peu de ressources, et les autres ouvrages durent être transcrits plus tard en graphie latine : toutefois, ne reculant devant aucune investigation, nous avons été assez heureux pour trouver, dans un célèbre manuscrit conservé aujourd'hui au British Museum [3], la confirmation de ce que nous avons rapporté touchant l'alphabet carolin et les signes digités : en effet, le peintre ornementiste de ce

---

[1] Alcuini Opp., t. 1, p. 98.

[2] Jusqu'à ce jour les érudits ont confondu les signes carolins avec les notes.

[3] Provenant de l'abbaye de Moutier Grand-Val, qui le tenait du couvent de Prum. Vendu en 1829 par M. Speyr-Passavant ; celui-ci le regarde à tort comme Bible d'Alcuin ; l'unique passage du texte où paraît le nom de Carolus (1re col., v° du dernier feuillet) n'est pas sincère ; ce mot porte de visibles traces du grattoir et d'une surcharge évidente ; néanmoins il est incontestable que le volume fut écrit à l'époque carlovingienne.

Bible de Moutier - Grandval, MS. du British Muséum, fol. 406.

précieux volume [1], heureusement inspiré dans l'intérêt
de l'avenir, a simulé au centre même d'une lettre capitale
latine [2], les sigles vulgaires dactylologiques du mot dont
cette lettre est l'initiale ; la main fonctionne autant toutefois que le dessin peut reproduire un mouvement [3], le
к, ainsi figuré ℗ [4], correspond au ǫ latin ; il est repre-
senté par l'index allongé et le pouce formant un angle
de 45°, sur un petit cercle décrit par deux doigts de la
seconde main : le deuxième cercle dont la dextre occupe le centre, est fictif, il annonce le passage du premier sigle au second ; alors le dernier doigt s'élevant
forme, avec le premier, le signe U équivalant à l'u latin,
ou à l'o. Ces deux signes sont les initiales des deux ou
trois premières lettres du ǫuoᴅ ; c'était un sigle double,
employé par l'artiste pour consacrer le mode vulgaire,
vers l'époque où les caractères latins venaient remplacer
la dactylologie encore chère au peuple.

On objectera sans doute que les notes présentent au
mirage de l'explorateur tout ce qu'il veut y voir : en effet,
si cette manière d'écrire eût offert des garanties d'interprétation, de lucidité, de fixité, nous n'aurions pas à
prouver aujourd'hui qu'avant le ɪxᵉ siècle, les Francs
comme les Gaulois ne possédaient pas dans leur propre

---

[1] Sir Frederik Madden, conservateur au British Museum, a bien voulu
le mettre à notre disposition avec une obligeance exemplaire ; nous sommes
heureux de lui offrir un témoignage public de reconnaissance.

[2] En tête de la première Épître de saint Jean, fol. 406.

[3] Voir notre planche IV. Le cercle fictif est tracé en argent.

[4] Voir l'alphabet carolin, pl. II, p. 104.

idiome, le moyen de correspondre avec la postérité; le mutisme alors eût été une chimère.

A Athènes comme à Rome, on faisait usage des sigles; les Gaulois avaient les leurs : pour les langages vulgaires, les lettres étaient empruntées aux caractères démotiques, aux Phéniciens, aux Hébreux, puis aux Hellènes : quelques manuscrits du ixe siècle, en théotisque, conservent encore des initiales appartenant à ces alphabets digités [1], de là sans doute l'emploi si fréquent des majuscules dans les langues germaniques.

Les sigles, d'abord simples, furent parfois doubles; sous Charlemagne [2], il y en eut de triples, de quadruples, c'est en devenant de plus en plus multiples, qu'ils amenèrent la graphie en toutes lettres [3].

Noter : « Notare res nominibus novis; » ce verbe signifiait primitivement manifester, faire connaître par des signes : dans la suite, on s'est borné au sens restrictif, faire connaître. Les signes vulgaires devenus caractères latins, n'exclurent pas immédiatement l'usage des sigles et de la dactylologie qui marchaient de concert; leur existence se prolongea jusqu'au xie siècle : « Ad decimum, undecimumve usque sæculum perseveravit [4]. » Saint Grégoire, en tête de ses Homélies [5], explique l'intervention

---

[1] Langue et littérature des anciens Francs, par M. Gley, p. 29.

[2] Voir notre pl. IV.

[3] Nous possédons un manuscrit du ixe siècle, in-4°, enrichi de peintures polysigliques très-curieuses.

[4] Alphabetum tironianum, prefatio, p. vij.

[5] Sancti Gregorii Opera, t. I, col. 1434.

des notaires, dans les églises de Rome, pour l'interprétation des Évangiles en langages vulgaires : « Inter sacra
missarum solemnia, ex his quæ diebus certis in hac ecclesia legi ex more solent, sancti Evangelii XL lectiones
exposui. Et quarumdam quidem dictata expositio ad-
sistenti plebi est per notarium recitata quarumdam vero
explanationem coram populo ipse loquutus sum. » En
813, le troisième concile de Tours prescrivit la traduction
des homélies ou instructions chrétiennes, en langages
vulgaires : « Ut easdem homilias quisque aperte transferre
studeat in rusticam romanam linguam, aut theotiscam,
quo facilius cuncti possint intelligere quæ DICUNTUR[1]. » A
dater de ce temps, on trouve, en marge des manuscrits,
un signe figuré de diverses manières[2].

Lorsque le mot NOTA est exprimé en caractères latins
non alignés, ni orientés, ni cursifs, en manière de sigle,
il signifie NOTARIA VERBA, bien que souvent on ne puisse y
voir que les quatre premières lettres, parfois aussi on les
y lit toutes : le sigle complexe qui termine la fig. 4,
cotée 9, pl. V, est copié dans un manuscrit du commencement du IXᵉ siècle ; toutes les lettres y sont détaillées[3].
Cette locution, qui caractérise l'espèce de graphie vulgaire, fait connaître que le texte doit être translaté en
signes familiers au peuple : nous avons souvent remarqué

[1] Sacrosancta concilia, in-fol., t. VII, anno 813, canon XVII, col. 1263.
[2] Voir planche V, fig. 4.
[3] Voir à la Bibliothèque du Roi, Sacramentaire de Gellon, manuscrit nᵒ 163,
fonds Saint-Germain latin, fol. 39 vᵒ ; on le trouve aussi fol. 23 vᵒ, avec quelque
modification. Le sigle de verba est représenté par l'u carolin un peu orné.

ce sigle à côté d'une main indicative ou d'un index, dé-
monstrations diverses qui ne peuvent signifier une même
chose.

Quand la dactylologie se perdit, l'indication marginale
ne fut plus employée que comme impératif du verbe NO-
TARE, l'équivalent de OBSERVA ; dès ce moment il fut tracé
de gauche à droite, et aligné comme du latin ordinaire.

Pour faire connaître la valeur de cette prescription,
nous nous bornerons à puiser dans un manuscrit de notre
collection : « Damasii et Ieronimi Epistolæ, seculo x°, in-
fol., ex monast. B. M. Eboracensis, » célèbre par la
bibliothèque où étudia Alcuin, qui dès le IXe siècle fit
l'inventaire de ses richesses littéraires[1]. Le NOTARIA VERBA
se trouve répété avec un index dessiné en marge, et
sur l'alignement d'un texte qui explique le sens attaché
au sigle.

Vulgaris proverbii,	folio 24 recto.
Promulgare sententiam,	36 verso.
Evangelii prædicandi,	37 recto.

En marge de la première page d'un manuscrit « de
Doctrina christiana sancti Augustini, » du XIe siècle[2], se
trouve la graphie reproduite pl. V, fig. 4. La traduction
en idiomes vulgaires, prescrite à cette époque[3] pour l'instruction religieuse, se bornait d'ordinaire au langage
oral et à la séméiologie : l'alphabet latin n'était encore

[1] Voir Alcuini Opp., t. II, p. 257, v. 1535 seq.
[2] Lib. I, p. 1 ; manuscrit de notre collection.
[3] Concile de Tours, en 813. Voy. notre page 119.

Fig. 1.

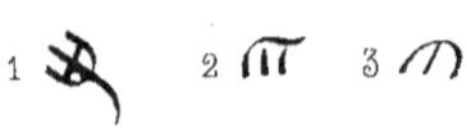

Fig. 2.

Fig. 3.

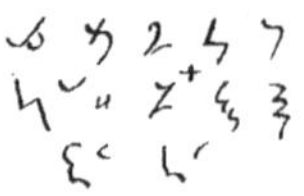

	Ma dx q h t	*Marcus dixit qui habent etiam*
	vla vl stam	*Verba vel Sententiam*
	slr ils	*Similiter illis.*

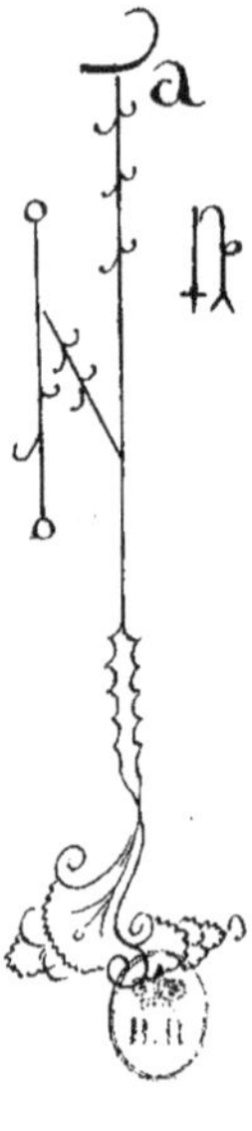

Fig. 4.

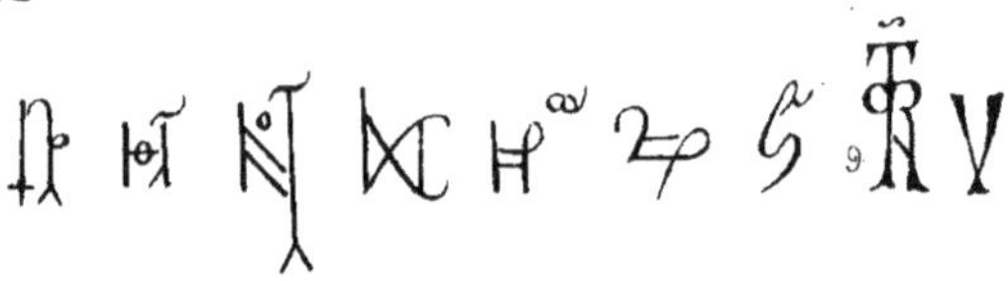

Fig. 5.

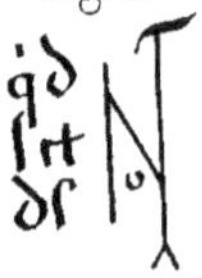

Fig. 6.

quid		K q'
sit		est
Deus		D. Dieu ?

familier qu'aux seuls érudits : les VERBA VISIBILIA de saint Augustin [1] ou les NOTARIA VERBA, pl. V, fig. 5, dont le sigle est joint à la question capitale faite aux enfants, aux femmes et à tous ceux auxquels le latin était étranger [2].

La nature des notes ne permettait pas de généraliser leur emploi, d'ailleurs l'irrégularité, l'arbitraire et la multiplicité des patois étaient un obstacle insurmontable : on ne lisait pas les notes d'autrui (ci-dessus, p. 41); lorsqu'on écrivait en notes, c'était comme mémento pour soi-même ou pour des initiés, de là l'inutilité de les consigner dans les livres; aussi les textes en notes sont-ils d'une grande rareté : les notes latines toutefois se montrent encore dans certains manuscrits très-anciens ; on les a toujours confondues avec la tachygraphie, parce que, exécutées en sigles, elles étaient effectivement une écriture abrégée.

On voit dans un manuscrit provenant de Saint-Germain-des-Prés : « Sancti Augustini libri IV, de concensu Evangelistarum [3], » du VIIe au VIIIe siècle, des notes marginales dont nous donnons un spécimen avec leur interprétation (pl. V, fig. 3); ces notes conservent tout à la fois des traces de la séméiologie de Cadmus et de la dactylologie; on les retrouve aussi dans les inscriptions phéniciennes [4]; elles ont des signes communs avec les carac-

---

[1] Doct. christiana, lib. II, cap. IV, t. III, col. 20.

[2] Voir pour l'intelligence l'Alphabet de Charlemagne.

[3] A la Bibliothèque du Roi, n° 758 olim 793, in-fol., demi-onciales gallicanes.

[4] Inscriptio melitensis quæ nunc Parisiis in Bibliotheca Mazarinea asservatur.

tères découverts dans les pyramides, et de l'analogie avec ceux de l'alphabet de Charlemagne.

Si la coutume de la terre salique avait eu le théotisque pour interprète, la version rimée aurait été plus mnémonique encore [1], puisqu'elle s'adressait plus directement au peuple : les moyens de transmission pour les langues vulgaires dans les Gaules, antérieurement à Otfrid, se bornaient aux artifices mnémoniques de la tradition, à la dactylologie et aux notaria verba : à dater de 790 les signa carolina jusqu'en 850, où la graphie latine fut enfin, mais non exclusivement, adoptée.

Charlemagne signait du pommeau de son épée; cette haute manifestation d'autorité souveraine fut attribuée à l'ignorance! Le monogramme de l'empereur se compose de toutes les lettres de son nom, symétriquement disposées pour former le signe de la rédemption, afin de manifester et la puissance descendant du ciel et la force matérielle qui dompte la terre.

L'Histoire littéraire de la France [2] insinue que Charlemagne écrivait bien le grec et ne pouvait le prononcer; qu'il parlait correctement le latin et ne l'écrivait qu'avec peine : nous sommes convaincu que l'empereur écrivait facilement l'une et l'autre langue; et que, si le talent du souverain laissait à désirer, ce ne pouvait être comme scribe, mais bien comme peintre seulement, dont l'art

---

[1] Heureux d'invoquer sur cette matière le témoignage de mon honorable ami et collègue politique, M. Pardessus, dont la science est aussi élevée que le patriotisme. Loi Salique, p. 419. Voir notre page 69.

[2] T. IV, p. 369, 370.

s'associait alors à la calligraphie, et plus probablement encore comme uranographe [1].

Son alphabet, monument de sollicitude pour ses peuples [2], prouve qu'il s'efforçait de perfectionner l'écriture fédérale : les préposés aux rédactions des actes authentiques latins devaient les expliquer en langages vulgaires.

Conservant à chaque graphie son caractère spécial, on appelait séméiographes ceux qui retraçaient les signes digités; notarii les écrivains en notes, et secretarii les scribes qui employaient l'alphabeta secreta : à ceux faisant usage des langues savantes dans lesquelles les livres étaient écrits, on donnait les noms d'antiquarii [3] et de librarii.

Les signes se lisaient dans tous les sens, et l'aleph des Hébreux n'est autre que le Z carolin, tourné verticalement : le Samaritain commence aussi son alphabet par la diphthongue caroline, avec l'I médium; dans certains manuscrits judaïques très-anciens [4], la première lettre est figurée précisément comme le premier signe carolin.

L'alphabet hiéroglyphique représente E par une plume, A par deux plumes, l'I par trois [5], l'O et l'U par le même

---

[1] Voir les dessins uranographiques, à la Bibliothèque du Roi, ancien fonds latin, manuscrit 6413.

[2] Nationis suæ misertus.

[3] Voir S. Ieronimi Epist. ad Florent. S. Augustini in Psalm. 44, 4-6.

[4] Voir manuscrit 2340, Bibliothèque du Roi. Nouveau Traité de Dipl., t. I, p. 671, à la pl. VIII.

[5] Voir Champollion le jeune, Syst. hiérogl., 1827, pl. VI. Les paléographes n'ayant pas soupçonné ces corrélations, ont figuré les signes par des à peu près. Voir notre page 23.

signe horizontal, avec un point superposé au centre [1].
Le démotique fait un trait vertical pour la première
voyelle, deux pour la seconde et trois pour la troisième,
d'où l'I carolin.

Les trois premières voyelles grecques A, H, I sont aussi
représentées par des marques numériques dans l'alphabet de l'inscription intermédiaire de Rosette [2].

Il est certain que l'empereur possédait l'hébreu, le syriaque et l'esclavon, puisqu'il n'eut jamais besoin d'interprètes pour comprendre les ambassadeurs des nations
qui parlaient ces langues [3].

Il fonda une bibliothèque à Jérusalem pour l'usage
des pèlerins [4] : sa charité s'étendait sur les chrétiens pau-
vres d'Égypte, de Syrie et de Palestine.

Les textes latins de ses œuvres et ses lettres particulières portent fréquemment le nom d'un secrétaire;
lorsque le contre-seing manque, il est permis de croire
que l'original fut écrit manu propria [5].

La légèreté avec laquelle on admit l'ignorance prétendue de Charlemagne, eut ce déplorable résultat
qu'elle couvrit d'un dédaigneux mépris le document le
plus philosophique que le génie pût élever à l'intelligence.

[1] Aperçu sur les Hiéroglyphes, trad. de Brown, à la pl. page 80.

[2] Description de l'Égypte, Antiq. Mémoires, t. II, p. 146.

[3] Hist. littér. de la France, t. IV, p. 370.

[4] Ibid., p. 373.

[5] Don Mabillon déclare avoir vu grand nombre d'autographes de Charlemagne. Voir de Re diplomatica, p. 74-75.

Comment apprécier, étudier, respecter des caractères
tracés par une main étrangère aux lettres? Comme toujours, l'erreur féconda les erreurs; les notes et le tudesque
étaient antipathiques aux habitants de la première Belgique, dont Paris faisait partie; motif pour lequel l'alphabet y demeura étranger.

Il est impossible de ne pas reconnaître l'altération du
texte d'Éginhart, sur lequel se fondent ceux qui contestent la capacité littéraire de Charlemagne [1].

« Præcipue tamen astronomiæ ediscendæ, plurimum
et temporis et laboris impertivit. Discebat artem computandi, et intentione sagaci syderum cursus curiosissime
rimabatur. Temptabat et scribere, tabulasque [2] et codicillos ad hoc in lecto sub cervicalibus circumferre solebat,
ut, cum vacuum tempus esset, manum litteris effingendis assuesceret; sed parum successit labor præposterus ac sero inchoatus. »

Des faits matériels et de nombreux ouvrages contemporains donnent un démenti formel au sens apparent de
ce passage, et à la manière dont on l'interprète aujourd'hui [3].

Les scribes du ixe siècle n'observaient ni ponctuation
ni distance; il est probable que le temptabat et scri-

---

[1] Einhardi, t. I, p. 82.

[2] Tabulas eburneas... quasi sic dentatus elephans aliorum fuerit gigas.
Ekkehard. apud Pertz, t. II, p. 88, 89.

[3] Le texte d'Otfrid, méconnu dans son esprit, confirme sa véracité par une
preuve inverse; l'absence de productions écrites en langages vulgaires justifie
l'auteur, comme le texte altéré d'Éginhart se trouve démenti par les Scripta
carolina, l'imposant témoignage d'Alcuin, et la suprême autorité d'un concile.

bere se rattache à syderum cursum describere[1]. L'empereur s'exerçait à tracer de la trigonométrie sphérique ou de l'astronomie : le mot litteris qui vient ensuite, écrit par abréviation, fut très-probablement lu et copié au lieu de lineis.

Il faut l'avouer, la position du corps couché favoriserait peu les progrès calligraphiques d'un élève quel qu'il fût.

En admettant même le texte comme on nous le donne aujourd'hui, il peut s'interpréter de manière à ne porter aucune atteinte à la haute science du fondateur des lettres dans les Gaules.

En effet, il convient de distinguer deux sortes d'écritures, plus tranchées alors qu'elles ne le sont aujourd'hui : l'écriture cursive usuelle et l'écriture calligraphique, avec laquelle on exécutait les manuscrits des bibliothèques : la première, indispensable à quiconque ne reste pas étranger aux lettres ; la seconde, produit d'un art tenant plus du dessin que de l'intelligence : Éginhart, « homo barbarus[2] et in romana locutione perparum exercitatus, » secrétaire de Charlemagne et par conséquent habile calligraphe, mettait sans doute une grande importance à son art ; c'est en cette qualité seulement qu'il ose dire de son maître : « Sed parum successit labor. » Un savant bibliophilax viennois[3] éclaire ainsi la question : « Per

[1] Peut-être ce dernier mot est-il une mauvaise lecture de « et scribere. »

[2] Exemple de la versatilité de certains mots, Barbarus pour Germanus. Einhard., t. I, p. 4.

[3] Kollarius, Analecta monumentorum, t. I, col. 352, note 6.

litteras, quibus effingendis Imp. Carolus Magnus irrite tentavit manum adsuescere, intelliguntur elegantiores illæ majusculæ, quæ ad calligraphiam pertinent, et ornatus causa pinguntur potius quam scribuntur. »

Après le partage de l'empire entre ses enfants [1], Charlemagne se voua exclusivement aux exercices de piété et de charité ; une seule occupation lui parut digne encore ; saturé de grandeurs, il se fit correcteur de textes [2]. « Habent itaque critici, quo nomine merito glorientur, nec nisi summe honorificum illis est, Carolum Magnum professionis suæ habere collegam [3]. » Le Père des Annales Ecclésiastiques s'exprime ainsi : « Plane miraculum videri potuit, hoc sæculo rudi inveniri... Principem... quem magnum titulo merito dicunt, ipse jure ter maximum appellarim, nempe bellica fortitudine, scientia et pietate [4]. »

A tant de preuves, est-il besoin d'ajouter l'autorité suprême d'un concile, où la mémoire des faits vivait encore ? « Quidam nostrum ab illis audivit qui interfuerunt. »

« Ad capitium lecti sui tabulas cum graphio habebat, et quæ, sive in die sive in nocte, de utilitate S. Ecclesiæ

---

[1] Theganus P. Pithæi, p. 299. Duchesne, t. II, p. 326.

[2] Dans le superbe Évangélier carlovingien anno 780, conservé au cabinet du Roi au Louvre, in-fol., vélin pourpre, lettres d'or à deux colonnes, on lit cette phrase : « Providus ac sapiens (Carolus) studiosus in arte librorum, » au feuillet 126 col. 2. Voir M. de Bastard, Peintures et ornements des manuscrits, 2ᵉ édition, 1ʳᵉ livraison.

[3] Kollarius, Analecta monumentorum, t. I, col. 725.

[4] Baronius, Annales ecclesiastici ad annum 778.

et de profectu ac soliditate regni meditabatur, in eisdem tabulis adnotabat, et cum eisdem consiliariis, quos secum habebat, inde tractabat [1]. »

Faut-il rappeler les vers suivants adressés à l'empereur par un des contemporains les plus illustres?

> GRAMMATICÆ doctor constat prælucidus artis,
> Nullo unquam fuerat tam clarus tempore lector;
> RHETORICÆ insignis vegetat præceptor in arte.
> Summus apex regum, summus quoque in orbe SOPHISTA
> Extat, et ORATOR facundo famine pollens;
> Inclyta nam superat præclari dicta CATONIS,
> Vincit et eloquii magnum dulcedine MARCUM,
> Atque suis dictis facundus cedit HOMERUS,
> Et priscos superat DIALECTICA in arte magistros.
> Quatuor ast alias artes, quæ jure sequuntur,
> Discernit simili rerum ratione magistra;
> Doctus in his etiamque modo rex floret eodem.
> Solus iter meruit doctrinæ adipiscier omne,
> Occultas penetrare vias, mysteria cuncta
> Nosse, Deo seriem revelante, ab origine rerum.
> Omnem quippe viam doctrinæ invenit, et omnem
> Artis opacum aditum, secretaque clancula verba
> Omnia : solus enim meruit pius ille talenta
> Suscipere, et cunctis præfertur in arte magistris.
> Scilicet imperii ut quantum rex culmine reges
> Excellit, tantum cunctis præponitur arte [2].

L'amphase, prodigue de mots, vit d'exagération et ne précise jamais; lorsque les faits sont nettement articulés, on doit croire à la sincérité, au moins pour le fond.

[1] Concilia antiqua Galliæ (anno 881) Jacobi Sirmondi, t. III, p. 514.
[2] B. F. Albini seu Alcuini abbatis Opera, t. II, p. 451, col. 2.

Bien que la postérité n'ait tenu compte que de sa puissance, voici du souverain le plus libéral envers elle, de
celui qui, entre tous, lui légua les monuménts de la plus
haute importance, de la plus grande portée, la nomenclature des ouvrages parvenus jusqu'à nous, et disséminés dans plusieurs recueils :

SCRIPTA CAROLINA.

1. Caroli Magni Capitularia Regum Francorum in Capitularibus
   Baluzii. Parisiis, 1780, 2 vol. in-fol.

2. Volumen Epistolarum xcix, vulgo Codex Carolinus. Ingolstadii,
   1613 et 1619, in-4.

3. Epistolæ xxi, ad Offam III, Baugulfum, in Homiliarium Pauli
   Diaconi ; de Septiformis Spiritus gratia, ad Fastradam, ad Eli-
   pandum ; de Ratione Septuagesimæ, ad Athilhardum, ad Home-
   rum, ad Leonem papam ; de Constructione ; de Presbyteris cri-
   minosis, ad Albinum, ad Pippinum filium, ad Garibaldum III,
   ad Nicephorum, ad Odibertum, ad Fulradum. Scriptores
   Francorum, t. V, p. 622-633.

4. De Ministerialibus Palatinis, Script. Francor., t. V, p. 657.

5. Capitulare in codice antiq. edit. a Frid. Limbrogio, in-fol.

6. Præfatio in Homiliarum de Baptismo ; apud Mabill. in Analectis, p. 73 seq. novæ edit., et veter. 1685, p. 312 et 314.

7. Capitulare anno 800 de villis suis, una cum Epistolis Leonis III
   ad Carolum. Helmstadii, 1647, in-4.

8. Capitulare de imaginibus non frangendis, libri quatuor (libri
   Carolini). Parisiis, 1549, in-16.

9. Fragmenta de Veteris Ecclesiæ ritibus ac Cerimoniis. Antwerpiæ,
   1560, in-8.

10. Diploma de Scholis Osnabrugensis Ecclesiæ. Helmstadii, 1717,
    in-4.

11. Charta divisionis Imperii, sive Testamentum. Francofurti, 1594, in-8.

12. Remedii Curiensis Episcopi Canones Alemanici xlix. Ingolstadii Alemanicorum, p. 134. Alcuini opp., p. 1720. De Viris illustr. Cassinensibus, c. viii, p. 169.

13. Epitaphium Hadriani, Lambecius, II, p. 265. Acta SS., t. VII junii, p. 109. Epitaphium Rolandi, Joanni Turpino, cxxv. Poemata duo. Hist. littér. de la France, t. IV.

14. Litaniæ Carolinæ, tu lo juva [1]. Apud Mabill. in Analectis, p. 682½, novæ edit., p. 170. Donationes Pontifici Romano. Lecointe, t. VII, Annal., p. 303 seq. Ad papam Hadrianum, Fabricius, t. I, p. 924.

15. Grammatica nova (theotisca), cum notis, scripta theotisce (deest præter alphabetum). Gramm. Otfridii. Polygr. Trithemii. Linguarum vett. septentrionalium Thesaurus, Hickes.; Oxoniæ, 1705. 2 vol. in-fol., t. I. Gramm. Franco-Theotisca, p. 4 ad not.

16. Vulgares Cantilenæ, theotisce (desunt). Einhardi Vita Kar. Magn., cap. xxix [2].

17. Libri Veteris ac Novi Testamenti, ad amussim correcti cum græcis et syris : ac etiam in franciscam linguam converti, ut populus intelligeret (desunt). J. Usserii Hist. de scripturis et sacris vernaculis. Londini, 1689, in-4, p. 99 et 111.

18. Explanatio Origeni perperam tributa in S. Pauli Apostoli Epistolam ad Romanos : cujus scriptura mendis nonnullis respersa propria Caroli manu emendata fuit.

Manuscrit conservé à la Bibliothèque impériale de Vienne, sous le n° 624 : « Carolus Magnus, nondum imperator, sed tantum

---

[1] Invocation wallonne répétée par le peuple, dans les églises de la Belgique, en faveur et durant la vie de Charlemagne.

[2] « Item in Barbara (Germanica) et antiquissima carmina, quibus veterum regum actus et bella canebantur scripsit, memoriæque mandavit. » (Einhardi, cap. xxii.)

adhuc rex Francorum et Longobardorum, a quodam Winid-
hario curavit describi, postea autem ipse relegit, et propria
manu emendavit. »

« In fine totius istius codicis, nempe folii 78, p. 2, exstant hæ,
æque antiquo charactere Gotthico sive Toletano exaratæ et
observatu dignissimæ subscriptiones :

> Codicis hujus ovans, volui confringere penna
> Spinas, quas animo scriptor congessit inerti ;
> Quique legis , precibus pro me pulsare Tonantem
> Digneris , valeas , si Christi vivere Regno.

« Winidharius peccator scripsit istum librum.

> Qui sternit per bella truces fortissimus heros ,
> Rex Carolus , nulli cordis fulgore secundus,
> Non passus sentes mendarum serpere libris ;
> En bene correxit , studio sublimis in omni [1]. »

19. Libri Sacræ Scripturæ.

  « Universos Veteris et Novi Testamenti libros, librariorum im-
    peritia depravatos , Deo adjuvante, examussim correximus. »
  Carolo Magno in epistola Homiliario præfixa [2].

DOCUMENTA PUBLICA [3].

Edictum Desiderii.................. Anno 772, § 19.
Epitome Canonum....................... 774,   12.

---

[1] Analecta monumentorum Kollarii, t. I, col. 724-725.
[2] Alcuini Opera, t. I, p. xxx , col. 1.
[3] Voir Histoire des Empereurs et de l'empire. Bunaü (Henrich von).
Genaue und umstandliche Teutsche Kayser, t. II, p. 873 et suivantes.

DIPLOMATA

TESTIMONIA AUTHENTICA.

Anno 769. Epistola Stephani IV ad Carolum regem et Bertradam reginam matrem ejus, qua laudat Itherium regium missum, quod is in Beneventano ducatu strenuam pro Ecclesiæ utilitatibus operam navaverit. § 22.

770. Diploma Desiderii regis Longobardorum , quo donationes factas per Adelgisium et Ansam reges ad favorem monasteriorum SS. Salvatoris, etc., confirmat. § 8.

770. Epistola Stephani papæ ad Carolum et Carolomannum reges, qua eos admonet , ne de gente Longobardorum uxores acciperent. § 14.

773. Testamentum Rogerii comitis et Eufrasiæ uxoris ejus, pro fundatione monasterii Carrofensis. § 8.

773. Concilium Genavense a Carolo M., cum ad Italicam expeditionem pergeret, celebratum. § 17.

774. Diploma Adelgisi regis Longobardorum , quo donationes factas a Desiderio et Ansa regibus, et a se ad favorem monasterii SS. Salvatoris , etc., confirmat. § 10.

774. Epitome canonum quam Hadrianus pontifex Carolo M. Romæ obtulit. § 12.

774. Senatus-Consultum Rom. de lege Regia, qua jus omne et potestas Carolo M. et in eum confertur. § 15.

774. Epistola Caroli M. ad Offam Merciorum regem , de victoria super Longobard. et Saxones. § 17.

774. Epistola Hadriani ad Carolum, de victoria ipsius regis. § 20.

775. Epistola Hadriani ad Carolum, qua petit, ut rex reversus a Saxonia Romam veniat. § 17.

Anno 787. Tarasii episcopi Constantinopolitani Epistolæ duæ ad Hadrianum papam adversus simoniacam pravitatem, cujus ipsum etiam Hadrianum insimulat. § 18.

787. Caroli M. constitutio de emendatione cantionum et lectionum ecclesiasticarum. § 22.

787. Ejusdem Caroli M. constitutio de scholis per singula episcopia et monasteria instituendis. § 23.

787. Epistola Hadriani, qua Carolum certiorem facit, de molitionibus Adalgisi, orat, ut copias contra eum mittat, item, ut jubeat promissas civitates in ducatu Beneventano tradi. § 26.

788. Charta donationis Nibelungi comitis, qua ad monasterium Crucis beati Audoëni in pago Madriacensi situm, Calliacum una cum ecclesia ac cum omni integritate donat. § 6.

788. Concilium in villa Ingilenheim, in quo Tassilo dux, perfidiæ damnatus, monasterium, vita concessa, cum Theudone filio ingressus est. § 17.

788. Versus de Carolo M., ex libro Evangeliorum, quem jussu ipsius Caroli scripsit Godescalcus, anno 788, ad opus ecclesiæ S. Saturnini Tolos. § 20.

790. Epistola Hadriani ad Carolum, qua queritur, quod aliquot episcopi Longobardiæ non essent contenti finibus parochiarum; it., quod moniales, relicto monasterio, illicitis nuptiis copularentur. § 22.

791. Charta donationis Giselæ, Caroli Magni sororis, qua monasterio S. Dionysii multa prædia confert, quæ a parentibus acceperat. § 4.

793. Capitulare de causis regni Italiæ datum, ut videtur, anno Christi 793, post obitum Hildegardis reginæ. § 1.

793. Præceptum Caroli M., pro quodam Joanne qui Sarracenos debellaverat in pago Barcinonensi. § 4.

794. Synodica concilii ab episcopis Galliæ et Germaniæ ad præsules Hispaniæ missa. § 9.

Anni· inc. Fragmenta epistolarum Paulini episcopi Aquilejensis,
    quibus deperditos mores sacerdotum queritur, qui
    secularibus negotiis sese immisceant. § 193.

Recherchant les traces du chemin par où dut passer le
langage roman, père du français actuel, il fallut inter-
roger les contrées habitées par Charlemagne : sa profonde science, sa sollicitude, fit connaître les signes
mnémoniques, auxiliaires insuffisants des langages vulgaires, causes du long mutisme des Gaulois, arrachés à
la barbarie par les premiers chrétiens fuyant Alexandrie, d'où ils avaient apporté les antiques habitudes
digitées des Orientaux : succession de faits attachés
par une chaîne dont les derniers anneaux composent le
cycle carlovingien, sans solution de continuité, jusqu'aux
éléments des langues représentées par des signes, devenus ensuite caractères graphiques.

Après avoir touché cette haute et dernière limite, nous
descendons vers le point de départ, étonné du nombre et
de l'autorité des preuves matérielles accumulées par les
âges sur le sol même, et méconnues avec une obstination
qui tient de la fatalité : leur ensemble met enfin à découvert la plus ancienne route suivie par les hommes et tracée parallèlement à l'historique des langues écrites : nouvel horizon qui élèvera peut-être nos premières traditions
nationales à la hauteur des monuments linguistiques les
plus imposants, et donnera la solution de problèmes étymologiques jusqu'à présent inaperçus.

Notre œuvre est tout simplement le résultat de l'induction; les antiques coutumes reconnues, nous avons interrogé les monuments et les contemporains; ils nous ont répondu d'une manière tellement explicite, que la discussion cesse pour faire place à la seule exposition.

Descendant du Caucase, comme les autres idiomes, notre gaulois poursuivit sa marche vers le septentrion, le Danube et le Rhin; influencé par l'âpreté du climat, il conserva, accrut même la rudesse de ses inflexions : les relations avec les trafiquants de Tyr et de Sidon y accréditèrent les signes sigliques; l'occupation romaine vint adoucir la parole des habitants du nord des Gaules, et lui donner un air de similitude avec le langage des colonies romaines, depuis longtemps établies au Midi : les Coptes ou premiers chrétiens, ainsi que les Grecs de Byzance, renouvelèrent les habitudes phéniciennes ; entre l'expulsion des Romains et le règne de Charlemagne, l'influence climatérique reprit ses droits, et la différence euphonique qui distingue le Nord du Midi, toute son énergie ; de là une séparation bien tranchée entre le roman wallon et la romane provençale, née d'un dialecte gaulois plus anciennement, plus fortement impressionné par la langue de Rome, et sous un climat plus favorable aux douceurs de la prosodie. Issue de la souche qui forma les langues catalanes et italiennes, soumise aux comtes de Barcelone et aux rois d'Aragon, elle resta toujours étrangère à nos origines, comme au génie de notre langue semi-septentrionale.

ROMANE MÉRIDIONALE

ÉTRANGÈRE

CATALOGNIA

Deux siècles avant la conquête des Gaules, les Romains possédaient, sous le nom de Provincia Romana, le pays compris depuis les Pyrénées jusqu'aux Alpes ; entre la Méditerranée, le Gévaudan, les Cévennes, le Rhône et le lac de Genève : cette contrée reçut la dénomination de Provence, parce qu'elle fut la première province romaine au delà des Alpes.

César ne compte jamais les peuples de la Narbonnaise parmi les habitants de la Gaule, et Pline regarde la Provincia Romana, non comme une dépendance, mais comme partie intégrante de l'Italie : cette Province ou Provence contenait plus de vingt-cinq peuples divers, qui entre autres cités habitaient Toulouse, Narbonne, Vienne, Nîmes, Valence, Avignon, Aix, Marseille, Sion, Verceil et Turin.

Le faisceau des idiomes gaulois se divisait en nombreux rameaux, et ne peut se plier à la classification moderne des deux branches romanes, repoussées par toutes les notions historiques et géographiques.

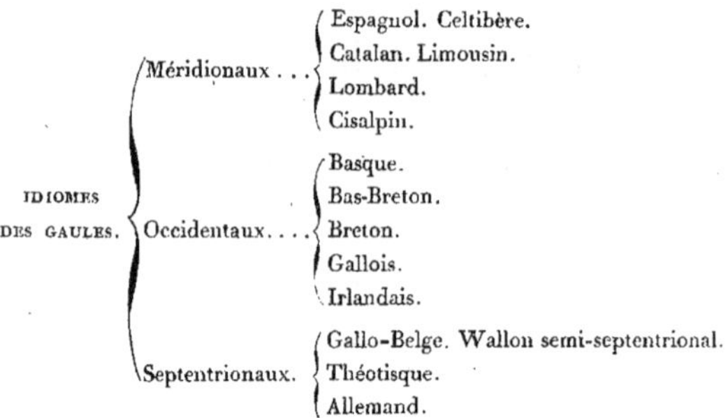

Les lexicographes qui ont traité, chacun de leur côté, ces langages si divers dans l'antiquité, prétendent avec une conviction plus curieuse qu'instructive, avoir écrit sur le véritable celtique.

La Gaule proprement dite, la Gaule Chevelue, constituait une fédération de plus de soixante états particuliers : géographiquement elle en renfermait bien plus encore.

Voici les noms des principaux peuples [1] :

---

[1] On trouve dans Bruzen de la Martinière les noms français des lieux correspondants, t. III, pag. 56 et 57.

GAULOIS DE LA GAULE CHEVELUE.

AQUITAINE.	LYONNAISE.		BELGIQUE.
Tarbelli.	Segusiani.	Eburovices.	Bellovaci.
Convenæ.	Helvetii.	Cenomani.	Ambiani.
Datii.	Rauraci.	Diablintes.	Veromandui.
Auscii.	Sequani.	Sessui.	Morini.
Bituriges Vibisci.	Lingones.	Biducasses.	Nervii.
Vasates.	Vadicasses.	Unelli.	Menapii.
Nitiobriges.	Ædui.	Abrincatui.	Toxandri.
Cadurci.	Senones.	Rhedones.	Batavi.
Heleuteri.	Trecasses.	Osismii.	Tungri.
Rutheni.	Meldæ.	Curiosolitæ.	Treviri.
Gabali.	Parisii.	Veneti.	Vangiones.
Velauni.	Carnutes.	Nannetæ.	Nemetes.
Arverni.	Velocasses.	Andecavi.	Tribocci.
Bituriges Cubi.	Caletes.	Turones.	Mediomatrices.
Lemovices.	Lexovii.		Leuci.
Petrocorii.			Rhemi.
Santones.			Suessiones.
Pictones.			

Tirés du long oubli où l'indifférence classique semblait
les condamner, objets d'une louable émulation, les manuscrits en langages romans, et les lumières puisées aux
vieux textes réunis en collections rebelles pour toujours
à la classification fictive des deux branches, mettent en
évidence l'influence latine dans chaque province gauloise, aujourd'hui française, d'où nous viennent les textes

en romans si divers, dérivés des idiomes bien autrement nombreux de la confédération gallique.

Provincia Romana.	Aquitaine.	Neustrie.	Austrasie.
Lyonnais.	Breton.	Laonnais.	Picard.
Dauphinois.	Poitevin.	Soissonnais.	Artésien.
Auvergnat.	Saintongeois.	Nivernais.	Cambrésien.
Rouergat.	Angoumois.	Orléanais.	Wallon (Gallo-Belge).
Périgourdin.	Bressan.	Blaisois.	Messin.
Languedocien.	Vaudois.	Chartrain.	Lorrain.
Provençal (Romain).		Tourangeau.	Réthelois.
Gascon.		Bessin.	Champenois.
Limousin (Limoux).		Cauchois.	Bourguignon.
Béarnais.			Franc-Comtois.
Basque.			
Catalan.			

Division adoptée par les hommes spéciaux [1].

Les trois dernières colonnes appartiennent aux provinces gauloises où les vieux idiomes s'étaient conservés et auxquels le gallo-belge ou wallon imprima sa physionomie semi-septentrionale : la première se compose au contraire des langages soumis à l'influence romaine longtemps avant notre ère; quelques-uns sont restés purs, d'autres ont formé les dialectes néo-latins, qui n'eurent pas plus de rapports avec notre français que l'italien, le lombard, le catalan et l'espagnol.

« Noi or diciamo Provenzali i Francesi del Languedoc, della Provenza o delle vicine contrade; e appelliamo Provenzale la lingua ch' essi parlavano;.... ma nei tempi

---

[1] Voir Coquebert de Montbret, Mélanges sur les Langues, p. 25 et suiv.

Court de Gébelin, Monde Primitif, t. V, p. 68 et suiv.

Fallot, Recherches sur les Formes grammaticales, p. 440, aussi p. 9.

più antichi, quando quella lingua e poesia era in fiore, non Provenzale si chiamava, ma *Catalana* la lingua, e *Catalani* que' popoli che la parlavano [1]. »

« Lorsque Alphonse, comte de Poitou, dit dans ses Coutumes données à Riom : « So es assaber que per nos et per nostres successors non sya faita en ladita villa, talha o questa o alberjada, ny empruntarem aqui meymes, si non de grat a nos prestar voliont l'habitant em questa meyma villa, » ce n'est pas en français qu'il s'énonce. Certes le frère de saint Louis ne s'exprimait pas ainsi à la cour du roi son frère; on l'aurait pris pour un étranger; et s'il eût parlé français aux peuples de l'Auvergne, ils ne l'auraient sûrement pas entendu : c'est de l'auvergnac, dialecte du provençal, que ce prince emploie dans les lois qu'il donne à ses sujets, parce qu'ils parlaient la langue d'Oc [2]. »

Aujourd'hui, quelle que soit leur politique, tous les princes de l'Europe écrivent en langue française : à la cour du roi d'Aragon, comte de Provence, une rédaction française eût été aussi mal accueillie que le serait à Paris un manifeste en langue anglaise.

Tandis que les trouvères appelaient le langage wallon à l'honneur de former la langue française, les troubadours portaient à l'Italie et à l'Espagne, de gracieuses poésies et de la linguistique néo-latine; les origines françaises puisaient à Aix-la-Chapelle et non à Aix en Provence : voici les paroles que vient d'écrire un Languedocien :

---

[1] Andrès, dell' Origine d' ogni letteratura, t. I, p. 294.
[2] Court de Gébelin, Monde Primitif, t. V, p. LXVIIJ.

« Ne cherchons pas dans nos archives de France les livres que nos vieux troubadours écrivirent; nous ne les trouverions pas : ils appartiennent à l'Italie. Ce qui ferait notre gloire, et que nous conserverions avec honneur, est enfoui dans les bibliothèques du Vatican, de Saibante, de Barberini, de l'Ambroisienne de Milan, de Saint-Laurent et de Riccardi de Florence, de Modène, etc. [1] »

Les manuscrits des *Leys d'amor,* ou Code poétique des Troubadours, sont conservés à Toulouse et dans les bibliothèques de Saragosse et de Barcelone [2].

L'auteur de l'Histoire littéraire des Troubadours avait déjà reconnu ces faits [3], qui ressortent clairement de la description des manuscrits donnée par M. Raynouard [4].

Dès l'établissement du christianisme, la Provence fut appelée Septimanie; marche d'Espagne, sous Charlemagne, elle fit partie de l'Aquitaine, sous Lothaire.

Au viii° siècle, les rois francs s'emparèrent de la Provincia Romana ; liée au sort de l'Italie, elle passa bientôt avec elle sous la domination de Lothaire, fut ensuite régie par ses rois, ses comtes aragonais et catalans, et ne fit retour à la France qu'en 1481, sous la condition expresse de n'être jamais traitée comme province française [5] : cédée par son dernier comte, qui s'intitule : « Carolus, Dei gratia, Ierusalem, utriusque Siciliæ, Aragonum,

---

[1] Hist. de la langue Romane (Roman provençal) par Fr. Mandet, p. 156.
[2] Bibliothèque de l'École des Chartes, t. I, p. 128, à la note.
[3] L'abbé Millot. Introduction, t. I, p. lxxxiii-iv.
[4] Choix des Poésies, t. II, p. clv-clxii.
[5] Trévoux, t. IV, p. 1104, c. 1.

Valentiæ, Maioricarum, Sardiniæ et Corsicæ rex, Andegaviæ dux, comitatuum Barcelonæ, Provinciæ, Forcalquerii, Cenomaniæ ac Pedemontis comes [1], » elle resta étrangère et hostile à la France durant la large période qui vit la naissance, l'enfance, la jeunesse et la force de la Romane française, de 879 à 1481.

Ici toute discussion devrait être close; si nous ajoutons quelques preuves surabondantes, elles s'adressent aux hommes que des préjugés, un parti pris d'avance, rendent moins accessibles à la vérité.

Les cases méridionales de l'échiquier gallique possédées par les Romains longtemps avant celles de la Gaule-Belgique, étaient romanisées lorsque le Nord ne recevait encore aucune influence latine : d'une part des règles linguistiques, et chez nos aïeux des patois antigraphiquès soumis aux caprices des coutumes locales [2].

Bien qu'il soit pour ainsi dire puéril d'objecter qu'avant la graphie les auteurs ne pouvaient s'intituler écrivains, il n'est pas hors de propos de faire remarquer qu'alors on employait le verbe INVENIRE pour COMPOSER ; au dire des plus anciens chroniqueurs [3], les collaborateurs

---

[1] Bouche, Chorographie de Provence, t. II, p. 481-487.

[2] Les Provençaux connaissaient et suivaient les grammairiens de Rome : Donatus succéda à Varro. Voir Monuments de la littérature romane, DEL ACCEN DEL LATI, p. 64 ; Raynouard, Choix des Poésies, t. II, p. CLI et suiv. Les règles grammaticales si bien exposées par M. Raynouard, ont été puisées dans Donatus Provincialis, manuscrit à la Bibliothèque du Roi, n° 7534, ancien fonds latin.

C'est postérieurement à la graphie vulgaire que les trouvères semiseptentrionaux purent, par imitation, suivre quelques règles ; antérieurement, ils n'avaient d'autres guides que l'instinct et l'usage.

[3] Ado, Ivo, Otho, Conradus. Voir Wendelin, Leges Salicæ, p. xviij-xix.

de la coutume salique INVENERUNT le texte qui, devenu
loi écrite sous Charlemagne, fait encore autorité chez les
Français ; de là cette dénomination de trouvère, trou-
veor, donnée aux organes des traditions vulgaires : les
Catalans et les Provençaux en firent leur trobaïre, tro-
bador, noms identiques, modifiés uniquement par les
voyelles simples et des consonnes de même organe, avec
une désinence espagnole.

Bien que les Provençaux fussent plus avancés sous les
rapports linguistiques, leur littérature ne franchit guère
les limites des poésies satiriques et légères. Les premiers
textes nationaux, écrits tant en Provence qu'en Belgique,
appartiennent au xie siècle : au Nord, les chants sont
graves, historiques, nationaux, pleins de répétitions orales, de verdeur et de naïveté : tandis qu'on entend au
Midi l'afféterie recherchée d'une civilisation caduque [1] :

> Devant li vait uns jouglers de Poitiers
> Qui li vielle d'amors et d'amistié [2].

[1] « Les troubadours, en s'imposant les règles les plus bizarres et les plus
pénibles à suivre sur le retour des mêmes rimes, ou des mêmes mots à la fin
des vers, tombèrent dans des jeux de mots puérils, auxquels ils sacrifièrent
trop souvent la pensée et le sentiment. » Simonde de Sismondi, de la Littérature du midi de l'Europe, t. I, p. 130, 131. Le savant Andrès, qu'on ne
saurait taxer de partialité, s'exprime ainsi : « Pochi pensieri volti e rivolti
in mille foggie diverse, e nessuna molto felice, espressioni basse e volgari,
nojosa monotonia ed insofferibile prolissità, versi duri e difficili, rime strane e
stentate sono le doti, che generalmente accompagnano le Provenzali poesie. »
Dell' Origine d' ogni letteratura, t. II, p. 50.

Voir Salvien, dans M. Fauriel, Hist. de la Gaule méridionale, t. I, p. 394
et suiv.

[2] Chanson d'Amile et Ami, ms. n° 7227-5, fol. 13 r°, c. 1, à la Bibl. du Roi.

Les chansons de gestes, transmises mnémoniquement à travers les âges, incessamment falsifiées, tardivement et irrégulièrement écrites, font cependant entendre encore les sons traditionnels des échos du Nord.

La Province appelée telle par les Romains, prit le nom de Languedoc, lorsque les troubadours n'écrivaient plus [1]. « Les peuples de Provence et de Languedoc étaient alors si différents de ceux qu'on appelait Français, qu'ils regardaient encore, vers la fin du xive siècle, la langue française comme un langage qui leur était étranger et absolument inconnu [2]. »

E l' coms de Flandres e Frances e Breto,
E Alaman, Lombart e Berguonho,
Et Espanhols, Proensals e Guasco.

RAMBAUD DE VAQUEIRAS : Valen marques [3].

Les OElials (Oculi Livoriæ), gouffre d'eaux près Narbonne, ville dont Pépin chassa les Mahométans en 759, caractérisèrent plus tard le bas Languedoc, sous la dénomination de Langue d'oil [4], toutefois Provence et Dauphiné étaient hors du royaume de France [5].

---

[1] M. Léon Dessalles, sur Fallot, p. 4 et 5. Aussi Fauriel, Hist. de la Croisade.

[2] Histoire générale de Languedoc, t. III, p. 527, et Journal des Savants, Tables, t. VI, p. 268, col. 2.

[3] Bibl. du Roi, ms. n° 7226, fol. 131 r°, c. 1.

[4] Bruzen de la Martinière, art. Languedoc. Dict. de Trévoux, art. Languedoil.

Traité entre Charles VI et le duc de Bretagne (1425), Mémoires pour servir de preuves à l'Histoire de Bretagne, t. II, c. 1180, 1181.

Le P. Daniel, Hist. de France, t. II, p. 1036.

[5] Hist. du Nivernais, par Coquille, p. 381.

L'affirmation usitée chez les Gallo-Wallons, depuis l'Oise jusqu'à la Meuse, était VOIRE [1] :

> Volés-vos venir en men homaige ?
> ...... Sire, VOIRE [2].

On ne disait OIL [3] que dans les pays situés au delà de l'Oise, jusqu'à la Loire : les Provençaux avaient également plusieurs manières d'exprimer l'affirmation :

> E plus de sɪ o de ɴo non sia en ton parllar [4].

Abrités par les hautes montagnes qui les séparent du reste du monde, les habitants de la Marche d'Espagne conservèrent longtemps et leurs anciens langages et leur idolâtrie [5].

« Quand Dieu fait des montagnes, c'est pour que les hommes ne les franchissent pas [6]. »

L'armée chrétienne de Charlemagne succomba dans les embuscades de Roncevaux : « Wascones, insidiis collocatis, extremum agmen adorti, totum exercitum magno tumultu perturbant [7]. »

---

[1] De vere; voire se décompose : uoire, uoie, oie, oui, par la disparition, d'ailleurs si fréquente, de la liquide R, ajoutée ou omise indifféremment. Voir Bullet, Dict. Celt., t. III, p. 41, c. ɪ. Les paysans wallons disaient et disent encore Aouɪ (Aoɪ), affirmation qui a naguère préoccupé les interprètes de nos primitives traditions. Voir le Théotisque wœre, war, gar, jar, ia.

[2] Lois des Pers dou Castel de Lille, manuscrit de notre collection, xɪɪɪᵉ siècle, pet. in-fol., p. 31.

[3] Oi, oïl, oy, ouais, ouin, qu'il ne faut pas confondre avec oil de OElials, venant de Oculi Livoriæ.

[4] La Nobla Leyczon (1100). Raynouard, Choix des Poésies, t. II, p. 88.

[5] Trévoux, t. IX, p. 426, col. 2.

[6] Altabiçaren Cantua. Appendices à la Chanson de Roland, p. 227, vers 27.

[7] Einhardi Opp., t. I, p. 172. Consulter aussi Baronius, anno 778. Gascons, Vascons, Wasques, Basques. Gascogne et Aquitaine furent synonymes, le Languedoc en fit partie. Voir Bruzen de la Martinière. Dict. Géogr., t. III,

Les bergers pyrénéens célèbrent encore dans leurs traditions la victoire remportée à Roncevaux par leurs ancêtres; M. de Monglave a réuni diverses versions basques
de ce chant guerrier, Altabiçaren cantua, et les a pu-
bliées avec une traduction dans le Journal de l'Institut
Historique [1].

Ce n'est point une médiocre déception, et nos ne-
veux comprendront difficilement qu'on ait admis comme
coopérateurs de notre linguistique, les montagnards espagnols, derniers et tenaces ennemis du christianisme et
des Francs!

Un passage curieux montre les pratiques suivies dans
la formation des langages vulgaires du Midi : « Optime
scis, Elipandi tempore (800) latinam linguam in vernaculam, qua nunc Hispani utimur, in magna sui parte dege-
nerasse. Nomina latina casus habentia eos amittebant,
quos Hispani supplemus per articulos, præpositiones,
et interjectiones. Itaque apud nos una nominis termina-
tio, sive singularis, sive pluralis, vicem præstat omnium
casuum, quos latina syntaxis exigit [2]. »

Le catalan de l'époque carlovingienne était véritable-
ment le provençal [3]. Francesco Calza, dans son Histoire
de la Catalogne, affirme que le nom de cette région vient
de Catalaunum [4], dans les environs de Toulouse, près

---

p. 48 et 49, et spécialement : Notitia utriusque Vasconiæ, tum Ibericæ tum
Aquitanicæ.

[1] T. I, Paris, 1835, in-8°, p. 176-179. Voir aussi la Chanson de Roland,
p. 225-227.

[2] Alcuini Opp., t. I, p. 758 et 915.

[3] M. Raynouard, Choix des Poésies, t. I, p. xiij.

[4] De Catalognia, 1588, t. II, p. 405.

Limoux, ce qui fit appeler limousine la langue qu'on
y parlait : Albert de Sisteron , troubadour du xiiie siècle,
fournit la preuve de cette assertion :

> Monges, digatz, segon vostra sciensa ,
> Qual valon mais Catalan o Franses,
> E met de sai Guascuenha e Proensa
> E Limozin [1], Alvernh e Vianes ,
> E de lai met la terra dels dos Reis [2].

ALBERT DE SISTERON : Monges , digatz.

« Moine, suivant toi, lesquels valent mieux des Catalans ou des Français ? Mets avec les premiers la Gascogne et la Provence , et prends pour les seconds le ter-
ritoire des deux rois (Philippe-Auguste et Richard). »

Le Tasse ne fait aucune différence entre le provençal
et le catalan ; le reste de l'Espagne était alors Mauresque :
« Romanzi furono scritti nella lingua de' Provenzali o de'
Castigliani. [3] »

Les poëtes provençaux s'intitulent eux-mêmes ultra-
montains [4]. Les Pyrénées, les Cévennes, le Jura et les
Alpes, que les anciens confondaient sous la dénomination
générique de monts Riphéens [5], formaient la barrière na-

---

[1] On ne peut traduire par Limoges , puisque cette ville appartenait alors
au roi d'Angleterre.

[2] Dans cette pièce, les Français, très-maltraités, finissent par être comparés
à d'ignobles voleurs. Voir Raynouard, Choix des Poésies, t. IV. p. 38 et 40.

[3] Torquato Tasso, Discorsi, t. IV, p. 210.

[4] « Peire d'Alverne se fo del evesquat de Clarmon ; savis hom fo e ben
letratz, e fo fils d'un borges, bels et avinens fo de la persona, e trobet ben e
cantet ben , e fo lo premiers bons trobaire que fon outramon. » Manuscrit à la
Bibliothèque du Roi, n. 7225, fol. 2, r°, c. 1. Un passage analogue se trouve
dans le manuscrit Suppl. fr. n° 2032, fol. 1 r°, c. 1.

[5] Voir Malte-Brun, t. I, p. 15 et 96.

turelle à la Marche d'Espagne, sous l'abri de laquelle les langages catalans, provençaux et les divers idiomes italiens se modulaient plus ou moins harmonieusement : ils décèlent la même origine, le même climat, les mêmes caractères, les mêmes conditions ; nous leur accordons l'influence des néo-latines limitrophes ; les faits ne permettent pas de les admettre comme partie intégrante de notre langue nationale.

Cette question vient d'être traitée récemment par M. Gatien Arnoult, dans un ouvrage publié sous les auspices de l'Académie des Jeux Floraux :

« Le pays ou langue d'Oc comprenait physiquement la plus grande partie de la France (Méridionale actuelle) entre la Loire, les Pyrénées, les Alpes et les deux mers, tandis que moralement il s'étendait même au delà des Pyrénées et des Alpes, en Espagne et en Italie ; et pour tous ces pays, le corps des poëtes de Toulouse était une sorte de sénat poétique ou d'aréopage littéraire [1]. »

M. Raynouard lui-même reconnaît que le catalan est l'ancien langage de la Provence, du Languedoc et de la Guyenne [2] ; pour l'assimiler à notre langue, on doit, suivant un auteur de nos jours, « comprendre, dans le do-

[1] Monuments de la Littérature Romane, introduction, p. ix, à la note. Les manuscrits provençaux et languedociens que j'ai vus sont italiens ou espagnols : la matière subjective de la plupart est le vélin d'Italie, si reconnaissable par la blancheur, la finesse et le brillant : l'écriture lombarde, les peintures et les ornements appartiennent à l'école italienne la mieux caractérisée ; trophées de nos victoires, ils ont été constamment réclamés par l'Italie, qui les possédait naguère.

[2] Voir l'introduction au Choix des Poésies Originales, t. I, p. xiij.

maine de la langue française le pays où l'on parle le catalan, ou bien il faudrait en retrancher tout ce qu'il y a en
France de provinces de langue romane (méridionale),
ce qui restreindrait le français proprement dit à la partie
septentrionale du royaume [1]. »

La division des romanes en langue d'oc et langue
d'oil tombe devant la réflexion : Rome, dominatrice de
l'Europe, imprima partout ses influences linguistiques.
Aux romanes du Midi et du Nord, il faut ajouter le roman
grison, le roman valaque, le daco-roman, etc.; c'est du
latin vulgaire, combiné avec les idiomes rustiques des
peuples subjugués; de là l'impossibilité de les réunir
en faisceau. Le langage des Francs, appartenant à la
branche germanique, vint se superposer à l'idiome gaulois-wallon, que le latin, notre antique parent, avait
modifié sans la participation des autres langages de la
confédération gallique, embrassant alors la majeure partie de l'Europe civilisée; ceux-ci ne nous fournirent
aucun élément constitutif et se bornèrent à l'échange de
quelques mots sans analogie, semblables aux fragments
erratiques que les géologues reconnaissent sur toutes les
plages.

La Gaule-Belgique reçut une impulsion toute régénératrice lorsque, secouant le joug romain à l'aide des
Francs, ceux-ci y établirent une nationalité transmise par
Clovis à l'empereur d'Occident; Charlemagne modifia le
gallo-wallon sous les influences d'un dialecte germanique,

---

[1] Coquebert de Montbret, Mélanges sur les langues, etc., p. 10.

en imprimant à la romane wallonne un caractère semi-septentrional qui la distingua toujours de ses contemporaines néo-latines.

La filiation des langues néo-latines a été parfaitement exposée dans les tableaux qui accompagnent le Lexique roman par M. Raynouard : les langues ultramontaines provençale, catalane, espagnole, portugaise et italienne conservent leurs vocales simples et harmonieuses : seule, la langue française se reconnaît à ses voix complexes et sourdes, qu'elle doit au code linguistique carlovingien ; c'est-à-dire la transformation des voyelles en diphthongues. L'habile philologue a signalé quelques règles propres aux langages romans du Midi ; en l'absence des documents carlovingiens, il ne put saisir l'ensemble des principes constitutifs de notre français, devant lequel l'hétérogénéité des langues ultramontaines eût été évidente.

Au mépris de l'histoire et de la géographie, quelques écrivains ont prétendu trouver du provençal dans la double formule du serment de Strasbourg, prononcé par les deux petits-fils de Charlemagne, étrangers au Languedoc et à l'Italie ; s'adressant réciproquement à leurs armées d'Austrasie et de Neustrie, ils durent, sous peine de n'être pas compris, employer le langage de ces provinces, le théotisque et le wallon. Sans doute, et par le même motif, l'allocution de Lothaire, qui ne nous est pas parvenue, devait être en langue d'oc, en italien ou latin vulgaire [1].

[1] La Provence était possédée alors par l'empereur Lothaire, et par ses fils Charles et Lothaire, puis par Charles le Chauve et son fils Louis le Bègue. Bruzen de la Martinière, Dict. Géogr., t. IV, p. 1104.

L'autorité d'un célèbre académicien [1] a pu faire croire un instant à l'existence d'une romane primitive uniforme, née du latin corrompu : la diversité inhérente aux patois, et l'alphabet carolin, évidemment combiné pour leur fusion, repoussent cette hypothèse ; toutefois, le berceau du genre humain a dû fournir à la vie patriarcale de nombreux idiomes, soumis à des modifications climatériques diverses : cependant les signes antiques de la troisième voyelle se retrouvent à toutes les latitudes ; de même des mots gaulois, théotisques, latins et romans, nous montrent encore des radicaux communs et phonétiquement identiques. La corruption appelle la dissolution et non la vie ; le latin du moyen âge, et surtout le latin vulgaire, père des différentes romanes, se compose d'un faisceau de langages modifiés par l'absence de scolastique ; les règles et les principes, généralement méconnus, n'en étaient pas moins vivants là où les études florissaient : durant les plus mauvais siècles, quelques érudits nous ont légué des textes latins irréprochables. L'état dans lequel se trouvait la confédération gallique à l'arrivée de César et l'existence de soixante principautés distinctes, parfois rivales, excluent nécessairement tout lan-

---

[1] Raynouard, Choix des Poésies originales des Troubadours, t. II, p. xiij.

La préoccupation est telle, chez cet écrivain, que, suivant lui, le cri français MONTJOIE viendrait du provençal MONSOY. (Voir Épopées des Troubadours, p. 9.) Ne peut-on pas penser que MONTE JOVIS vient de la presqu'île appelée encore de nos jours MONT OLYMPE, près de Charleville, sur la Meuse ? l'oriflamme rappelait le Dieu que l'antiquité y avait adoré. Carolopolis, Arcæ Remoni, fut seulement réédifiée et non fondée par un duc de Mantoue.

gage uniforme. Les idiomes vulgaires, appelés barbares par les écrivains latins, et rustiques par les indigènes, n'avaient pas plus de conformité entre eux que n'en ont aujourd'hui les patois des paysans qui habitent le Piémont, la Provence, l'Espagne, la France, les Pays-Bas, l'Angleterre et l'Irlande : les divergences étaient à la fois plus tranchées, plus nombreuses, plus tenaces.

Si au ix° siècle, par suite d'illusions graphiques, une ressemblance trompeuse s'est montrée entre le roman wallon de Strasbourg et le roman de la Province Romaine, il faut l'attribuer à l'application monotone et inexercée de l'alphabet latin ; on croyait avoir tout gagné par l'emploi nouveau de ces caractères, et l'on était tout à la fois incapable et peu soucieux d'établir les nuances qui ont toujours caractérisé les langages vulgaires différents, même dans les localités limitrophes.

Chantres et historiens de leur nation, les trouvères, successeurs des bardes étrangers à toute graphie, célébraient sur la harpe, la rote, la viole [1], les hauts faits de leurs contemporains.

[1]
> Vieleurs de lais et de notes *,
> Lais de vieles et de rotes,
> Lais de harpes et de fresteaux,
> Lyre, timbres et chalemiaux.
>
>   Robert Wace, roman de Brut, t. II, p. 111.

On a confondu la rote et la viele, qui était la viole ; il n'y a de différence que l'E pour l'O.

Cil jogleor ont lor viole pris | Bat. d'Aleschans. | Ms. 8202, fol. 49 v°.
Cil jugleor ont lor viele pris | | Ms. 6985, fol. 200 r°, col. 1.
    A la Bibliothèque du Roi.

* La notation, c'est le son représenté par un signe.

Au vi[e] siècle le poëte Fortunat écrit au duc Loup :

Nos tibi versiculos, dent barbara carmina leudos,
Sic, variante tropo, laus sonat una viro [1].

Les trouvères carlovingiens apparaissent à la tête d'un cortége de traditions originales, exaltant la grandeur et la gloire de la patrie; les troubadours n'avaient que faire des traditions, puisqu'ils employaient la graphie de Rome [2]. Les Provençaux conservèrent, à titre héréditaire, un profond ressentiment contre les descendants des Gaulois et des Francs qui ruinèrent l'empire : leurs poëtes, s'efforçant de rabaisser notre puissance, se bornent à chanter l'amour, à imiter nos chansons de gestes et à traduire du latin. Le contraste ressort des nombreux passages dans lesquels les Provençaux saisissent toutes les occasions d'exprimer énergiquement leur antipathie contre la France et les Français.

Anc non ac Norman ni Frances
Dins mon ostau.
Guill. comte de Poitiers : Faray un vers [3].

« Jamais Normand ni Français ne fut reçu chez moi. »

[1] Fortunat., lib. VII, epist. 8, p. 169.

[2] La France possède à peine trente volumes manuscrits des poëtes languedociens; ceux en langage wallon dépassent le centuple, et déjà ils se montraient nombreux dans la première bibliothèque de nos rois, comme dans celle de Bourgogne. Voir Protypographie.

[3] Rochegude, Parnasse Occitanien, t. I, p. 1. Bibliothèque du Roi, manuscrit n° 7226, fol. 230 v°, c. 2.

Ben au camjat honor per avoleza,
Segon qu'aug dir, Borguonhon e Francey.

BERTRAND DE BORN : Pus li baron [1].

« Suivant nous, les Bourguignons et les Français ont sacrifié l'honneur à la bassesse. »

E ja Frances non aian bon esper,
Quar an lor tot qu'om sol sai tan temer ;
No prezon re lur dig ni lur deman.

BERTRAND DE BORN : S'ieu fos aissi senhors [2].

« Les Français jadis si redoutés, voient aujourd'hui leurs paroles et leurs requêtes méprisées. »

Frances bevedor
Plus que perditz ad austor
No vos (Proensals) fan temensa.

PIERRE CARDINAL : Falsedatz et demesura [3].

« Les Français, tous ivrognes, ne sont guère plus re-doutables aux Provençaux que la perdrix à l'épervier. »

Del rey Frances qu'om te per dreiturier
Vuelh pauc parlar, quar pauc val et pauc dona,
Ans per tolre cuid' aver pretz entier.

PIERRE VIDAL : Ma voluntatz [4].

« Je parlerai peu du roi de France ; il donne et vaut peu de chose, ne se glorifiant que de ses rapines. »

---

[1] Voir Raynouard, Choix des Poésies, t. IV, p. 170. Bibliothèque du Roi, manuscrit n° 7226, fol. 141 r°, c. 2.

[2] Raynouard, Choix des Poésies, t. IV, p. 174. Bibliothèque du Roi manuscrit n° 7226, fol. 137 v°, c. 1.

[3] Raynouard, Choix des Poésies, t. IV, p. 338.

[4] Raynouard, t. V, p. 340 ; manuscrit n° 7226, fol. 44 v°, c. 1.

E mov de Fransa tot l'esglays...
Que l' reys non es fis ni verays...
Per que son aunit siei Frances.

Pierre Vidal : A per pauc [1].

« Tout le mal vient de France, parce que le roi n'est
ni sincère, ni loyal, ce qui fait mépriser ses Français. »

E vilas coutz son prezatz,
Clercx e Frances, cuy azire,
Qu'ieu, per ver, vey dregz delir...
Dieus m'eu do so qu'ieu 'n dezire!

Guill. Anelier : Ar faray [2].

« Les prélats, les clercs et les Français sont vils et ignobles; leur révoltante injustice m'indigne, et je prie Dieu
de les confondre. »

Lo dans dels Provensals mi platz,
E'ls Frances son tan ensenhatz
Que quascun jorn los fan venir
Liatz ab una redorta.

Boniface de Castellane : Guerra e trebalhs [3].

« Les Provençaux méritent leur malheur : c'est à bon
droit que chaque jour les Français les accablent de mauvais traitements. »

Ay! mala fos reys Lozoicz!

Marcabrus : A la fontana del vergier [4].

« Ah! maudit soit le roi (saint) Louis! »

---

[1] Inédit; Bibliothèque du Roi, manuscrit 7226, fol. 338 v°, c. 1.

[2] Raynouard, Nouveau Choix, t. IV, p. 271.

[3] Raynouard, t. IV, p. 214. Bibliothèque du Roi, manuscrit 7226,
fol. 381 r°, c. 1.

[4] Raynouard, t. III, p. 375. Bibliothèque du Roi, même manuscrit,
fol. 173 v°, c. 1.

Et auziran dire per Arago
Oi, noni, en luec d'oc e de no.
Bernard d'Auriac : Nostre reys [1].

« Dans l'Aragon soumis, on entendra oui et nenni, au lieu d'oc et de no. »

La nueg sospire
E velhan e dormen ;
Vas on que m vire,
Aug la corteza gen
Que cridon cyre
Al Frances humilmen.
Bernard Sicart de Marvejol : Ab greu cossire [2].

« Nuit et jour je soupire, parce que j'entends partout nos seigneurs saluer humblement les Français du titre de maître. »

Anc non aniey tans camis
Ves Francs ni ves Sarrazis.
Pierre d'Auvergne : Al descebrar del pays [3].

« Je n'eus jamais autant de fatigues à marcher contre les Français et contre les Sarrasins. »

Senhors Frances, Alexandria
Vos a piegz fag que Lombardia,
Que lai vos an Turcx sobraz de poder,
Pres e vencut, e rendutz per aver.
Le Chevalier du Temple : Ira e dolor [4].

« Français, la Lombardie vous a été moins fatale que

---

[1] Raynouard, t. IV, p. 241. Bibliothèque du Roi, manuscrit 7226, fol. 382 v°, c. 1.

[2] Raynouard, t. IV, p. 191. Bibliothèque du Roi, même manuscrit, fol. 363 r°, c. 1.

[3] Inédit ; Bibliothèque du Roi, même manuscrit, fol. 178 v°, c. 1.

[4] Raynouard, t. IV, p. 131. Bibliothèque du Roi, manuscrit 7226, fol. 367 r°, c. 1.

Alexandrie, où les Turcs vous ont battus, taillés en pièces
et mis à rançon. »

> Per qu'ieu volrai tos temps l'onor de Piza,
> Quar an baissatz los perfietz ergulhos.
> Que sol l'enueg dels vilas Borbonos
> Me trenqua l' cor e l' me franh e l' me briza.
>
> PIERRE VIDAL : Ara m'alberc Dieus [1].

« Honneur aux Pisans qui ont humilié les plus orgueil-
leux. La présence seule des lâches qui servent les Bour-
bons, fend, brise et broie mon cœur. »

> Fals Frances, que Dieus maldia !
>
> ANONYME : Vai , Hugonet [2].

« Français dégénérés, que Dieu vous maudisse ! »

A quelque contrée de la Marche d'Espagne qu'appar-
tienne le troubadour qui écrivit le poëme provençal
(XIIIe siècle) sur la croisade contre les Albigeois [3], son
animosité envers les Français est partout manifeste.

> E Frances per natura deu conquerir primers,
> E conquier tant que puia pus aut c'us esparvers,
> E cant es en la rota, es aisi sobrancers
> Que l'orgolhs franh e brisa e baicha l'escaliers,
> Es el cai e trabuca e rema i engaliers ,
> E pert so que gazanha, car no es bos terriers,

[1] Raynouard, Nouveau Choix, t. V, p. 339.
[2] Ibid., p. 512.
[3] Voir Histoire de la Croisade contre les Albigeois, introduction, p. xvij
et xviij.

E per l'orgolh de Fransa e pels faitz menudiers,
Foron mort en Espanha Rotlans e Oliviers.

« Le Français, par nature, est fait pour gagner d'abord;
il s'élève à conquérir plus haut qu'épervier ; mais quand
il est (au plus haut) de la roue, il est tellement superbe
que l'orgueil brise, renverse ou rabaisse l'échelle (sous
lui). Il tombe alors, il trébuche, il revient à ce qu'il était :
ce qu'il avait gagné, il le perd par mauvaise seigneurie.
Ce fut pour l'orgueil de la France et pour ses chétifs dé-
portements que périrent en Espagne Roland et Olivier[1]. »

Sans discuter la vérité du portrait, nous ne saurions
être contredit en affirmant que le peintre n'est point enfant de la France.

Les Francs rendaient aux Provençaux le mépris que
ceux-ci versaient sur nous ; une tradition carlovingienne
s'exprime ainsi :

Voit un garson qui fu et ors et lais,
De la cuisine ist lassez et estrais,...
Uns Provenciaus qui le cuer ot félon[2].

Si les troubadours ne cessent d'invectiver contre nous,
en revanche ils proclament avec non moins de vivacité
leur amour pour l'Espagne :

Les quatre reis d'Espanha
Son de gran valor,
Adrey e franc e cortes et leial.

PIERRE VIDAL : Paubre[3].

« Les quatre souverains de l'Espagne sont doués des

[1] Histoire de la Croisade contre les Albigeois, p. 472 et suiv.
[2] Roman de Gaydon, manuscrit à la Bibliothèque du Roi, n. 7227-5.
[3] Rochegude, Parnasse Occitanien, t. I, p. 196.

plus belles qualités, équitables, sincères, affables et
loyaux. »

> Ardimen ha d'Aragones
> E gai solatz de Vianes
> E al rei de Leon de dar.
>
> PIERRE VIDAL : Neu ni gel [1].

« Il a la bravoure de l'Aragonais, l'aimable gaieté du
Vianais et la libéralité du roi de Léon. »

Le biographe provençal dont les notices accompagnent les poésies des troubadours, raconte la mort tra-
gique de Guillaume de Cabestanh, « un gentils castelas
del comtat de Rossilhon, qu'es del rei d'Aragon e que con-
finava com Cataloingna [2], » et en décrivant ses funérailles à
Saint-Jean de Perpignan, ajoute : « E fon una longa sazo
que tug li cortes cavayer e las domnas gentils de Cata-
luenha et de Rossilho, e de Sardanha e de Narbones, ve-
nian far cascun an anoal per lur armas aital jorn quan
moriro, pregan nostre Senhor que lur agues merce [3]. »

Rambaud de Vaqueiras, dans un tournoi allégorique
intitulé CARROS, met aux prises les dames de Verceil, de
Ventimille, de Pons, de Sardaigne, de Lombardie, de
Toscane, de Romagne, sans y admettre une seule dame
française [4].

L'amour de la patrie est exprimé par les Provençaux
avec une chaleur qui tient du climat :

> Al bon rey qu'es reys de pretz car,
> Reys de Castella e de Leo,

---

[1] Rochegude, t. I, p. 191.
[2] Voir Raynouard, Choix des Poésies, t. V, p. 187.
[3] Raynouard, choix des Poésies, t. V, p. 189.
[4] Voir Raynouard, t. III, p. 260.

Reys d'aculhir e reys d'onrar,
Reys de rendre bon guiardo,
Reys de valor e reys de cortezia,
Reys a cui platz joys e solatz tot l'an ;
Qui vol saber de far bos faitz s'en an,
Qu'en luec del mon tan be no l's apenria.

Folquet de Lunel : Al bon rey [1].

« Au bon roi, roi de rare mérite, roi de Castille et de Léon, roi en accueillir et roi en honorer, roi de gratitude, roi de valeur et roi de courtoisie, roi de l'enjouement et du plaisir; que celui qui désire savoir comment se font les bonnes actions, aille près de lui, car il ne l'apprendra aussi bien en aucun lieu du monde. »

Les troubadours ne montrent pas moins d'empressement à exalter l'Italie.

« Le principesse e le dame italiane, col proteggere et favorire i poeti provenzali, ottenevano insieme di essere co' versi lor celebrate [2]. »

« La Lombardia e il Piemonte eran fecondi di coltivatori della poesia provenzale [3] come raccogliesi da' monumenti medesimi. »

En effet, on compte parmi les poëtes provençaux bon nombre d'Italiens et de Catalans, tels que :

Albert de Malaspina.	Ferrari de Ferrare.	Lanfranc Cigala.
Simon Doria.	Barthélemi Giorgi.	Lanza.

[1] Raynouard, Choix, t. IV, p. 239.

[2] Tiraboschi, t. IV, partie 2, p. 354.

[3] Ibid. Les textes provençaux que nous avons fait passer sous les yeux du lecteur prouvent que la langue d'oc, langue de montagnes et d'aspérités, est plus étrangère à la langue française, sa prétendue sœur, que ne le sont l'italien et l'espagnol. Voir Hist. de la Poésie provençale, t. I, p. 47 et 37.

Calvo.	Lanfranc de Pistoia.	Dante de Maiano,
Na Lombarda.	Nicolet de Turin.	Frédéric de Sicile.
Pierre d'Aragon.	Alphonse d'Aragon.	Hugues de Mataplana.
Ausiach March.	Serveri de Girone.	Bérenger de Palasol.
Comte d'Empurias.	Arnaud Catalan.	Tremoleta le Catalan, etc.
Raymond de Gironella.	Guillaume de Tudela.	
Guillaume de Berguedan.	Sordel.	

Jusqu'à leur réunion définitive, tous les peuples de la langue d'oc montrèrent tout à la fois la plus vive aversion contre la France [1] et la plus cordiale sympathie pour leurs compatriotes espagnols et italiens.

Afin de ne pas fatiguer le lecteur, nous nous bornerons à renvoyer aux pages de M. Raynouard [2]. Lorsque la Provence passa de la maison des comtes de Barcelone dans celle de France, les chants des Provençaux cessèrent pour toujours.

« Le règne des troubadours fut d'environ trois cents ans : les premiers parurent vers le milieu du xie siècle, et dès le commencement du xive, il n'existait plus que de misérables jongleurs [3]. »

Les amateurs de l'italien savent que les premiers écrivains de cette langue harmonieuse font à celle des troubadours de fréquents emprunts : Dante, Pétrarque et son commentateur Tassoni, comme le Vocabulaire de la Crusca, abondent en locutions provençales.

[1] Littérature du Midi de l'Europe, t. I, p. 218, 221, 222, etc.

[2] Choix des Poésies, t. V. Biographie des Troubadours, p. 19, 51, 53, 56, 57, 58, 62, 71, 72, 95, 97, 109, 138, 198, 211, 218, 223, 261, 263, 264, 268, 269, 270, 276, 277, 291, 302, 304, 323, 331, 337, 339, 340, 345, 350, 383, 386, 395, 433, 440, 447, etc.

[3] Fabre d'Olivet, le Troubadour, Poésies Occitaniques du xiiie siècle, introduct., p. xvii-xviii.

Le savant Tiraboschi déclare que les poésies italiennes vulgaires sont postérieures à celles des Provençaux [1]. Et pour prouver la connexion des deux langues, il ajoute :

« Egli è certo però, che i nostri Italiani non sol connobbero i Provenzali, ma con loro ancora si unirono e poetarono nella lor lingua [2]. »

Crescimbeni place Dante, Brunetto Latini, Fazio degli Uberti, etc., parmi les poëtes provençaux [3].

Nos trouvères septentrionaux, appelés Normands par les Italiens, sont suivant eux entièrement étrangers aux poëtes provençaux.

« I Normanni.... ed i Provenzali.... due popoli furono di lingua e di costumi del tutto diversi. — Non troviamo in Italia saggio alcuno di poesia normanna, molti ne abbiamo di poesia provenzale [4] e sembra perciò più verisimile che se i Siciliani da altri appresero l'uso delle rime, da' Provenzali l'apprendessero, non da' Normanni [5]. »

Don Xavier Lampillas revendique au nom de sa nation, et de la manière la plus formelle, la paternité de l'espagnol à la naissance du provençal [6].

« La lengua provenzal, que desde el principio del siglo XII fue la erudita, la de los poetas y la que enri-

---

[1] Tiraboschi, t. III, part. 2, p. 358 et suiv. — [2] Ibid., p. 361.

[3] Ist. de la Volgar Poesia, t. II, p. 181, 178, 184.

[4] Voir notre p. 143. Les manuscrits provençaux sont presque exclusivement annotés par les Italiens ; on y trouve des notes autographes de Pétrarque, de Bembo, etc.

[5] Tiraboschi, t. III, part. 2, p. 359, note a.

[6] Ensayo historico de la Literatura Española, contra las opiniones preocupadas de algunos escritores modernos italianos, t. II, parte I, p. 174.

queció la italiana, no es otra que la lengua catalana llevada á Provenza por los condes de Barcelona ; por estos fue limada con algunas voces y locuciones propias del pais, por lo que se llamó catalan-frances [1].... Para convencerse mas de la identidad de estas dos lenguas, basta leer las poesías de los antiguos poetas provenzales, en las quales se advierten voces y frases propias de la Catalana.

« Desde el siglo IX introduxeron los condes de Barcelona su idioma nativo en aquellas provincias de Francia en que dominaron con el titulo de duques de Septimania.

« La poesía vulgar de Italia debió tambien su origen á los Españoles, del mismo modo que la lengua. La mayor parte de los Italianos eruditos fueron de opinion, que la poesía italiana tuvo principio de la imitacion de la provenzal. De este dictamen son M. Equicola, Bembo, Speroni, Sansovino, Crescimbeni y Fontanini. No se opone á él el Petrarca... Con que debiendo su origen la poesía provenzal á España, y su perfeccion á los principes españoles, no puede menos Italia de confesarse deudora à España de la poesía vulgar [2]. »

M. Raynouard nous donne un fragment rimé de la vie de sainte Fides d'Agen, en langue provençale, sem-

---

[1] Vers le ixᵉ siècle , les princes de Barcelone superposèrent leur langage catalan au dialecte usité dans la case méridionale et ultramontaine de l'échiquier gallique.

[2] Ensayo historico, t. II, parte I, p. 77. Consulter sur cette question Andrès, Eximénès, Clavigero, Hervas, Arteaga, etc.

Bouche, Histoire de Provence, t. I, liv. II, chap. vi, p. 89-96.

Crescimbeni, Istoria della Poesia Volgar, t. I, cap. ii.

Pitton, Histoire de la ville d'Aix, p. 611.

blable à la catalane[1] écrite en 1180 ; voici le commencement :

> Canczon audi q'es bell' antresca,
> Que fo de razo Espanesca [2].

« Écoute une chanson de belle composition, qui fut
de langue espagnole, etc. »

Bien que nous n'attachions aucune importance à la question de priorité, nous ferons remarquer que Guillaume de
Poitiers, premier troubadour connu, est né en 1071,
en admettant, à cause de l'art avancé et du poli dont les
poésies de Guillaume font preuve, ce qui d'ailleurs est
une conséquence toute naturelle de l'ancien état littéraire
de la Provincia romana, en admettant la supposition
qu'il eût été devancé de cent ans dans la carrière, il resterait encore aux trouvères un siècle d'antériorité : la
complainte de sainte Eulalie, légende en roman wallon
retrouvée dans un codex latin écrit en partie au ixe siècle
et provenant de l'abbaye de Saint-Amant (Nord), appartient au xe siècle, en suivant l'hypothèse la moins
favorable à l'ancienneté [3]. Le poëme sur Boëce, que
M. Raynouard fait remonter à la fin du xe siècle [4], serait
encore postérieur de près d'un siècle : reste le monument de Strasbourg, dans lequel avec la meilleure

---

[1] Recueil de Falconet.

[2] Voir Raynouard, Choix des Poésies, t. II, p. 144 et 146, et Fauchet, de
la Langue et Poésie françoise, liv. I, fol. 549 v°.

[3] Voir Elnonensia, Monuments des Langues Romanes et Tudesques, par
M. J. F. Willems.

[4] Choix des Poésies, t. II, p. 135.

volonté possible, on ne saurait voir un monument provençal.

Une assez belle illustration est échue à la langue de la Provence, fille de la fière Catalane, mère de l'harmonieuse Italienne [1]; rien ne manque à sa gloire, que de n'être pas Française !

[1] La gran Madre della nostra Volgar Poesia. Crescimbeni, Istoria della Volgar Poesia, t. II, p. 178. Bouche, Hist. de Provence, liv. II, chap. vi, p. 89-96. Histoire générale de Languedoc, t. III, p. 527.

La terza ed ultima lingua Maestra di quelle di Spagna è la Limosina, e più generale di tutte le altre.... perciocchè questa adoperavasi nella Provenza, in tutta la Guiana, e nella Gallia Gotica, e dessa presentemente si parla nel principato di Catalogna, nel regno di Valenza, e nell' isole di Majorica, Minorica, Iviza, e Sardegna. Andrès, Origine, t. I, p. 293.

L'aveu arraché à l'auteur de l'Histoire de la poésie provençale (M. Fauriel, Paris 1846, t. I, préface, p. vii, voir aussi p. 165, 435 ; t. II, p. 180, 219, 221, 377, 380, 389, etc.), tranche la discussion ; tous les faits importants signalés par nous, sont reconnus ; mais ils restent muets pour un esprit systématique et l'égarent en raison de ce qu'il croit savoir : une préoccupation exclusive lui révèle des épopées provençales ! La chevalerie du midi fut une continuation de la chevalerie romaine ; celle du nord prit naissance à la cour de Charlemagne. Il faut faire de l'empereur et de ses preux des héros languedociens du xiiie siècle, pour donner à la poésie provençale l'antériorité sur les traditions des Francs.

Castrale Fors

Chateaufort près Méraille

ROMANE SEMISEPTENTRIONALE

FRANÇAISE.

TRADITIO FRANCORUM [1].

Le Midi, familiarisé depuis longtemps avec la littérature de Rome, demeure étranger aux traditions du Nord ; vers le XIIe siècle, les Provençaux transcrivent nos poëmes confusément, mais avec les délicatesses d'une littérature raffinée : nos chants, âpres comme le climat des Francs, sont harmonieusement transformés par les Catalans, qui deviennent troubadours, puis ausoniens.

Les graves trouvères des Pays-Bas n'étaient point inspirés par la pureté du ciel, par un climat brûlant, par une nature toute pittoresque ; interprètes flegmatiques et sensés des traditions locales, vivant dans une atmosphère brumeuse, sur un sol humide, sans illusion comme sans

---

[1]   Et ot nomer le lignage Francor.
   Ce dit la gent del tens ancianor.
   Mon joie escrie, c'est l'enseigne Francor.
La Chevalerie Vivien. Bibliothèque du Roi, manuscrit, n. 6985, fol. 189 r°, c. 1, 2, 3.
      Sovent escrient Monjoie la charlon.
Bataille d'Aleschans. Manuscrit 6985, fol. 209 v°, c. 1, etc.

22

entraînement poétique , ils rappelaient la nature du pays, sa monotone fertilité, et jusqu'à l'exubérance des habitants. Exclusivement impressionnables aux traditions de la patrie, les chroniques mérovingiennes, carolines, et les luttes du christianisme militant, les intéressaient sans partage : nos trouvères puisaient aux sources traditionnelles un genre de mérite que les plus ingénieux mensonges n'eussent pu leur donner : cette prérogative les honore aux yeux des hommes sur lesquels la fiction a peu d'empire.

Archives éminemment nationales, les traditions carlovingiennes attendent, pour éclairer l'archéologie française, l'exploration judicieuse des érudits : si la restitution des premiers textes est rigoureusement impossible, il nous est donné, malgré leur pérégrination à travers les âges, de retrouver, dans les plus anciennes copies, des versions jadis orales et traditionnelles, entièrement distinctes des interpolations et des rajeunissements subséquents.

Les noms de lieux et les surnoms qui en dérivent ont subi des métamorphoses à peine croyables [1] ; la géographie, l'histoire, la lexicologie défigurée par les jongleurs, ont été durant des siècles jouets de ces charlatans d'un autre âge ; la soif des récompenses et des applaudissements, source éternelle de déception, provoquait le mensonge ; l'apathie des calligraphes, autant que leur ignorance, rendit les erreurs inextricables : elles suivirent une progression croissante ; la bonté des textes est en raison

---

[1] Nous en avons indiqué les causes.

de leur antiquité, et quiconque s'applique à démêler le
vrai d'avec le faux, ferait de vains efforts, s'il avait la
fâcheuse inspiration de s'exercer sur les modernes versions de la Bibliothèque Bleue ; les manuscrits progressivement plus reculés montrent des formes linguistiques
plus grossières, mais ils révèlent le mieux les traditions,
les origines et la généalogie de la langue française ; de cette
source enfin purifiée jailliront des étymologies nationales exemptes d'aberration : radical gaulois, racines
immédiates, analogies de famille, tous ces éléments indigènes de notre linguistique, constitutifs, comme le grec
et le latin, se produisent par la voie simple et naturelle
des documents littéraires les plus rapprochés du point de
départ.

Les premiers poëmes français, appelés chansons au
même titre que la loi Salique, furent les traditions orales,
lyriques, et historiques, des héros francs ; les mots resti-
tués à leur primitive valeur dissipent tous les nuages :
GESTE, au moyen âge, signifiait famille, race, maison ;
ainsi les chansons de gestes sont exactement les traditions
relatives aux grandes familles françaises :

> De Garin de Montglavve, le chevalier vaillant
> Dont issi cest GESTE dont on parolle tant
> Et qui.... furent li enfant
> Que on apelle GESTE dès le commencement
> El reaume de France [1].

> Plet vous oïr chançon de grant mesure
> Des vieles GESTES anciennes qui furent ?...

[1] Romvart, p. 338.

De Vivien d'Aleschans en est une
Et de son père dan Garin d'Anséune
Qui maint bernage ot en lui par nature
Et de la GESTE Aymeri est issue [1].

Nos chants traditionnels, véritable vox populi, n'étaient point création particulière, les primitifs trouvères se bornaient aux fonctions d'interprètes.

Les versions orales caractérisent d'une manière explicite les traditions des Francs, la GESTE FRANCOR se trouve dans les plus anciens textes [2].

Les auxiliaires de nos paladins étaient de nations diverses, et par nation, il faut entendre ici de multiples et faibles fractions : Ogier, originairement entouré de ses vassaux de la Marche de Dan, fut suivi de Lombards, par suite du séjour chez Didier; chaque langue [3] modifiait dans son intérêt particulier les chants patriotiques et préparait ainsi la diversité des traditions, source de toutes les palinodies.

Nous montrerons comment les superpositions vinrent défigurer les chansons de gestes, que rien ne fixait et que chaque bouche pouvait travestir, intarissable source d'erreurs, tant qu'on n'aperçut pas les qualités constitutives au point de départ.

[1] Les Enfances Vivien, manuscrit 6985, fol. 173 r°, c. 2.

[2] Voir Chanson de Roland, Paris 1837, in-8, p. 57 et 126, etc.

Li Romans de Roncevaux, à la Bibliothèque du Roi, manuscrit 7227-5.

Roman de Charlemagne, à la Bibliothèque du Roi, manuscrit 6985, fol. 154 v°, c. 1-2.

[3] Dans une acception plus multiple encore que celle adoptée par les chevaliers de Malte.

Les plus anciens textes contiennent des traditions multiformes et les modifications de récits mnémoniques,
puis des innovations scolastiques; l'unité n'est possible
ni pour le fond, ni dans les détails : la division des
pouvoirs temporels, les rivalités, la difficulté des com-
munications et l'absence de lettres s'opposaient à la cen-
tralisation des idées, des formes poétiques et de la linguistique.

Chacun voulait pour soi la gloire ou l'honneur, et cet
amour du clocher, si vivace encore aujourd'hui dans le
cœur de ceux que le séjour des grandes villes n'a point
fascinés, excitait les compatriotes à s'approprier exclusivement ce qui, le plus souvent, revenait à tous : la religion et le désir d'abattre ses ennemis étaient le lien commun; hors de là l'esprit public ne dépassait guère les
limites de la paroisse : une rivalité ingénieuse, mais
égoïste, falsifiait sans pudeur comme sans remords ; le
peuple se plaisait aux récits des jongleurs, sans trop s'inquiéter si la vérité était respectée. Comme d'ordinaire, le
succès et le profit allaient au flatteur et non à l'historien;
de là une nouvelle source de non-sens, de contradictions
et d'impostures qui fourmillent dans les copies échap-
pées aux ravages du temps.

La vogue des chansons de gestes, bulletin probable des
localités et de conteurs intéressés, n'a pu s'établir au
temps de l'empereur que d'une manière orale [1]; le langage roman-wallon mit plus d'un siècle à dépouiller sa

[1] Il faut excepter les chansons théotisques, recueillies par Charlemagne
lui-même.

rudesse, et répéta en bégayant les chants diversement interprétés par le peuple[1]. Nos plus anciens trouvères écrivains n'apparaissent guère qu'au milieu du xie siècle ; l'esprit d'innovation auxiliaire inhérent à l'établissement des nouveaux langages, étendit son empire sur la transmission des faits poético-historiques, dont les intérêts rivaux empêchaient la concordance.

On a cherché dans la réaction problématique des partisans mérovingiens contre les successeurs de ces princes, la cause des combats sans cesse renaissants et prolongés aussi longtemps que les chrétiens n'eurent pas complétement triomphé du paganisme : le sentiment dominant toutes les traditions carlovingiennes, est celui qui a dicté le huitième capitulaire de 811 au concile de Tours : il oblige, sous peine de mort, les Sesnes[2] à se faire baptiser :

> La Sarrasine gent est toute à mort livrée ;
> Chele qui morte n'est, iert u palès menée :
> Qui crerre ne vout Dieu, s'ot la teste coupée.

Doon de Mayence, manuscrit de Montp., fol. 45 v°, c. 1.

> Il ont toute la pès pourquise et pourparlée,
> Et l'eue benoite perseignie et sacrée,
> A l'amiral du Coine crestienté donnée,
> Et toute sa mesnie aussi crestiennée ;
> Et qui cheu ne vout fere, s'ot la teste coupée.

Guy de Nanteuil, manuscrit de Montp., fol. 153 v°, c. 2.

> Vivien s'en reva à Montbranc sa chitez ;
> Deus évesque en a ensemble o lui menez,

[1] Composé de Francs, de Wallons, et de clercs parlant latin.

[2] Histoire littéraire des Gaules, art. Charlemagne, p. 227.

Sarrasins, Wandres, Sesnes, Turcs, Persans, Esclers et tant d'autres dénominations données indistinctement à tout ce qui n'était pas chrétien.

Que le peuple du resne a tost crestiennés ;
Et qui ne vout chou fere, si ot le chief coupez.
    Maugis d'Aigremont, manuscrit de Montp., fol. 173 v°, c. 2.

Et la gent mescréant baptisie et levée ;
Et qui Deu ne croira, la teste ara coupée :
    Car ce sera droiture.
    Garin de Monglavvr, dans Romvart, p. 340.

Plus on étudie les chansons de gestes, plus on reconnaît les efforts des trouvères et surtout des jongleurs pour rajeunir ces vieilles traditions nationales ; désireux avant tout de satisfaire la soif des nouveautés, naturelle aux hommes sans lumières, ils substituaient aux véritables personnages des noms d'une célébrité récente, vibrant mieux aux oreilles et au cœur de leurs auditeurs ; et ramenaient la scène en des contrées voisines ou plus connues ; ces impostures, colorées avec plus ou moins d'adresse, laissent heureusement à découvert d'anciennes traces qui peuvent mettre sur la voie.

Dans le roman de Gérard de Roussillon [1], l'auteur explique ainsi sa conduite :

Il est désormais temps d'antrer en ma matière
Et de vous reconter comment, par quel menière,
Girars de Rossillon fut sept ans charboniers ;
Futis de son paiis, n'en fut point parceniers :
Charles li filz Loys tout ce li pourchassa,
Son paiis li toulit, et tout fors l'en chassa ;
Cilz Charles fut nommés, saichés, Charles li Chaues ;
Petit avoit coleur, qu'il estoit ung pou fauves.
La crenique en latin ainssin le me reconte,
Cilz qui fit le romant en fait ung autre conte,
Et dist Charle Martiaux.

[1] Composé de 1330 à 1338, à la Bibliothèque du Roi, supplément français, manuscrit 254-2, fol. 2 r° et v°.

Après avoir fait la généalogie de la seconde race, de Charles Martel à Charles le Chauve, l'auteur poursuit ainsi :

> Or soit saue la grace du premier romancier
> Qui dist Charles Martiaus fit le plait commancier,
> Encor dit moult de chouses qu'il baille por notoires
> Que selonc le latin je ne trove pas voires,
> Et pour ce au latin me vuil du tout aordre,
> Quar en pluseurs mostiers le lisent la gent d'ordre [1] :
> Cilz qui ne m'en croira, à Poutières s'en voise,
> A Vezelay auxi, si saura si l'on boise, (trompe)
> Quar on lit au maingier, c'est ehose toute certe,
> Ainssin comme de sains, les fais Girart et Berte.

Si les trouvères écrivains descendirent parfois au rôle de jongleurs, et réciproquement si quelques jongleurs se sont élevés au rang des trouvères, il n'en est pas moins constant qu'en général les premiers étaient poëtes compilateurs, et les autres de misérables baladins, débitant ou plutôt psalmodiant à prix d'argent les productions falsifiées des muses vulgaires. Les trouvères, comme les troubadours, donnaient aux jongleurs de leur choix les moyens de vivre, en les autorisant à chanter leurs couplets. L'état d'indigence de ces histrions était notoire : on lit dans le Livre des Métiers d'Étienne Boileau [2] :

> Tot li jougleur sunt quite [3] por ı ver [4] de chançon.

[1] Quelle que soit la confiance commandée par les documents contemporains, les solitaires, enfermés dans les cloîtres, loin des lieux où vivaient les personnages historiques, étaient, il faut en convenir, plus exposés à l'erreur que les trouvères, parcourant le théâtre des événements, et rappelant même longtemps après les faits connus des compatriotes.

[2] Règlements sur les arts et métiers de Paris, p. 287.

[3] Du péage.

[4] Une strophe, un couplet.

Outre sa viole, le jongleur portait habituellement une espèce de baguette magique, appelée BASTONET :

> [Taillefer, juglere] ... sa lance pris par le tuèt
> Si come ceo fust un bastonet [1].

C'est au bastonet que l'on compare le bras de Chaufari, « squelette dont le bras décharné ressemble à la baguette d'un jongleur [2]. »

Lorsque les jongleurs s'introduisaient dans l'intérieur du foyer pour divertir l'auditoire, ils variaient leurs vêtements comme les rapsodes, qui s'habillaient de rouge lorsqu'ils chantaient les combats, et de bleu quand ils célébraient les exploits d'outre-mer [3].

Les plus anciens trouvères graphiques dont les ouvrages soient venus jusqu'à nous : Robert Wace [4], Chrestien de Troyes [5], Jehan Mados [6], Alexandre de Ber-

---

[1] Chroniques anglo-normandes, t. I, p. 8.

[2] Histoire des Langues romanes, t. I, p. 496.

[3] Crescimbeni, Istoria della volgar Poesia, t. I, p. 333.

[4] Roman de Brut, t. II, p. 76.

> Tant ont li contéor conté
> Et li fabléor tant fablé
> Pour lor contes ambeleter,
> Que tot ont feit fables sanbler.

[5] Érec et Énide :

> D'Érec le fil Lac est li contes
> Que devant rois et devant contes
> Dépecier e corrompre suelent
> Cil qui contrerimoier vuelent.

Bibliothèque du Roi, manuscrit n. 6987, fol. 281 v°, col. 2.

[6] Roman du Siége de Troie :

> Qu'altres ont fait sont repregnans
> Et à trestoz les bons nuisans.

Bibliothèque du Roi, manuscrit n. 6987, fol. 68.

nay[1], etc., s'accordent avec Orderic Vital[2], Guillaume de Bapaume[3], Jean Bodel d'Arras[4] et Raimbert de Paris[5], pour se plaindre des jongleurs et leur attribuer les absurdités qui défigurent les chansons de gestes.

Le témoignage des trouvères est ici d'un grand poids ; obéissant eux-mêmes aux exigences de leur époque en employant le rajeunissement et le merveilleux, ils de-

[1] Roman d'Alexandre :

> Cil troveor bastart font contes avillier,
> Si se voelent en cort sor les millors prisier,
> Et quant il ont tot dit, si ne vaut un denier,
> Ains convient par penas la lor oevre atacier.
>
> Bibliothèque du Roi, manuscrit 6987, fol. 164 r°, c. 1.

[2] Hist. Eccl., lib. VI, t. III, p. 5, 6.

[3] Dès le début du roman de Guillaume d'Orange, Guillaume de Bapaume, au xiie siècle, s'exprime ainsi :

> Plest vous oyr d'une estoire vaillant ;
> Vilain jougleres ne sait pourquoi se vant,
> Nul mot n'en die dusque l'en li comant,
> De Loéys ne lairai ne vous chant.

[4]
> Seignor, ceste chançons ne muet pas de fabliax,
> Mais de chevalerie, d'amors et de cembiax ;
> Cil bastart jugleor qi vont par cez vilax
> A ces grosses vieles, as depennez forriax,
> Chantent de Guiteclin si com par asenax,
> Mès cil qui plus an set ses dires n'est pas biax,
> Qar il ne sevent mie les riches vers noviax
> Ne la chançon rimée que fist Jehan Bordiax,
> Tot si com li droiz contes l'an fu diz et espiax,
> Dont ancor est l'estoire à Saint-Faron de Miax.
>
> Chanson des Saxons, t. I, p. 3.

[5] Dans la chevalerie Ogier, vers 11858-11860.

> Encor orrés canchon et bone et bele ;
> Cil jogléor, saciés, n'en sevent gère,
> De la canchon ont corunpu la geste.

vaient indulgence à tout ce qui n'était pas ignorance complète. Chaque siècle a sa fiction, celle de ces temps reculés n'est peut-être pas la plus décevante.

Les jongleurs, espèce de saltimbanques, occupaient le dernier échelon d'une société qui les rejetait [1] : foulant aux pieds toutes les considérations morales, leurs efforts se bornaient à soutirer quelque argent pour une vie nomade et dissolue : l'Église les frappa de réprobation [2]; Philippe Auguste les chassa de France [3] par une ordonnance qui ne paraît pas avoir été rigoureusement exécutée.

Les trouvères, mettant en œuvre les vieilles traditions, créent parfois, et le plus souvent falsifient : les jongleurs étaient leurs échos, et les fonctions de ceux-ci s'amoindrirent progressivement à l'apparition de la graphie vulgaire, sans cesse présente aux yeux, jusqu'au moment où la typographie, portant à chacun les productions de l'esprit, frappa du coup mortel les vivants intermédiaires de la tradition.

Successeurs des disciples d'Aristote, les modernes voient dans nos chansons traditionnelles une littérature bâtarde, irrégulière, capricieuse ; ils n'ont pas reconnu cette physionomie native qui la rattache aux productions intellectuelles signalées dès la plus haute antiquité par les monuments les plus sacrés, les plus imposants [4].

[1] Capitulaires de 789, 813, etc.

[2] De hystrionibus. Summa Confessorum Raymundi, manuscrit du xiiie siècle, in-fol., de notre collection, et Bibl. du Roi, anc. fonds latin, Ms. 3253.

[3] Mézerai, 1185, Rigord, etc.

[4] Salomon, Livres des Rois, Hérodote, liv. II, c. xxxvi. Diodore de Sicile, liv. 1, III. Aristophane, Quintilien, saint Augustin, Alcuin, Bède, etc., etc.

Le code moral du christianisme fut d'abord oral et traditionnel, un texte syro-chaldéen primitif uniforme est une chimère; les évangélistes recueillirent en notes [1] vulgaires les principaux actes de la vie du Sauveur : Ἀπομνημονεύματα τῶν Ἀποστόλων [2]. La concordance des versions quadruples subsiste comme irrécusable témoignage de la sincérité des apôtres, qui ne rédigèrent pas, car c'est toujours Εὐαγγέλιον κατὰ Ματθαῖον, κατὰ Μάρκον, etc. (secundum). Ils établirent les traditions de visu et auditu : l'importance d'une vérité régénératrice entraînant les populations, contraignit à s'appuyer sur la graphie; le Didascalée d'Alexandrie, fondé par saint Marc [3], fournit les moyens, et la langue grecque devint intermédiaire : le savant évangéliste écrivit en grec les versions que naguères il répétait au peuple en copte ou démotique; après saint Jean, qui survécut aux autres évangélistes et dans le second siècle seulement, les TRADITIONS DES APOTRES devinrent les Saintes Écritures [4].

Les lois de la littérature classique, inconnues aux trouvères, ne peuvent régir nos chansons de gestes; l'appréciation du cycle carlovingien sera toujours impossible pour qui ne distinguera pas nettement les deux routes frayées par l'entendement humain, la nature et l'étude [5],

---

[1] Les traducteurs d'Eusèbe n'ont pu traduire exactement la signification de μνημονεύουσι, qui rappelle les marques mnémoniques. Eusebii Ecclesiasticæ historiæ, lib. III, c. xxxix, p. 89.

[2] Voir Justin martyr.

[3] Matter, Histoire de l'École d'Alexandrie, p. 287, 288.

[4] Encyclopédie Treuttel, t. X, p. 298.

[5] Τοῦ λαοῦ, τοῦ νόμου, page 10 ci-dessus.

la famille et l'école ; les vérités simples, des connaissances acquises par la science des lettres. Antipathiques à l'ingénuité native, au gracieux abandon du foyer, les exigences scolaires firent prévaloir chez les érudits des entraves, des fictions et des mythes ; les poëtes vulgaires, à l'allure naturelle et parfois vagabonde, composèrent seuls notre cycle carlovingien ; chantres des pénates, étrangers aux lettres et rebelles à l'idée que le vrai dût se courber sous le joug des règles de convention, ils se placèrent haut dans l'estime du peuple, par la simplicité, l'aisance et le pathétique, en lui parlant son langage, en partageant ses opinions, ses sentiments, ses préjugés ; mais ils restèrent impuissants à créer des monuments épiques, à inventer des fables didactiques, à coordonner un plan avec art, à se plier enfin aux injonctions d'une méthode aristotélique.

On eut raison de répéter que les chansons de gestes étaient faites pour être chantées ; mais ce qu'il importait surtout de savoir, et ce qui n'a pas été dit, c'est qu'elles furent composées oralement et pour la seule tradition, en l'absence de toute graphie [1], de toutes notions littéraires, par des rimeurs qui ne savaient ni lire ni écrire, et pour des auditeurs aussi illettrés.

La chanson traditionnelle des Francs devint la chanson romane, puis, suivant une progression décroissante, la

[1] Les plus anciens textes écrits qui nous soient parvenus, ne remontent pas au delà du xi⁰ siècle ; ils étaient répétés oralement depuis et peu après l'accomplissement des faits mentionnés, et passèrent du théotisque dans le langage wallon.

chanson-complainte, la chanson-vaudeville et la romance
ou historiette : l'épithète de roman, donnée d'abord aux
traductions en langages vulgaires, devint la caractéristique de toutes les fictions.

Dans les langages romans, il est important de distinguer les productions antérieures à la graphie vulgaire,
de celles composées avec cet auxiliaire de toute littérature : les premières puisaient à l'unique source de la nature et employaient les moyens mnémoniques qui per-
mettaient de compter sur les traditions ; les secondes au
contraire, riches des ressources de la scolastique et des artifices d'une civilisation plus avancée, jouent avec les sujets fantastiques et mystiques : ainsi le cycle d'Artus,
de pure invention [1], succède aux chants historiques;
le mètre complaisant des anciens récits par assonance
réclamait la concision et la réduplication fréquente des
mêmes sons.

[1]
> Pur les nobles barons k'il out
> Dnnt il meindre estre quidout,
> Fist Artur la reonde table
> Dunt Breton dient meinte fable,
> Iloc séaient li vassal
> Tuit chevelment et tuit égal,
> A la table égalment séaient,
> E égalment servi estaient.
> Nul d'els ne se poait vanter
> K'il séist plus haut de son per :
> Tuit esteient asis meain,
> N'i aveit nul d'els soverain.

Roman de Brut. Musée Britannique, Bibliothèque du Roi, 13 A xxɪ,
fol. 84 v°, c. 1, vers 32.

Avant la graphie, on appelait PROSE une suite continue d'assonances :

Versi d'amore e prose di romanzi [1].

L'artifice mnémonique a laissé son nom à la prose ecclésiastique : les petits vers de six syllabes, en clôture de stances monorimes, signalés par M. Raynouard comme conservant une notation musicale toujours la même [2], étaient encore un moyen de provoquer la mémoire, ainsi que les homoïotéleutes, ou tirades tout d'une lisière [3].

Lorsque Rome tombait, la décadence envahit aussi la littérature classique : la poésie régulière voulut ajouter au mètre et au rhythme antique, les assonances du Nord, empruntées aux vainqueurs; dès la rentrée des Romains dans la mère patrie, on écrivit en assonances :

Pauper amabilis
Et venerabilis
  Est benedictus ;
Dives inutilis,
Insatiabilis
  Est maledictus.   (Circa 480.)

L'assonance est évidente dans la très-ancienne séquence des morts :

Dies iræ, dies illa
Solvet seclum in favilla,
Teste David et Sibylla.

[1] Dante. Journal des Savants, mars 1831, p. 135-137.
[2] Journal des Savants, juillet 1833, p. 391 et à la note.
[3] Fauchet, anciens poëtes français avant 1300, § 5, fol. 534 v°.

La vieille école de Salerne répétait :

> Cœna brevis,
> Cœna levis
> Fit raro molesta ;
> Magna nocet,
> Medecina docet,
> Res est manifesta [1].

Les Catalans ou Provençaux, imitant les poésies latines dégénérées, adoptèrent la rime, moyen mnémonique d'origine semiseptentrionale ; si elle fut employée au Midi, très-anciennement, ce fut comme auxiliaire d'idiomes vulgaires incompatibles avec la graphie.

Heureusement pour la république des lettres, les récits traditionnels des Francs, si dignes de respect sous le rapport de l'antiquité, ne sont pas tous perdus : ce qui en subsiste, reproduit jusqu'au sublime le naturel, le naïf, la simplicité et l'exquise ingénuité : les rapsodies arrivèrent jusqu'à Alexandre, alors que les compétiteurs d'Homère s'ensevelissaient dans un néant éternel.

La période qui sépare Otfrid de Jehan Bodel se divise en deux ; le travail nécessaire pour faire prévaloir une prononciation uniforme, la fixation des voyelles et des diphthongues, enfin la science orthographique aux prises avec une phonie gutturale quiescente, se prolongea jusque vers l'an 1000. Les trois siècles suivants furent tourmentés par des efforts plus ou moins heureux pour fixer enfin sur la matière les diverses traditions mnémoniques : celles qui conservaient de nombreux échos

---

[1] Voir Crescimbeni, Ist. della volgar Poesia, t. I, p. 12, 13, 95, 102 et suiv.

furent respectées; les autres, manquant de contrôle, impunément falsifiées.

Alors que les patois scindaient la parole de l'homme, on était polyglotte malgré soi.

Les traditions des Francs, d'abord en théotisque (lingua patris), furent répétées par les Gallo-Belges, dans leur idiome wallon; lorsqu'au xie siècle la graphie intervint, la cour de nos princes avait passé des bords du Rhin et de la Meuse, sur ceux de l'Oise et de la Seine, le roman semiseptentrional y était acclimaté[1].

La seule érudition accessible aux trouvères prographiques consistait à récapituler les traditions d'autrui : comment une chronologie exacte, une histoire précise pouvait-elle apparaître chez des hommes qui ne savaient ni lire, ni écrire, et qui par conséquent ne pouvaient con-

[1]

> Oez, seignor, que Dex vous bénéie,
> Li glorieus li filz sainte Marie,
> Bone chançon que ge vous vorrai dire ;
> Ceste n'est mie d'orgueil ne de folie,
> Ne de mençonge estrète ne emprise ;
> Mès de preudomes qui Espaigne conquistrent ;
> Icil le sevent qui en vont à Saint-Gile,
> Qui les ensaignes en ont véu à Bride.
> L'escu Guillaume et la targe florie,
> Et le Bertran, son neveu le nobile.
> Ge ne cuit mie que jà clers m'en desdie,
> Ne escripture qu'en ait trové en livre.
> Tuit ont chanté de la cité de Nyme...
> Pou est des homes qui vérité en die,
> Mès g'en dirai, que de loing l'ai aprise,
> Si com Orenge fu brisiée et mal mise.

Le Charroi de Nismes, 2e branche, à la Bibliothèque du Roi, manuscrits, n. 7186-3, fol. 44 v°, c. 2, et n. 6985, fol. 167 r°, c. 1.

sulter rien d'authentique et de permanent? La diversité
des traditions fut l'abondante source d'où découlèrent les
mécomptes, les anomalies, les contradictions et les palinodies de toutes sortes ; on recueillait de nombreuses versions, sans posséder aucun moyen de rectification et de
conviction propre : tout s'explique lorsqu'on a reconnu
que les auxiliaires de science et d'érudition manquaient
complétement ou qu'ils reposaient aux mains des lettrés
grecs et latins, très-rares hors de l'Église, et entièrement
séparés des langages vulgaires, que, dans leur dédain, ils
appelaient barbares ou rustiques.

Les couplets en bis et en ter nous étaient apparus
comme artifice des trouvères pour charmer leurs auditeurs et faire parade de facilité poétique [1] ; mieux éclairé
maintenant, nous n'hésitons pas à proclamer ces prétendues défectuosités [2], comme caractéristiques certaines de
prographie ; en effet, ces strophes nous transmettent les
traditions orales, dans leur inévitable diversité ; les chantres des différentes localités peignaient les mêmes faits
avec des couleurs variées ; les épisodes importants de la
même chanson étaient répétés par les trouvères expéri-
mentés, en conservant les versions dissemblables adop-
tées par leurs compétiteurs; ceux qui les premiers arrivèrent à l'époque où la graphie se propageait, lui
confièrent ces répétitions orales, et en firent les versions
duplex, triplex, etc.

[1] Chevalerie Ogier, p. liij.

[2] Un professeur spécial annonçait naguère au public ses efforts pour dé-
doubler les épopées carlovingiennes.

Ces versions établissent les coutumes mnémoniques d'une manière incontestable; notre cycle traditionnel les possède exclusivement dans les textes écrits du xi au xiiie siècle; les Provençaux ne les ont jamais connues; les versions uniques, lorsqu'elles conservent la simplicité et la rudesse de l'éloquence naturelle, peuvent aussi provenir d'antiques traditions : n'ayant d'autre guide que nous-même pour ces appréciations contestables, nous nous contentons de présenter à nos lecteurs des versions multiples dont l'origine orale et traditionnelle est évidente.

Les progrès de l'écriture vulgaire appelaient l'homogénéité, et celle-ci éloignait la concurrence; une supériorité relative établissait l'exclusion; nous ne pensons pas qu'on puisse espérer des textes polylogues avant le xie siècle; vers le milieu du xiiie, ils cèdent la place aux versions uniques.

La diversité des versions de notre cycle historique fut souvent remarquée; les continuateurs de l'Histoire littéraire de la France déclarent que l'obscurité de la poésie romane prend sa source dans les variantes continuelles des textes. « Que l'on compare entre eux quatre ou cinq manuscrits du même ouvrage, pris au hasard dans l'immense collection de la Bibliothèque Royale, on n'en trouvera pas deux parfaitement semblables dans tout leur contenu, et qui ne laissent des doutes sur le véritable sens de telle ou telle tirade [1]. »

Cette diversité, constante surtout pour les passages

---

[1] Histoire littéraire de la France, t. XIX, p. 622.

remarquables, ne saurait être l'œuvre des copistes, elle prouve les soins et l'exactitude des premiers écrivains à nous transmettre les nombreuses versions qui avaient cours de leur temps, et celles qui étaient le plus répandues dans leur localité ; on comprend que les variantes soient l'essence même des versions orales : à dater de la fin du xiiie siècle seulement, l'uniformité des textes commence à s'établir ; il n'en est pas moins déplorable qu'un badigeon régulier soit venu fréquemment couvrir les beautés multiformes de l'antique. Les chants primitifs emploient de petits vers, les épisodes sont traités avec laconisme : le temps allonge les vers et accroît les textes, qui bientôt s'étendent indéfiniment.

La geste francor s'altéra insensiblement jusqu'à la graphie de auditu ; les scribes ne furent pas toujours disposés à nous transmettre les traditions diverses ; leurs goûts et leurs passions déterminaient souvent le choix ; pour rencontrer un nom d'auteur, il faut un texte fixé, écrit, invariable ; cela était impossible, tant que les versions furent modifiées par le peuple, se bornant à enregistrer les thèmes les plus vulgaires à la suite les uns des autres. L'échelle de la dégénérescence suivit une progression facile à saisir ; la comparaison des différents textes primitifs en fournit les moyens ; ceux exécutés durant les premiers siècles de la graphie nationale montrent une grande variété, conséquence inévitable de leur origine ; lorsqu'un épisode se trouve répété avec identité quant au fond et aux circonstances, dissemblable seulement pour la forme et par les assonances, il y a lieu de croire que le récit est encore traditionnel, bien qu'il soit unique dans chaque copie.

Ainsi, retrouvant la mort de Bauduinet diversement narrée dans plusieurs manuscrits, bien que nous ayons reconnu qu'une version antérieure a dû précéder le texte que nous avons donné au public [1], nous croyons pouvoir classer par rang d'ancienneté les versions connues jusqu'à ce jour.

La première au manuscrit de Marmoutier [2].

La seconde au manuscrit de Montpellier [3].

La troisième au manuscrit de l'Arsenal [4].

Si ce dernier est graphiquement postérieur aux Enfances Ogier, par Adenez, il est évident qu'il a été composé sur les versions traditionnelles, et non d'après les rêveries du roi des Jongleurs.

L'épisode de la mort Bauduinet est racontée dans le

Premier texte par vingt-deux vers de dix, en IER;

Second texte par trente-un vers, en ÈS et en É;

Troisième texte par soixante-dix-sept vers alexandrins, en IS et en IR.

Adenez efface ce passage remarquable et tout ce qui concerne la querelle avec l'empereur; en introduisant la féerie, il donne une quatrième version dont on comprend l'inanité; ces poésies bâtardes, traduites en prose

[1] Chevalerie Ogier, Paris, 1842.

[2] Ibid. p. 130.

[3] A la Bibliothèque de l'École de Médecine, coté H. 42, fonds Bouhier.

[4] P. 124 à 127, et Chevalerie Ogier, p. LXIIJ.

au xve siècle [1], fournirent des matériaux à la Bibliothèque des Romans, et à la Bibliothèque Bleue, aujourd'hui encore populaire, nonobstant le dernier terme de dégradation ; cet exemple s'applique également à toutes les chansons primitives, comme Adenez est le type de tous nos falsificateurs.

Les chants carlovingiens de la première période graphique conservent dans leur contexture les éléments qui contribuèrent à leur formation ; la primitive chanson de geste, telle qu'elle nous est parvenue, se termine toujours d'une manière quiescente : « desinit in piscem. » Les versions orales se taisaient devant l'écriture, et des suppléments de fraîche date, révélant les préoccupations des contemporains, furent écrits à la suite des vieilles traditions ; après les récits historiques, variés pour le fond et dans la forme, surviennent des narrations fabuleuses, des aventures de croisés, de templiers, de géants, des contes féés, etc.

Rien, suivant nous, ne commande l'intérêt et le respect de la république des lettres, comme ces incontestables traditions des Francs, répétant sous des formes et avec des couleurs variées, les plus remarquables épisodes de l'histoire héroïque nationale ; les médailles sont effacées, les monuments écroulés, le marbre même devenu poussière; tout est muet.... et cependant les voix fugitives de nos aïeux, insaisissables échos, peuvent encore aujourd'hui,

---

[1] Ces romans, ou plutôt ces contes de chevalerie, imprimés par la typographie naissante, sont, nonobstant leur dégénérescence, payés par les bibliomanes plus que ne le seraient d'antiques et sincères manuscrits.

distinctement multiples, retentir à nos oreilles ! Prodige
unique dans les fastes linguistiques, destiné à ne se reproduire jamais.

Appréciateur des mâles accents inséparables des grandes
images reproduites dans les récits traditionnels réser-
vés aux couplets d'élite, nous avons hésité à y joindre
notre faible voix ; Canova lui-même sentait sa main dé-
faillir lorsqu'elle devait toucher aux chefs-d'œuvre que
la terre restituait tronqués ; nous nous sommes fait vio-
lence par la crainte de laisser incomplétement éclairés
d'énergiques tableaux dont la composition orale com-
portait un flux d'expressions, un laisser-aller que l'art ne
dirigeait pas ; nous présentons parallèlement quelques
versions triples, quadruples, sextuples, etc., d'épisodes
carlovingiens, reproduits suivant la manière et avec
le coloris moderne, pour ceux qui ont le malheur de
ne comprendre qu'imparfaitement les versions originales ; abandonnant le mot à mot dont le scalpel ferait de
notre poésie héroïque un vieux squelette, nous nous
bornons à reproduire l'image poétique, ce mode seul
pouvant rendre sans les détériorer, les versions multiformes.

Les fragments traditionnels forment des tableaux com-
plets, ayant leur exposition, leur nœud et leur dénoû-
ment ; si cet enchaînement n'est pas toujours évident,
c'est que la logique, la méthode étaient inconnues aux
trouvères, obéissant spontanément aux inspirations de
la nature.

TRADITIONS CARLOVINGIENNES

I

VIEILLESSE DE CHARLES

CINQ VERSIONS.

1.

De Charllemaine serez araisonez :
Viels est et frailes, mot est grans ses aez,
Mon esciant deus cens ans a passez ;
Par mainte terre se r'a le cors penez,
Tant gentis rois a veincuz et matez,
Rome conquist par ses grant poestez,
A Aix en France s'en déust estre alez
Tant sejornant qe il fust trespassez [a].

2.

Dist li païens : Mot en sui merveillanz
De Charllemeine q'est chenuz et ferranz ;
Men esciant, pasé a deus cens anz ;
Tant gentiz rois a fait les cuer dolanz,
Diex ! n'iert-il jà d'osteier recréanz ? [b]

3.

De Carlemagne vos voeill oïr parler.
Il est mult vielz, si ad sun tens uset ;
Men escient, dous cenz anz ad passet ;
Par tantes teres ad sun cors démened,
Tanz (cols) ad pris sur sun escut buclet,
Tanz riches reis cunduit à mendisted,
Quant ert-il mais recreanz d'osteier ? [c]

Aoi [e].

4.

..... Mult me puis merveiller
De Carlemagne ki est canuz e vielz :
Men escientre, dous cenz anz ad e mielz ;
Par tantes teres ad sun cors traveillet,
Tanz cols ad pris de lances e d'espiez,
Tanz riches reis cunduiz à mendistiet,
Quant ert-il mais recréanz d'osteier ? [d]

Aoi [e].

5.

...... Merveille en ai grant
De Carlemagne ki est canuz e blancs :
Mien escientre, plus ad de. ii. c. anz ;
Par tantes teres est alet cunquerant,

5.

Tanz colps ad pris de bons espiez tranchanz,
Tanz riches reis morz e vencuz en champ,
Quant iert-il mais d'osteier recreant ? [f]

Aoi.

---

[a] Li Romans de Roncevaux, à la Bibl. du Roi, suppl. fr., manuscrit n. 254²¹, vers 817 et suiv.

[b] Même manuscrit, vers 833 et suiv.

[c] Chanson de Roland, strop. XXXIX. — [d] Ibid., strop. XL.

[e] AOI, AIOI, AOUI, les paysans wallons répètent encore ainsi l'affirmation, COMME SI FAIT : AOI SAVEZ : oui certes : ici c'est le signal de la ritournelle exécutée sur la rote, la viole ou la vielle. Pour cette exclamation, voir p. 148, note 1.

[f] Chanson de Roland, strop. XLI.

I

TRADUCTION DE LA POÉSIE.

Si l'on en peut juger par ses mille blessures, * [3-6]
Par tout ce qu'il brisa de pennons et d'armures, [1-5]
Par les lointains pays où, fidèle à l'honneur, [3-4]
Il courut, combattit et demeura vainqueur ; [3]
Par tant de rois captifs implorant sa clémence, [1]
Tant de peuples divers soumis à sa puissance ; [5]
Par tant de gloire enfin, tant de faits éclatants, [1]
Charle au moins doit compter par delà deux cents ans ! [1-5]
Courbé sous le fardeau d'une telle existence, [1-3]
Quand donc cessera-t-il d'ensanglanter sa lance ? [2-5]

P. Fl.

II

GRANDEUR D'AME.

HUIT TRADITIONS.

1.

Dist Oliviers li preus et li senez :
« Sire compains, envers moi entendez ;
Maintes fois sui essaiez et prouvez ;
De couardie ne fui onques retez :
Vostre olifans, se il estoit sonez,
Kalles l'orroit; li fors rois coronnez,
Je voz plevis, jà seroit retornez ;
Secorroit nous par vives poestez,
Et li Fransois qui les pors ont passez. »
Respont Rollans : « Ce seroit foletez ;
Jà Deu ne place qui en crois fu penez...
Que mes parrastres soit jà par moi grevez,
Ainz i ferrai de Durandart assez,
Ma bonne espée qui me pent à mon lez ;
Touz en sera mes brans ensainglentez.
Félon païen touz nous ont enchantez.
Miex ainz morir que face tex viltez. » [a]

2.

Dist Oliviers à la chière membrée,
« Sire compains, car sonez la menée,
Que je vous ai hui autre fois rouvée ;
Si l'orra Kalles de France la loée ;
Secorra nous en estrange contrée.
La gent d'Espaingne ne vient pas effraée ;
Chascuns soz l'iaume a la teste enclinnée.
Se Dex m'aït et la vertus nommée,
Bien samblent gens de bataille aprestée. »
Respont Rollans, quant cele ot escoutée :
« Ne place à Deu qui fist ciel et rousée,
Ne à Marie la pucelle senée,
Que por païens i face jà cornée,
Ainz i ferrai de Durandart m'espée ;
Félon païen mar virent la jornée :
Miex voil morir que France en soit blas-
[mée. » [b]

* Le chiffre renvoie au couplet de la tradition où se trouve l'idée poétique.

[a-b] Li romans de Roncevaux, manuscrit 7227-5, fol. 2 v° 3, Bibliothèque du Roi.

25

3.

« Sire compains, encor voz voil rouver
Vostre olyfant que le faitez sonner,
Si l'orra Kalles qui France a à garder ;
Je voz plevis s'ost fera retorner.
— Ne place à Deu, ce dist Rollans li ber,
Que por païens commence hui à corner
Ne de ma bouche en doie estureter,
Ne mon parrastre doie-on por moi blasmer,
Ne douce France le doie-on reprouver.
Quant je serai en la bataille entrez,
Adont m'orroiz Monjoie reclammer,
Par bon coraige hautement escrier.
Plus de mil cops ferrai al assembler
De Durandart qui tant fait à loer ;
Tost en verrez le branc ensainglenter.
Franc, se Deu plaist, voldront ainsiz errer,
Jà cil d'Espaingne ne s'en porront vanter :
Parmi les mors les convendra passer. » [a]

4.

Dist Oliviers : « (N'i) doit avoir hontaige,
Je ai véu d'Espaingne le barnaige ;
Couvert en sont li mont et li valaige
Et li larris environ le boischaige :
Grans sont les os d'environ le boischaige
D'icelle gent qui tant par est sauvaige.
Ce m'est avis, selonc le mien pansaige,
Fust i li rois n'i éussiés dammaige :
En cor corner n'éust pas grant outraige. »
Respont Rollans : « Ne me vient en coraige ;
Jà Deu ne place qui fist chascun laingaige :
Asez voil miex devancier mon éaige
Que cist païen aient de noz chavaige,
Ne que par moi aient Franc reprouvaige,
Ne nous perdons par euls nostre héritaige. » [b]

5.

Dist Oliver : « Païen unt grant esforz,
De noz Franceis mi semblet aveir mult poi ;
Cumpaign Rollans, kar sunez vostre corn ;
Si l'orrat Carles, si returnerat l'ost. »
Respunt Rollans : « Jà fereie que fols,
En dulce France en perdreie mun los ;
Sempres ferrai de Durendal granz colps,
Sanglant en ert li branz entresqu'al or.
Félun païen mar i vindrent as porz ;
Jo vos plevis, tuz sunt jugez à mort. Aoi. » [c]

6.

« Cumpainz Rollant, l'olifan car sunez ;
Si l'orrat Carles, ferat l'ost returner,
Succurrat nos li reis od tut sun barnet. »
Respont Rollans : « Ne placet Damne-Deu
Que mi parent pur mei seient blasmet,
Ne France dulce jà cheet en viltet !
Einz i ferrai de Durendal asez,
Ma bone espée que ai ceint al costet ;
Tut en verrez le brant ensanglentet.
Félun païen mar i sunt asemblez ;
Jo vos plevis, tuz sunt à mort liverez. Aoi. » [d]

7.

« Cumpainz Rollant, sunez vostre olifan ;
Si l'orrat Carles qui est as porz passant ;
Je vos plevis, jà returnerunt Franc.
— Ne placet Deu, ço li respunt Rollant,

8.

Dist Oliver : « D'iço ne sai-jo blasme,
Jo ai véut les Sarrazins d'Espaigne,
Cuverz en sunt li val e les muntaignes
E li lariz e trestutes les plaignes :

[a-b] Li romans de Roncevaux, manuscrit 7227-5, fol. 2-3.
[c] Chanson de Roland, strop. LXXXI. — [d] Couplet LXXXII.

7.

Que ço seit dit de nul hume vivant
Ne pur païen que jà seie cornant !
Jà n'en aurunt reproece mi parent.
Quant jo serai en la bataille grant
Et jo ferrai e mil colps e sept cenz,
De Durendal verrez l'acer sanglent.
Franceis sunt bon, si ferrunt vassalment ;
Jà cil d'Espaigne n'averunt de mort guarant. » [a]

8.

Granz sunt les oz de cele gent estrange ;
Nus i avum mult petite cumpaigne. »
Respunt Rollans : « Mis talenz en est graigne.
Ne placet Danne-Deu ne ses angles
Que jà pur mei perdet sa valur France !
Melz voeill murir que huntage me venget ;
Pur ben férir, l'emperère plus nos aimet. » [b]

II

TRADUCTION DE LA POÉSIE.

Plus grand est le péril, plus mon courage est grand ;
Je l'ai prouvé cent fois, et tu le sais, Roland, [1]
Dit le sage Olivier ; pourtant, je t'en conjure, [2]
Fais vibrer l'*olifant* des plus lugubres sons ; [1-6]
Et, suivi de ses Francs, sur la cime des monts [3-7]
Charles apparaîtra pour venger notre injure. [1-3]
— Quoi ! j'irais, moi Roland, épouvanter les miens ; [1]
Par un sinistre appel annoncer ma détresse ? [3]
Dieu me garde à jamais d'une telle faiblesse ! [7]
Mieux vaudrait expirer sous le fer des païens [2]
Que de vivre à ce prix ! Il est une autre voie, [2-4]
Et l'honneur me l'indique en cet instant fatal :
C'est dans leur sang impur, c'est au cri de Montjoie, [3-6]
Que saura me l'ouvrir ma bonne Durandal. [3]
Périsse sous nos coups cette exécrable engeance ! [2]
Frappons, exterminons par de nouveaux efforts
Ces félons Sarrasins ; qu'ils aillent chez les morts [3-7]
Proclamer ma défaite et vanter leur vaillance ; [3]
Et si, trop jeune hélas ! je succombe à mon tour, [4]
De mes jours le dernier sera le plus beau jour. [4-8]

P. FL.

---

[a] Chanson de Roland, couplet LXXXIII. — [b] Couplet LXXXIV.

III

APPEL A LA VENGEANCE.

ONZE TRADITIONS.

1.

Li cuens Rollans cui la raisons agrée,....
De l'olyfant la lumière dorée
Mist à sa bouche, si corne la menée ;
Puis l'oït Kalles de France la loée. [a]

2.

A molt grant painne et à molt grans ahans
Et à dolor sonna son cor Rollans ;
De sa cervelle li temples est rompans :
Parmi la bouche li ist fors li clers sans.
Dou cor qu'il sonne en est li sons si grans,
Kalles l'oït qui est as pors passans,
Naymes l'oït qui est avec les Frans. [b]

3.

Li cuens Rollans son olyfant sonna
Par tel vertu li temples li faussa
Et la cervelle li frémist et mesla,
Parmi la bouche li sans clers li raia
Et le menton trestout ensainglanta.
Tint l'olyfant, autre fois le sonna,
Que savoir vueult se Kalles revenra.
Bruient li mont et li vauls résonna,
Bien quinze lieues li oïe an ala :
Fransois l'oïrent et Kalles l'escouta. [c]

4.

Li cons Rolans o la chière membrée
Oit la raison, merveilles li agrée,
Que l'arcivesqe li a dite et comtée ;
De l'olifant la lumière a tornée,
Mist l'à sa boche, si sona la menée,
Enpeint lo bien par mout fière alenée ;
Tentist li porz, si respont la valée :
Granz quinze liues en est la voix alée ;
Kalles l'entent de France la loée,
O sa grant ost qe il ot retornée. [d]

5.

Li cons Rolans à la chière hardie,
A grant dolor, car forment afeblie,
La sois l'arguë et li chals le comurie ;
De l'olifant a faite la bondie,
La maistre vene a rompue et partie :
Païene gent en est mot esbahie. [e]

6.

Li cons Rolans sa boche ensanglenta,
De son cervel la temple rompue a,
La maistre vene de son cuer désevra,
Parmi la boche li clers sans li cola,
Et prist son cor, [par] treis foiz li sona :
Franzois l'oïrent et Karlles l'escouta. [f]

[a-b-c] Li romans de Roncevaux, ms. 7227-5, fol. 9 v°, c. 2-10 r°, c. 1.

[d] Chanson de Roncevaux, Bibl du Roi, suppl. fr., ms. 254-21, vers 3022 et suiv.

[e] Vers 3037 et suiv.

[f] Vers 3081 et suiv.

7.

Li cons Rolans a sa boche sanglente,
De son cervel li est rompue la temple ;
L'olifant sone à travail et à pene :
Karlles l'oï qi l'entent à grant peine. [a]

8.

Li cons Rolans...
Par quatre foiz a Montjoie escriée ;
Prent l'olifant, si sone la menée ;
Lo cheval broche tote une randonée,
Puis va férir de sa trenchant espée...
De Durendart q'il a molt bien provée. [b]

9.

Rollans ad mis l'olifan à sa buche,
Empeint le ben, par grant vertut le sunet.
Halt sunt li pui e la voiz est mult lunge,
Granz trente liuues l'oïrent-il respundre :
Karles l'oït e ses cumpaignes tutes. Aoi. [c]

10.

Li quens Rollans par peine e par ahans,
Par grant dulor, sunet sun olifan ;
Par mi la buche en salt fors li cler sancs,
De sun cervel le temple en est rumpant.
Del corn qu'il tient l'oïe en est mult grant :
Karles l'entent, ki est as porz passant. [d]

11.

Li quens Rollans a la buche sanglente,
De sun cervel rumput en est li temple ;

11.

L'olifan sunet à dulor e à peine ;
Karles l'oït, e ses Franceis l'entendent. [e]

III

TRADUCTION DE LA POÉSIE.

Roland, chez qui la force égalait la vaillance, [5]
Du souffle comprimé de ses larges poumons [2]
Fit retentir son cor avec tant de puissance [7]
Que l'air en a frémi jusqu'au delà des monts ; [3-9]
Mais l'effort à tel point surpassa la nature, [11]
Que de son front les os en furent fracturés, [7-10]
Et l'on a vu surgir, d'une énorme fissure, [2-6]
Sa cervelle en flocons tout de sang diaprés. [3-10]
De Roland cependant, bien qu'à grande distance, [2]
Charlemagne entendit le lugubre signal [3-7]
Annonçant que le sort trahissait son féal, [7]
Et, suivi de ses Francs, courut à la vengeance. [4]

P. Fl.

[a] Chanson de Roncevaux, vers 3157 et suiv. — [b] Vers 3224 et suiv.
[c] Chanson de Roland, couplet cxxxi. — [d] Couplet cxxxii. — [e] Couplet cxxxiii.

IV

DURANDAL.

NEUF TRADITIONS.

1.

Quant Rollans voit que la mors si l'arguë,
De son visaige a la coulor perdue ;
Il esgarda, une bonsne a véue :
Durandart hauce, si l'a dedens ferue,
Et li espée l'a par milieu fandue ;
Rollans l'an trait, à cui la mors arguë :
Quant la voit sainne, touz li sans li remue....
« Dex ! dist li cuens, sainte Marie, aïue !
Hé, Durandart de bonne connéue,
Quant je vous lais, grans dolors m'est créue;
Tante bataille aurai de voz vaincue,
Et tantes terres en aurai assaillue
Que or tient Kalles à la barbe chenue ;
Jà Deu ne place qui se mist en la nue
Que mauvais hom vous ait au flanc pandue !
A mon vivant ne me serez tolue,
Qu'an mon vivant vous ai lonc tans éue :
Tex n'iert jamais en France l'absolue. [a]

2.

Li dus Rollans voit la mort qui l'engraingne,
Tint Durandart, pas ne li fu estraingne ;
Grant cop en fiert ou perron de sartaingne,
Tout le porfant et dépièce et dégraingne ;
Quant Durandars ne ploie ne méhaingne,
Sa dolors tote li espant et engraingne.
« Hé, Durandart ! com iez de bonne ou-
               [vraingne;
Dex ne consent que mauvais hom la teingne !
Kalles estoit enz el val de Moraingne,
L'angres li dist sans nulle demoraingne
Qu'il la donnast au prince de chastaingne ;
Il la me ceinst, n'est drois que il s'en plain-
               [gne. »
Et dist Rollans à la chière grifaingne :....
« Jà Deu ne place, qui tout a en son règne,
De ceste espée que mauvais hom la ceingne;
Mieus voil morir qu'antre païens remaingne,
Et France en ait et dolor et souffraingne :
Jà Deu ne place que ce lor en avaingne ! » [b]

3.

Quant Rollans voit que la mors si l'aigrie,
Tint Durandart où li ors reflambie ;
Fiert el perron, que ne l'espargne mie,
Tresqu'en milieu a la pierre tranchie :
Fors est l'espée, n'est frainte ne brisie,
Or la regrète et raconte sa vie :
« Hé, Durandart ! de grant sainté garnie,
Dedens ton poing a molt grant seingnorie;
Un dent saint Pierre et dou sanc saint Denise,

4.

Rolans senti qe la mors mot l'arguë,
Sor piez se lième, qanq'il pot s'esvertue ;
De son visage a la color perdue.
Prist Durendart s'espée tote nue ;
Devant lui a une piere véue,
Ne la meuast li buef d'une chesrue :
Grans cols i fiert, par grant dolor s'arguë ;
Crost ni acers, qi point ne se remue :
De Durendal a la piere fendue.

[a-b] Bibl. du Roi, li romans de Roncevaux, manuscrit 7227-5, fol. 14 v°,
c. 1 et suiv.

3.

Dou vestiment i a sainte Marie ;
Il n'est pas drois païens t'ait en baillie,
De crestiens dois iestre bien servie, ·
Mainte bataille aurai de toi fornie
Et mainte terre conquise et agastie
Que or tient Kalles à la barbe florie,
Li empereres en a grant manandie :
Hom qui te port ne face coardie.
Dex ne consente que France en soit honnie ! » [a]

4.

Rolans a dit : « Espée conéue,
Tante bataille en ai faite et vencue,
As Sarrazins vus estes chier vendue....
Durendal clère, belle, trenchant, aguë
(Dex ! tante terre en ai-je combatue
Qe Karlles tient à la barbe chenue),
Ne vos ait hom qi por autre [vus] mue ;
A mon vivant ne me serez tolue ! » [b]

5.

Li cons Rolans tint s'espée forbie ;
De briser la ot merveilose envie :
Fiert en la piere qi ert grant et fornie ;
Crost ni acers, amont est resortie.
Quant voit li cons q'il ne l' malmetra mie,
Fortment le pleint, je ne m'en merveil mie :
« E, Durendart ! bonne spée sartie,
Par tante terre avez esté m' amie....
Il n'est pas droiz qe païens vos ralt mie,
De cristiens devez estre servie.
Mainte bataille en a esté fornie,
Et mainte terre dont France a segnorie,
Qe Karlles tient à la barbe florie.
Ne est pas droit, por la fé qe vos dic,
Hon qi te port en face coardie.
Dex, ne sofrez qe France en soit honie ! [c]

6.

Quant voit Rolans qe la mort l'entreprent,
Car par les els li cervals li descent,
Par les orelles n'ot-il mais ne entent,
Tinst Durendart al pom d'or et d'argent,
Fiert en la piere, bote pié et estent ;
Ne la pot fraindre, qe Dex ne li consent. [d]

7.

Ço sent Rollans la véue a perdue,
Met sei sur piez, quanqu'il poet s'esvertuet ;
En sun visage sa culur ad perdue.
De devant lui od une perre byse,
Dix colps i fiert par doel e par rancune ;
Cruist li acers, ne freint n'esgruignet ;
E dist li quens : « Sancte Marie, aïue !
E, Durendal bone ! si mare fustes,

8.

Rollans férit el perrun de sardoine ;
Cruist li acer, ne briset ne n'esgruine.
Quant il ço vit que n'en pout mie freindre,
A sei-méisme la cumencet à pleindre :
« E, Durendal ! cum es bele e clere e blanche !
Cuntre soleill si luises e reflambes !
Carles esteit ès vals de Moriane
Quant Deus del cel li mandat par sun angle

---

[a] Li romans de Roncevaux, manuscrit 7227-5, fol. 14 v°, col. 2.

[b] Chanson de Roncevaux, supplém. franç., Ms. 254-21, vers 4033 et suiv.

[c] Vers 4054 et suiv. — [d] Vers 4086 et suiv.

7.

Quant jo mei prod de vos n'en ai mès cure.
Tantes batailles en camp en ai vencues
E tantes teres larges escumbatues
Que Carles tient ki la barbe ad canue !
Ne vos ait hume ki pur altre fuiet !
Mult bon vassal vos ad lung tens tenue ;
Jamais n'ert tel en France l'asolue. » [a]

8.

Qu'il te dunast à un conte cataigne.
Dunc la me ceinst li gentilz reis, li magnes ;
Jo l'en cunquis Provence e Equitaigne,
E Lumbardie e trestute Rormaine,....
Cunquis l'en ai païs e teres tantes
Que Carles tient, ki ad la barbe blanche...
Mielz voeill murir qu'entre païens remaigne.
Deus père, n'en laiseit hunir France ! [b]

9.

Rollans férit en une perre bise,
Plus en abat que jo ne vos sai dire.
L'espée cruist, ne fruisset ne ne brise,
Cuntre ciel amunt est resortie.
Quant veit li quens que ne la freindrat mie,
Mult dulcement la pleinst à sei-méisme :
« E, Durendal ! cum es bele e seintisme !
En l'oriet punt asez i ad reliques :
La dent seint Pere e del sanc seint Basilie,

9.

E des chevels mun seignor seint Denise,
Del vestement i ad seinte Marie ;
Il n'en est dreiz que païens te baillisent :
De chrestiens deverez estre servie.
Ne vos ait hume ki facet cuardie !
Mult larges teres de vus averai cunquises
Que Carles tent ki la barbe ad flurie ;
Et li emperères en est ber e riches. » [c]

IV

TRADUCTION DE LA POÉSIE.

L'héroïque Roland, luttant contre la mort, [1-4]
Que, malgré sa faiblesse, il affronte et méprise, [7]
Un instant ranimé, saisit avec transport [4-7]
Sa formidable épée, et d'un bras toujours fort [1-2]
En fait gémir le roc qui sous le coup se brise [1-3]
    Et s'envole en éclats... [2-9]
Mais du glaive rebelle à l'effort de son bras [1-9]
    La lame ne s'est point rompue : [1-9]
Frappé d'étonnement à cette étrange vue, [1-2]
« C'en est fait, Durandal, dit-il avec douleur ; [7]
« Il faut nous séparer : adieu, glaive vengeur, [1]

[a] Chanson de Roland, couplet CLXVIII. — [b] Couplet CLXIX. — [c] Couplet CLXX.

« Adieu, soútien de Charle à la barbe chenue; [1-9]
« Comme la foudre au ciel s'élance et fend la nue,
« Tu n'iras plus frapper le Sarrasin au cœur. [4]
« Ah! puisse Dieu garder tant de reliques saintes, [5]
« En ton riche pommeau dévotement enceintes ; [9]
« Et puisse-t-il vouloir, pour comble de bienfaits, [2-8]
« Qu'en de débiles mains tu ne tombes jamais! » [2-5]

P. Fl.

V

MORT DE ROLAND.

NEUF TRADITIONS.

1.

Quant voit Rollans de son tans n'i a plus,
Devers Espaingne est couchiez estendus;
A une main fu dont ses pis batus :
« Dex ! dist-il, sire, à voz rant-je salus;
Ma corpe ranz vous et à vos vertus,
De mes péchiés, des grans et des menus,
Que je ai fais puis que je fui nascus
Jusqu'icest jor que sui ci mors chaüz. »
Ses destres gans en fu à Deu tendus ;
Angre dou ciel en descendirent jus :
Des mains [Rollant] fu li gans recéuz. [a]

2.

Quant Rollans voit que la mors l'entreprent,
Desoz un pin est alez erranment;
Sor l'erbe vert, là s'est couchiez asdens :
Por ce l'a fait que il vueult voirement
Que Kalles die et trestoute sa gent
Dou gentil conte qu'il soit mors conquérant.
Claimme sa corpe et menu et souvent;
Por ses péchiés vers Deu son gaige tent :
Li angre Deu le prinrent erramment. [b]

3.

Rollans se gist soz un aubre foilli,
Devers Espaingne a retorné son vis;
De maintes choses à porpanser se prinst,
De tantes terres comme il a conquis,
De douce France, de ceuls de son païs,
Et des Fransois, par cui il a tel pris;

4.

Quant voit Rolans qe si est décéu,
En Roncevaus a paié grief tréu,
Li douze pers i sunt mort et vancu;
Li rois de France en ert mot irascu,
En orfenté en est son cors chéu.
Rolans estoit en son un pui agu,

[a-b] Li romans de Roncevaux, manuscrit 7227-5, fol. 14 v°, c. 1-15 r°, c. 1.

26

3.

Ne puet muer que ne plort li marchis,
Et lui-méismez ne puet maitre en oubli ;
Claimme sa corpe, si prie Deu mercis....
Ses destres gans en fu vers Deu offris.
Desoz son bras estoit ses elmes mis ;
Jointes ses mains, l'a la mors entreprins ;
Dex li tramist ses angres bénéis,
Saint Gabriel et bien des autres dis ;
L'arme de lui portent en paradis. [a]

4.

A ses deus meins en ot son piz batu :
« Dex ! moie cope, par la toie vertu,
Des grant péchez dont qit estre perdu
Cist las péchere, dès l'ore qe nez fu
Tresc'à cest jor qe ci est conséu. »
Son destre gant a contremont tendu ;
Li cels ovri, les angle i sunt venu
Qi metront s'arme en joie et en salu. [b]

5.

Quant voit Rolans qe la mort l'entreprent,
Car par les els li cervals li descent,
Par les orelles n'ot-il mais ne entent....
La mort l'arguë et poignot mot sovent,
Mot estoit près de son trespassement ;
Sor l'erbe verde s'est cochez ploramment,
Son vis torna vers Espeigne la grant :
Por ce l'a fait qe il velt voirement
Qe Karles die à trestote sa gent :
Li gentis cons est mors conquiramment.
Cleime sa cope et menu et sovent :
« Dame-Deo père, pater omnipotent,
Sainte Marie, m'arme et mon cors vos rent,
En som cest mont vos en faz un présent. » [c]

6.

Desor lo pui se jut li cons Rolans,
Son vis torna vers Espeigne la grant,
De meintes coses se vout lors remembrant ;...
Or set-il bien ne puet aler avant
Qe il ne muire orendroit maintenant.
Bati sa cope, mot fu ben repentant,
De ses péchiez fu voir regéissant.
Lors réclama le glorios puissant
Qi de la Virgine nasqui en Balliant....
« Dame-Deu père, tot issi voirement
Come ge l' croi et sai à esciant,
Garisez m'arme par le vostre commant. »
Lors s'aclina sor son escu vaillant ;
Il joint ses meins, l'arme s'en va cantant ;
Angle enpené le portèrent à tant ;
En paradis le posèrent riant
Devant Jhésu, où a de joies tant,
Ne l' vus pot dire nus clerc tant fust lisant. [d]

7.

Ço sent Rollans que la mort le tresprent,
Devers la teste sur le quer li descent ;
Desuz un pin i est alet curant,
Sur l'erbe verte si est culchet adenz ;
Desuz lui met s'espée e l'olifan ensument,
Turnat la teste vers la païene gent,

8.

Ço sent Rollans de sun tens n'i ad plus ;
Devers Espaigne est en un pui agut,
A l'une main si ad sun piz batud :
« Deus ! meie culpe vers les tues vertuz
De mes pecchez, des granz e des menuz,
Que jo ai fait dès l'ure que nez fui

---

[a] Li romans de Roncevaux, ms. 7227-5, fol. 15 r°, c. 1.

[b] Chanson de Roncevaux, Bibl. du Roi, suppl. fr., ms. 254-21, vers 4072 et suiv. — [c] Vers 4086 et suiv. — [d] Vers 4118 et suiv.

7.

Pur ço l'at fait que il voelt veirement
Que Carles diet e trestute sa gent
Li gentilz quens qu'il fut mort cunquérant,
Cleimet sa culpe e menut e suvent,
Pur ses pecchez Deu recleimet, en puroffrid
                              [lo guant. Aoi. [a]

8.

Tresqu'à cest jur que ci sui consoüt. »
Sun destre guant en ad vers Deu tendut ;
Angles del ciel i descendent à lui. Aoi. [b]

9.

Li quens Rollans se jut desuz un pin,
Envers Espaigne en ad turnet sun vis ;
De plusurs choses à remembrer li prist :
De tantes teres cum li bers cunquist,
De dulce France, des humes de sun lign,
De Carlemagne sun seignor ki l' nurrit.
Ne poet muer n'en plurt e ne suspirt ;
Mais lui-méisme ne volt mettre en ubli,
Cleimet sa culpe, si priet Deu mercit....

9.

Sun destre guant à Deu en puroffrit,
Seint Gabriel de sa main le ad pris.
Desur sun braz teneit le chef enclin,
Juntes ses mains est alet à sa fin.
Deus [i] tramist sun angle chérubin
E seint Michel.... del péril,
Ensemble od els seint Gabriel i vint :
L'anme del cunte portent en paréis. [c]

V

TRADUCTION DE LA POÉSIE.

Le valeureux Roland, à l'âme grande et fière, [9]
Sent que du temps pour lui va s'arrêter le cours, [1-8]
Et pourtant épuisé, gisant sur la poussière, [6-7]
C'est vers le Sarrasin qu'il se tourne toujours. [1-7]
Ah ! pour Charles le Grand, cette fin qu'il ignore,
Cette héroïque fin, est un triomphe encore. [2-7]
« O France ! » s'écria d'un accent douloureux
Le héros expirant, « reçois mes derniers vœux ! » [3-9]
Et puis levant au ciel ses yeux baignés de larmes, [3-9]
« A tes pieds, ô mon Dieu, je dépose les armes, » [7]
Ajouta-t-il encore avec humilité, [6-8]
« Et ce gant, si souvent à l'ennemi jeté, [1-8]
« De ma fervente foi qu'il devienne le gage, [1-9]

[a] Chanson de Roland, couplet CLXXI. — [b] Couplet CLXXII. — [c] Couplet CLXXIII.

« Et m'obtienne l'oubli de quelque jeune erreur. » [1-8]
En souvenir alors de son mâle courage,
Il prend son casque d'or, le presse sur son cœur, [8]
Et, se sentant faiblir en sa douleur extrême,
Religieusement attend l'heure suprême [3-6]
En se joignant les mains par un dernier effort : [3-9]
C'est alors seulement qu'ose frapper la Mort.... [3-9]
Et son âme, au milieu d'un concert de louanges, [1-8]
Prend la route du ciel sur les ailes des anges. [3-6]

P. FL.

VI

ADIEUX D'AUDE.

TROIS TRADITIONS *.

1.

Aude i corrut, que ne se pot celer ;
Desus Rollant se commence à torner ;
Trestouz ses dras li fist dès ore oster
Et le suaire por la char esgarder
Qu'il ot blecie des grans cops endurer,
Et ot noircie por ses armes porter.
Aude se pasme, si commence à crier :
« Sire Rollant, dist la bele au vis cler,
Por amor Deu qui se laissa pener,
Jà sui-je Aude cui tant soliez amer ;
Ne puis vos iex véoir ne esgarder,
Ne vostre bouche à la moie parler. »
Lors se repasme, ne pot sus piés ester. [a]

2.

Desus Rollant a sa chière guenchie,
Leva le paile de soie d'Aumarie
Et le cendal qui fu fais en Nubie,
Et voit la char qui fu tainte et noircie ;
Sa blanche bouche dont la lèvre est partie,
N'est pas merveille, car grant soif ot souffrie
En Ronscevax, entre la gent haïe.
Aude se pasme, molt hautement s'escrie :
« Sire Rollant, jà sui-je vostre amie ;
Por amor Deu, avez-me-vous guerpie ?
Je me fi tant en Deu le fil Marie,
Que je icre hui o vostre compaingnie. »
Lors se repasme, si s'est esvanuïe. [b]

* Il existe d'autres traditions où intervient l'amour fraternel en concurrence avec un amour que l'hymen n'avait pas sanctionné. (Voir Suppl. français, manuscrit 254-21.)

[a-b] Li romans de Roncevaux, manuscrit 7227-5, fol. 31 v°, c. 1-2.

<table>
<tr><td>3.</td><td>3.</td></tr>
<tr><td>Desus Rollant se jut bele Aude enclinne,</td><td>Parlez à moi, frans cuens de bonne orinne;</td></tr>
<tr><td>Plore des iex et sa face esgratinne;</td><td>Car m'ammors est vers la vostre plévie,</td></tr>
<tr><td>Li saus li cort aval sor la poitrinne</td><td>Olivier frère, com or sui orpheninne!</td></tr>
<tr><td>Qui plus est blanche que n'est flors d'aubes-</td><td>Lasse! mar vi celle gent sarrazinne;</td></tr>
<tr><td>[pinne,</td><td>Qui qu'en ait joie, g'en sui lasse frarinne. »</td></tr>
<tr><td>« Sire Rollant, dist Aude la meschinne,</td><td>A icest mot r'est chauë souvinne. [a]</td></tr>
</table>

VI

TRADUCTION DE LA POÉSIE.

Près du corps de Roland Aude accourt éperduc, [1-2]
Pâle, les yeux hagards et l'âme tout émue,
Sur lui se précipite, ouvre son vêtement, [1-2]
Soulève le linceul : dans son égarement [1-2]
Tel est son désespoir, tel son affreux courage, [1]
      Que de sa propre main
On la voit se frapper, déchirer son visage [3]
Et de sang empourprer la blancheur de son sein... [3]
Pourtant elle s'écrie, à l'aspect des blessures [1]
De ce corps macéré de noires meurtrissures : [*] [1]
« Je suis Aude, Roland, l'Aude que tu chéris, [1-2]
« Celle pour qui le jour sans toi n'a plus de prix. [2]
« Ah! que j'obtienne encor un seul mot de ta bouche, [1-3]
« De tes regards un seul qui me charme et me touche, [1]
« Puis à toi m'unissant et d'esprit et de corps, [2]
« Je te suis sans regret aux régions des morts... » [2]
Enfin perdant la voix, et la vue, et l'ouïe, [1-3]
La belle Aude chancelle et tombe évanouie. [1-3]

P. Fl.

---

[a] Li romans de Roncevaux, manuscrit 7227-5, fol. 31 v°, c. 1-2.

[*] Les Basques, du haut de leurs montagnes, firent rouler des projectiles qui lapidèrent l'armée de Charlemagne :

> Quand Dieu fait des montagnes, c'est pour que les hommes ne les franchissent pas.
> Mais les rochers en roulant tombent, ils écrasent les troupes.
>   ALTABICAREN CANTUA. Journal de l'Institut historique, t. I, p. 176-179.

VII

CHATEAU-FORT.

TRADITION TRIPLE.

1.

Castel-Fors est fermés en un valcel,
Sus une roce qi est du tans Abel;
Caïns le fist et li fil Ysraël.
Une fontaine sort en mi le castel,
Par un conduit vint corant à ruissel;
Laver i puent serjant et damoisel,
Borjois et dames, chevalier et dansel,
Et redescent d'autre part au tuiel,
Parmi la tor qi fu faite à cisel....
Une eue rade cort entor le castel....
Là fu Ogier qi i fait son avel;
Kallon ne prise vaillant un calemel;
Quant il velt faire à ceaus defors cenbel,
Dont fait tentir un petit moeniel. [a]

3.

En castiel entrent, s'ont la porte fermée,
Le pont levé, la caaine tirée;
Mult ricement fu la porte hordée.
Ogiers en monte sus en la tor quarrée,
Et l'ost se loge contreval à la prée....
Et Kalles jure le Roi de Galilée
N'en partira por vent ne por gelée,

2.

Castials-Fors siet fermés en un regor,
En une roce du tans ancianor :
Li marescages fu mult grans tot entor,
Qui si pantoise le trait d'un arc d'aubor;
N'i entreroit serjans ne vavasor,
Muls ne somers, cevals ne missodor,
Qui du fangar issist mais à nul jor.
De l'autre part une eue rade cort,
Noire et hiddeuse, qi là bat à la tor.
Kalles li rois l'assist par grant vigor,
Forment maldist Ogier le pugnéor,
Li et ses homes ocirra à dolor;
Mais se Deu plaist, li verai créator,
De li mal faire n'ara pooir nul jor. [b]

3.

Si ert la tor jus aval cravantée,
Qui si siet droit sus la roche quarrée
(Caïns le fist, il et Abel ses frère),
Et Ogiers pris et sa gent lapidée;
Mais je quid ben q'il a folle pensée :
Lonc-tans i puet faire la demorée,
Ne le prendroit ne rois ne emperere. [c]

VII

TRADUCTION DE LA POÉSIE.

Ogier, soumis aux disgraces du sort, [1]
   Cède au nombre, et dans Château-Fort, [2]
    Suivi des siens qu'il y ramène, [3]
Entre, lève le pont, solidement l'enchaîne, [3]
     Et fait qu'en un moment
     La herse tombe lourdement. [3]
Toujours le cœur rempli d'une noble vaillance, [1]

[a]–[b]–[c] La Chevalerie Ogier, p. 269 et suiv.

Observant l'ennemi du sommet de sa tour, [3]

Sans s'émouvoir Ogier voit Charles qui s'avance [1]

Et ses milliers de preux dont s'obscurcit le jour, [3]

Élevant sous leurs pas un brouillard de poussière ;

Tandis que furieux, levant sa tête altière,

Charles de loin aussi l'aperçoit à son tour, [2]

Et jure le saint nom du grand roi de Judée, [3]

Que dût par les démons la place être gardée,

Il saura la contraindre à se rendre au plus fort, [2]

Et qu'il lui faut Ogier à merci, vif ou mort. [3]

Mais sur son roc assis et d'antique origine, [1]

Entouré d'un immense et fétide marais, [2]

Château-Fort est semblable au géant qui domine

Et punit qui l'offense, ou de loin ou de près : [2]

Charles déçu l'apprend... Sa menace frivole [2-3]

Comme une feuille sèche au gré du vent s'envole !

P. FL.

VIII

INCENDIE D'ORIGNY.

TRADITION TRIPLE.

1.	2.
Bien se desfendent li jouene et li chenu :	Li quens Raous ot molt le quer irié
Raous le voit, le quer ot irasqu,	Por les borgois qui l'ont contraloié ;
Il jure Dieu et la soie vertu,	Dieu en jura et la soie pitié
Se tuit ne sont afolé et pendu	Qu'il ne laroit por Rains l'arseveschié
Il ne se prise valisant un festu.	Que toz ne's arde ainz qu'il soit anuitié.
A vois s'escrie : « Baron, touchiés le fu ! »	Le fu cria, esquier l'ont touchié :
Et il si fisent quant il l'ont entendu,	Ardent ces sales et fondent cil planchier,
Car au gaaing sont volentiers venu.	Tounel esprenent, li sercle sont trenchié ;
Malement a Raous convent tenu	Li effant ardent à duel et à péchié.
Qui entre lui et l'abéese fu ;	Li quens Raous en a mal esploitié ;
Le jor lor a rendu malvais salu :	Le jor devant ot Marcent fiancié
Le borc ont ars, n'i a rien remasu... [a]	Que n'i perdroient nesun paile ploié :
	Le jor les art, tant par fu erragiés.
	El mostier fuient, ne lor a preu aidié. [b]

[a-b] Li romans de Raoul de Cambrai, p. 58-60.

3.

Li quens Raous, qui le coraige ot fier,
A fait le feu par les rues fichier :
Ardent ces loges, ci fondent li planchier ;
Li vin espandent et fondent li célié ;
Li bacon ardent, si chiéent li lardié
Et li sains fait le grant feu esforcier ;
Fiert soi es tors et el maistre cloichier ;

3.

Les covretures covint jus trébuchier.
Entre deus murs ot si grant charbonier,
Les nonains ardent, trop i ot grant brasier ;
Totes .c. ardent par molt grant encombrier.
Art i Marsens qui fu mère Bernier,
Et Clamados la fille au duc Renier ;
Parmi l'arcins les covint afflairer. [a]

VIII.

TRADUCTION DE LA POÉSIE.

Tandis que d'Origny les zélés habitants [1-2]
Marchent contre Raoul, pour leur saint monastère, [1]
Ce traître chevalier, parjure à ses serments, [1-2]
Ne pouvant les combattre en loyal adversaire,
S'en éloigne et s'écrie : « Armons-nous de brandons; [1]
« Le feu! partout le feu! point de pitié, barons ! » [1-2]
Et montrant le couvent, où chacun d'eux s'élance, [1-2]
Il y court, et soudain l'embrasement commence : [2]
Du cloître il va gagner les cellules des sœurs, [3]
Envahit le cellier où des flots de liqueurs [3]
S'échappent de leurs fûts; et cette mer ardente, [3]
Dont s'inonde le sol, de sa flamme alimente [3]
Le goufre insatiable où viennent trébucher [3]
Des masses de lambris, des monceaux de charpente. [3]
Mais... quel bruit, quel fracas vient jeter l'épouvante !
Du faîte l'incendie a gagné le clocher; [3]
Tout s'écroule à la fois, la flèche, les murailles ; [3]
Là, tout être vivant trouve ses funérailles, [2]
Là s'exhalent vers Dieu, le dernier vœu du cœur [3]
Et le dernier soupir des vierges du Seigneur. [2-3]

P. FL.

[a] Li romans de Raoul de Cambrai, p. 58-60.

IX

ADIEUX D'UNE MÈRE.

SIX TRADITIONS.

1.

Filz Viviens, douce char, bone aïue,
Apert viaire, fière regardéure,
Si pou vous ai baillie et maintenue !
Tuit li baron moult merveillié en furent.
Dist l'un à l'autre : « Ceste foi est moult dure ;
Fu oncmès fame en cest siècle nesune
Qui son anfant amenast et condure
Où il fust morz et livrez à marture ? » [a]

2.

Filz Viviens, ce dist la gentil dame,
Ne vous envoi, beaus filz, por armes pren-
[dre,
Ne por haubert, por escu ne por lance ;
Mès por la mort dont je sui en fiance.
Filz Viviens, por ce n'as espérance
En Sarrasins qui en prendront venjance.
Filz Viviens, de voz beles enfances,
Qui tant estoient beles et avenances,
Me destraint moult le cuer dedenz le ven-
[tre. [b]

3.

Filz Viviens, or prendrai de ton poil
Et de la char des ongles de tes doiz
Qui plus sont blars que hermine ne nois ;
Enprès mon cors les lierai estroit,
S'es reverré as festes et as mois,
Lors esteindré la grant dolor, aioi ! *
Encor me membre, beaus filz, d'un mot cor-
[tois
Que vous déistes n'a mie quatre mois ;
Dedenz ma chanbre séistes joste moi,
Et je ploroie de Garin le cortois,
Vous me déistes : « Bele mère, qu'avois ?
La mort mon père porquoi ramentevois ?
Se je vif tant que je port mes conrois,
Parmi Espaigne ne porra remanoir
Que la vengance tote prise n'en soit. » [c]

4.

Filz Viviens, la gentil dame dist,
Tu fez ausi com l'aignelet petit
Lesse sa mère quant voit le leu venir,
Et ele trueve si très male merci
Qu'il la mengue et met tot à déclin.
Or vendra Pasques, une feste en avril :
Cil damoisel sont chaucié et vesti,
Vont en rivière por lor gibier tenir ;
En leur poinz portent faucons et esmeriz :
Ne t'i verré ne aler ne venir.
Hé, Mort ! quar vien, si me pren et oci :
Duel et domages est ore que je vif ! [d]

[a-b-c-d] Guillaume d'Orange. Les Enfances Vivien, manuscrit 7186-3,
fol. 54 v°, c. 1-2 ; ms. La Vall. 23, olim 2735, t. I, fol. 112 r° et v° ; manuscrit 6985, fol. 174 r°, c. 2-3.

* Cette interjection se trouve répétée plusieurs fois dans le manuscrit.

5.

Filz Viviens, très-douce créature,
Apert viaire, fière regardéure,
Nourri vous ai, s'en sui moult irascue.
Touz les barons en firent chière mue,
De la douleur que la dame a éue;
Dist l'un à l'autre : « Ceste foy est moult dure !
Fu oncmès fame en cest siècle nascue,
Qui son enfant méist en aventure
Où il fust mort et livré à martire ? » [a]

6.

Filz Vivien, la gentil dame dist,
Tu fez aussi com l'aignelet petit
Lesse la mère quant voit le leu venir,
Et il y trueve si très-dure merci
Que tantost l'a estranglé et murdri,
Et le menjue et met à male fin.
Or vendra Pasques, une feste par ci :
Cil damoisel sont chaucié et vesti,
Vont en rivière por leur gibier tenir,
Et sus leur poinz portent faucons gentis,
Esmerillons, espevriers bien apris ;
Ne vous verrai ne aler ne venir.
Hé, Mort ! quar vien, si me pren et occi !
Damage et duel sera se je tant vif ! [b]

IX

TRADUCTION DE LA POÉSIE.

Mon fils, ô mon cher fils, il faut nous séparer,

Et ce n'est point, hélas ! pour revêtir l'armure , [2]

Des jeunes chevaliers la première parure ; [2]

Non, non, trop cher enfant... Ah ! laisse-moi pleurer !... [3]

En dépit de tes vœux et de mon espérance, [2]

Je ne te verrai point armé pour la vengeance [3]

De ton père captif et peut-être au tombeau. [3]

Toi-même, mon cher fils, semblable au jeune agneau, [4-6]

Ainsi que lui victime et privé de ta mère, [4-6]

Tu vas, te dévouant pour ton malheureux père , [3]

     Courber ton front sous le couteau ; [4-6]

   Car de pitié pour ton âge si tendre , [2]

Des féroces païens, il n'en faut point attendre : [2]

     Tu seras immolé par eux. [6]

Ah ! de toi qu'il me reste au moins quelque parcelle , [3]

[a] Manuscrit La Vall. 23, olim 2735, t. I, fol. 112 r°, c. 2.
[b] Même manuscrit, fol. 112 v°, c. 1.

Ne fût-ce qu'un anneau de tes si doux cheveux, [3]
Qui fixé sur mon cœur, sans cesse me rappelle [3]
Ce jour, ce triste jour de nos derniers adieux.
Aux champs de nos barons, alors que vont renaître, [4]
Avec le doux printemps, les plaisirs et les jeux, [4-6]
Parmi leurs nobles fils, rayonnant et joyeux [4-6]
    On ne te verra plus paraître. [4-6]
Fasse le ciel au moins, pour adoucir mon sort, [6]
Que ton dernier instant soit celui de ma mort ! [4-6]

P. FL.

X

VILLE D'ORANGE CONVOITÉE.

HUIT TRADITIONS.

1.

Tel fortelesce n'a jusqu'au flum Jordane :
Haut sont li mur et la tor grant et anple
Et le palès et les reconneïssances ;
Là dedenz a vingt mil païens à lances
Et sept xx Turs qui ont chières ensaignes,
Qui molt bien gardent cele cité d'Orenge,
Que molt redoutent rois Looïs ne la prai-
            [gne,
Et vous, biau sire, et les barons de France,
Et Arragons, uns riches rois aufaigne,
Filz est Tiébaut de la terre d'Espaigne,
Et dame Orable, une roïne gente ;
Il n'a si bele desi en Oriente :
Bel a le cors, eschevie est et gente,
Blanche la char comme la flor en l'ente.
Dex ! mar i fu ses cors et sa jovente
Quant Dieu ne croit le père omnipotente !
— Voir, dit Guillaume, molt est de grant
            [poissance,
Mès par celui en cui j'ai ma fiance,

2.

Se voiez ore le palès principel
Comme il est haut et tot entor fermé :
Encontremont a-il que regarder.
S'i estiez le premier jor d'esté,
Lors orriez les oiseillons chanter,
Crier faucons et ces ostoirs muez,
Chevaus bennir et ces muls rechaner,
Ces Sarrasins desduire et déporter,
Ces douces herbes i flèrent molt soef,
Pitre et quanele, dont il i a planté.
Là porriez dame Orable aviser,
Ce est la feme au roi Tiébaut l'Escler ;
Il n'a si bele en la crestienté
N'en païenie qu'en i sache trover :
Bel a le cors eschevi et mollé,
Et vairs les eulz comme faucon mué.
Tant mar i fu la seue grant beauté !
Quant Dieu ne croit et la seue bonté !
Uns gentilz hom s'en péust déporter.
Bien i fust sauve, s'el' vosist créanter.

1.

Or ne quier mais porter escu ne lance
Se ge par tens n'i port ma connoissance. [a]

2.

Et dist Guillaumes : « Foi que doi S. Omer,
Amis biau frère, bien les avez loé ;
Mès par celui qui tot a à sauver,
Ge ne quier mès lance ne escu porter,
Se ge ne n'ai la dame et la cité. » [b]

3.

Se véiez le palès de la vile,
Qui toz est fez à voltes et à lices,
(Si l'estora Grifonnez d'Aumarice,
Un Sarrasin de molt merveilleus vice) ;
Il ne croist fleur desi que en Pavie
Qui n'i soit painte à or et par mestrie.
Là dedenz est Orable la roïne,
Ce est la feme au roi Tiébaut d'Aufrique ;
Il n'a si bele en tote païenie :
Bel a le cors, s'est bele et eschevie ;
Blanche la char comme la flour d'espine,
Vars eulz et clers qui tot adès li rient.
Tant mar i fust la seue guaillardie
Quant Dieu ne croit le fil sainte Marie.
— Voir, dist Guillaume, en grant pris l'as or
             [mise,
Mès par la foi que ge doi à m'amie,
Ne maingerai de pain fet de farine,
Ne char salée, ne bevrai vin sor lie
S'aurai véu com Orenge est assise,
Et si verrai icele tor marbrine
Et dame Orable la cortoise roïne ;
La seue amor me destraint et justise
Que ne l' porroie ne penser ne descrire :
Se ge ne l'ai, par tens perdrai la vie. [c]

4.

S'estiez ore el palès de la vile
Et véissiez cele gent sarrazine,
Connoistrent vous à la boce et au rire,
Et lors espoir voz menront en Persie ;
Mengerent voz sanz pain et sanz farine ;
Ne targerent que il ne vous ocient ;
Giterent vous en lor chartre perrine,
N'en istrois mès à nul jor de vos vie,
Tant que venra le roi Tiébaut d'Aufrique
Et Desramez et Golias de Bile :
A lor talent feront de vous justise,
Se par amors estes mis à joïse,
Dont porra dire la gent de nostre enpire
Que mar véistes Orable la roïne.
— Voir, dit Guillaume, ce ne redot-je mie,
Que par l'apostre qu'en requiert en Galice
Miex voil morir et aerdre la vie,
Que je menjuce de pain ne de farine,
De char salée ne de vin viez sor lie,
S'ançois verrai com Orenge est assise
Et Gloriete, icele tor marbrine,
Et dame Orable la cortoise roïne,
La seue amor me destraint et justise :
Home qui aime est plains de desverie. [d]

[a-b-c-d] **Charroi de Nimes. Prise d'Orange**, ms. 6985 , fol. 167 v°,
c. 2-168 ; manuscrit 7186-3, fol. 43 r° et v° ; ms. La Vall. 23, olim 2735,
t. I, fol. 100 r°, c. 1.

5.

Voir, dit li cuens, ce ne doté-ge rien :
Hom qui bien aime est trestoz enragiez :
Ge ne leroie por les membres tranchier
Ne por nul home qui m'en séust proier
N'aille véoir comment Orenge siet
Et dame Orable qui tant fet à proisier :
La seue amor m'a si fort justisié,
Ne puis dormir par nuit ne somiller,
Ne si ne puis ne boivre ne mengier
Ne porter armes ne monter sus destrier,
N'aler à messe ne entrer en mostier. [a]

6.

Tel forteresce n'a si ques à Florence ;
Les tours sont hautes et li mur grant et am-
                        [ple,
Et le palès et les reconnoissances ;
Là dedenz a vingt mil païens à lances
Et sept cens Turs qui ont chières griphai-
                        [gnes,
Qui moult bien gardent cele cité d'Orenge ;
Mès moult redoutent Loéys ne les prenge
Ou vous, biau sire, au barnage de France.
Et d'Arragonne y est le roy Grifaignes,
Filz est Tiébaut de la terre d'Espaigne,
Et dame Orable une roïne gente,
(Il n'a si bele el royaume de France)
Est là-dedenz en sa mestre tour grande ;
Blanche a la char comme la fleur de l'ente.
Diex ! mar y fu son cors et sa jouvente,
Quant el ne croit la royne des angeles,
Et Jhésu-Christ le père esperitable !
— Voir, dist Guillaume, moult est de grant
                      [vaillance ;
Mès par celui en cui j'ai ma créance,
Ge ne quier mès porter escu ne lance
Se n'ai la dame qui tant est bele et gente. [b]

7.

Se véiez le palès et la vile
Qui tout est fet à compas et à listes
(Si l'estora Griphaigne d'Aumarie,
Uns Sarrasins de moult merveilleus vices).
Il ne croist fleur de nule riens qui vive
Qui n'i soit painte de fin or par mestrie.
Là dedenz est Orable la royne,
Ce est la fame au roy Tiébaut d'Aufrique ;
Il n'a si gente en toute païenie,
Gent a le cors, bele est et eschevie ;

8.

S'estiez ore el palès de la vile
Et véissiez cele gent sarrazine,
Connoistront vous à la boce et au rire ;
Si sauront bien que vous estes espie ;
A leur espoir metront vous en quisine,
Mengeront vous sanz pain et sanz farine ;
Et se il targent que il ne vous occient,
Geteront vous en leur chartre vermine,
N'en istrez mès en toute vostre vie,
Tant que vendra le roy Tiébaut d'Aufrique

[a] Manuscrit 6985, fol. 168 r°, c. 2.
[b] Manuscrit La Vall. 23, olim 2735, t. I, fol. 100 r°, c. 1.

7.

Blanche a la char comme fleur d'aube-es-
               [pine,
Et les yex vairs qui tout adès li rient.
Tant mar i fu la seue bele vie
Quant Dieu ne croit le filz sainte Marie !
— Voir, dist Guillaume, en grant pris l'a-
               [vez mise ;
Mès par la foy que doi à nostre Sire,
Ne mengerai de pain ne de geline,
Ne buverai vin qui soit sus la lie,
S'aurai véu com Orenge est saisie
Et Gloriete la noble tour antie,
Et dame Orable la courtoise royne.
La seue amour durement me mestrie
Si que ne puis bien ne pensser ne dire :
Bien croi par temps en perderai la vie. [a]

8.

Et Desramez et Goulias de Lybe :
A leur talent feront de vous justice ;
Se par tel chose estes mis à juise
Dont porra dire la gent de vostre empire
Que mar amastes Orable la royne.
— Voir, dist Guillaume, à ce ne vois-ge
               [mie ;
Que par l'apostele c'om requiert en Galice,
Miex veull mourir et aperdre la vie,
Que je ne voie com Orenge est assise
Et Gloriete la riche tour antie,
Et dame Orable la courtoise royne ;
La seue amour me destraint et justice :
Hom qui bien aime est plain de druerie. [b]

X

TRADUCTION DE LA POÉSIE.

Sur un sol émaillé des plus brillantes fleurs, [2]
Majestueusement s'élèvent les tourelles [1-6]
D'un superbe palais ciselé de dentelles [1-7]
Et revêtu de marbre aux multiples couleurs. [3-4]
Réunis sous ses murs, armés pour sa défense, [2]
Des milliers de païens, tous ennemis de Dieu, [2-6]
Méditent, pleins de rage, une atroce vengeance, [1-8]
Fatale à tout chrétien qui se montre en ce lieu : [4]
Là mollement repose Orable la charmante, [1-4]
Au regard enchanteur, à la taille élégante, [1-8]
Compagne de Tiébaut *, l'ornement de sa cour, [2-8]

[a] Manuscrit La Vall. 23, olim 2735, t. I, fol. 100 v°, c. 1.

[b] Même ms., fol. 100-101; manuscrit 6985, fol. 189 r°, c. 3.

* Noms latins indiquant des païens hostiles au christianisme, envahisseurs
de la cité d'Orange : « Guillelmus (propinquus Caroli M., filius Theoderici
« comitis. Einhard.) Arausicam urbem obsedit, et fugatis invasoribus eripuit. »

Et si parfaite enfin que , devenant croyante, [6]
Elle serait un ange au céleste séjour. [8]
« Je te la ravirai , ta beauté sans pareille,
« Oui, de par saint Omer, dit Guillaume en jurant, [2]
« Et ton riche palais, d'Orange la merveille,
« D'où je te veux chasser, infâme mécréant.
« Pour jamais je renonce aux charmes de la vie , [3-4]
« Aux douceurs des festins, à boire *vin sur lie,* [3]
« Si je ne les possède au gré de mes désirs, [3-4]
« Ces ravissants objets de tes plus doux plaisirs :
« Ainsi pour toi la honte, à moi seul tant de charmes,
« Ou j'abjure la gloire et je brise mes armes ! » [1-2]

P. Fl.

XI

RETRAITE.

DIX-HUIT TRADITIONS.

1.	2.
Li cuens Guillaume ot molt la chière hardie	Li cuens Guillaume ot Sarazinz otrez ;
Et Dame-Deu li estoit en aïe,	Droit vers Orainges a son chemin torné ,
N'ot que quatorze de soue compainnie ;	Bien s'an cuida aler à sauveté,
Cil sont navré, molt est corte lor vie,	Quant pardavant li sailli Josué,
Mas tant se tindrent an lor conestaublie ;	Cil de Martriste, li fors Matusalez ;
Atant cuidèrent aler à garantie :	Avec auz fu Corsus et Huerez :
Devers Orainges ont lor voie acuillie,	Dix mille furent à vers hiames gemé :
Que à senestre lor sort la gent aïe	Chascuns estoit molt ricemanz armez
Qui or primes issent de lor navie :	Et bons chevaux coranz et abrivéz ;
Vingt mille sunt à bataille raingie,	Tot maintenant ierent issuz des nez.
Rois Baufumez si les chasdelle et guie....	« Dex ! dit Guillaume, qui an crois fu penez,
« Dex ! dit Guillaume, dame sainte Marie,	Quel vif déauble an ont tant asanblez :
Or voi-je bien molt est corte ma vie.	Je cuit de Turs est li monz afondrez,
Dame Guibors, dous cuer et douce amie,	Car ne voiz terre ne mont ne soit rasez ;
Bien sai de voir nostre joie est fenie ;	Ne plainz ne marche que toz ne soit comblez.

Orderic Vital , lib. VI , t. III , p. 7. La tradition modifiait incessamment
les noms des peuples , en substituant les noms contemporains plus célèbres.

1.

Mas ainz que mure ferai une envoiie
Sor ceste jant cui li cors Dex maudie !... » [a]

2.

Mal des putainz qui les ont chaelez !
Mal des gainnons qui les ont anjandrez !
Biax sire Dex, de moi aidier pansez !
Dame Guibort, jemès ne me verrez !... » [b]

3.

Li cuens Guillaume santi frac son cheval ;
Devers Orainges est tornez tot un vaul,
Au dos l'enchause li païen desléaul ;
Pardavant destre li sailli Broduaul,
O lui dix mille de la gent criminaul :
N'i a celui ne n'ait lance poignal
Et riche ansoigne de paille où de sandaul.
Guillaume acuiellent et par plain et par
[vaul....
« Dex ! dit li cuens, pères esperitauz,
. . . . Haidiés vostre vasaul,
Que ancor voie Guibor au cuer léal
Et Loüis l'amperoor reaul,
Et Aymeri mon chier père léau,
Et Amainjart au gent cors naturaul
Et mes bons frères qui sont empériaul ;
Ainz tel bataille ne ot an Ronsevaux,
Se Dex me sauve et g'is de se jornal,
Com je ferai ainz la Nativitau
Sor celle gent qui Dex otroit grant mal ! » [c]

4.

Li cuens Guillaume torna vers la montaigne ;
Au dos l'anchasent dix mille Turs d'Espai-
[gne ;
N'i a celui n'ait penon ou anseigne :
Tuit le menascent à férir an l'antraigne.
« Dex ! dit Guillaume, saint Maloz de Bre-
[taine !
Jemais n'iert ore que mes cors ne se plainne,
Et cil m'anchaucent tel mil païen d'Espai-
[gne,
De moi ociere n'i a nus que s'en foine ;
Les voies covrent et les vaux et les plaiue ;
S'antr'aus m'ambat, fait ai maule bargainne,
Que n'i vaudroit ma force une chastainne,
Tant an i a. Li cors Deu les maiaigne !... » [d]

5.

Li cuens Guillaume est retornez arières
Tot contreval parmi une bruère ;
Roz ot les laz de l'aume de Bavière,
Sa targe ot frainte, n'i ot ploin pié d'antière,
Et son hauber don la maille est doublière.
Li cuens Guillaume a levée sa chière,
Et voit païens et davant et darière,
Plus de dix mille, n'i a cel n'ait bannière
Ou conoisance ou penon ou cropière.
Li cuens Guillaume a dit parole fière :
« Foi que je doi Guibort, cui j'ai tant chière,
Miez vuel morir que une foiz ne fière. »

6.

Lors fu Guillaume anz ou tertré montez,
Voit de païens les granz monz asamblé
Et les granz vaus et les plainz arestez ;
Toz li païs an estoit ci puplez
Que n'i véoit ne passaige ne gai
Où il n'aüst mil Sarazins armez,
Tot por Guillaume qui ne fust achapez.
Or li aït li Rois de maïsté !
Maul iet baillis s'il i est atrapez.
« Dex ! dit Guillaume, qui an crois fu penez,
Ainz por un home n'an vis tant asambler ;
Sainte Marie, et car me secorèz ! »

[a–b–c–d] Bibliothèque du Roi, manuscrit 8202, fol. 9-12 v°.

7.

Li quens Guillaume ot moult la char hardie,
Et Dame-Dieu li estoit en aïe.
De vingt mile homes sanz la bachelerie
Qu'en Aleschans amena en s'aïe,
Qui trestouz ièrent de grant chevalerie,
N'ot que quatorze en toute sa baillie;
Ceus sont navrez, moult est courte lor vie;
Mès tant se tindrent en leur connestablie
C'une bataille de Turs ont desconfite :
Adont quidèrent aler à garandie;
Devers Orenge ont leur voie aquillie,
Quant à senestre leur queurt la gent haïe,
Qui dont à primes issent de leur navie;
Dix mile estoient à bataille rengie,
Roy Baufunez si les chadele et guie.
Là véissiez tante lance drecie,
Tante banière de soie d'Aumarie
Et tant vert yaume, tante targe florie,
Et tante broigne saffrée et coulourie :
De l'or qui luist le païs reflambie.
Tant i sonnèrent de corz à la bondie,
Grelles, buzines i font tele estourmie
Et de tabours mainent tel tabourie
Que tout l'Archant en tentist et frémie :
La noise oit l'en bien de lieue et demie.
Diex les maudie le filz sainte Marie!
Li quens Guillaume les choisist et avise.
Lors ot tel duel à poi n'esraja d'ire;
Dieu réclama, qui partout a justice.
« Or voi-ge bien moult est courte ma vie,
Dame Guibourc, bele suer, douce amie,
La nostre amour sera hui départie :
A tousjours mès est ma joie fenie;
Mès ainz que muire veull fère une envaïe
Sus ces païens que Jhésu maléie !
Que jà chançon qui de moi soit oye
N'aura retret, se Dieu plest, de voisdie,
Que jà nul jour ait fet couardie. » [a]

8.

Si com Guillaume ot Sarrazins passez,
Droit vers Orenge fu son chemin tournez;
Bien en quida aler à sauvetez;
Mès se n'en pensse le Roy de Majestez,
Ancui aura le marchis au court nez
Paine et tourment ainz qu'il soit retournez,
Quar pardevant li saillirent Esclers,
Cil de Malistre, le filz Matussalez,
Avoec lui fu Corssus et Buerez,
Le filz Thiébaut d'Odierne esmerez :
Dix mile estoient as vers heaumes gemez,
As roides lances, as gonphanons fermez,
As nueves targes, as destriers séjornez;
Tout maintenant ierent issuz des trez.
« Diex ! dist Guillaume, qui en croiz fus
                     [penez,
Quiex vilz déables en ont tant amenez !
Je cui li mons est de Turs esfondrez.
Ge ne voi plain ne val n'en soit rasez,
Ne pré ne tertre qui n'en soit tout comblez.
Mal des putains qui les ont chaelez,
Pis des gloutons qui les ont engendrez !
Biau sire Diex, de ma vie penssez ! » [b]

[a] Manuscrit La Vall. 23, olim 2735, t. 1, fol. 198 v°, c. 1.
[b] Même manuscrit, fol. 199 r°, c. 1.

9.

Li quens Guillaume senti fier son cheval,
Droit vers Orenge le guenchist tout un val ;
Au dos l'enchaucent cele gent desloial,
Par devers destre li sailli Brodual,
O lui dix mile de la gent criminal ;
N'i ot celui qui n'ait lance poignal
Et riche enseigne de poile ou de cendal.
Guillaume tolent et le puy et le val,
Devers Orenge n'a point de retornal :
Vers l'Archant torne lez un petit rochal.
Païens chevauchent et font grant batistal,
« Diex ! dist Guillaume, douz père esperital
Qui de la Virge nasquistes sanz nul mal,
Et si soufristes por nous paine mortal,
D'enfer l'oscur brisastes le portal,
Ceus en getastes c'onques puis n'orent mal,
Si com c'est voir, si aidiez vo vassal,
Et Ermenjart la contesse loial,
Et mes chiers frères qui sont empérial.
Onc tel bataille n'orent en Renceval,
Se Diex me sauve, et ge is du jornal,
Que je ferai ainz la Natevital
Sus cele gent qui Diex otroit grant mal ! » [a]

10.

Li quens Guillaume torna vers la montaigne,
Au dos l'enchaucent dix mil païens d'Es-
           [paigne ;
N'i a celui n'ait penon ou enseigne.
« Diex ! dist li quens, saint Malou de Bre-
           [taigne,
En Aleschans ai fet male bargaigne,
N'iert jamès jour que mon cuer ne s'en
           [plaigne :
Ici m'enchaucent tiex mil païens d'Espaigne,
De moi occire n'i a un qui se faigne ;
D'eus voi couvert et le puy et la plaigne :
S'entr'eus m'embat, j'ai fet male gaaigne,
Kar n'i vaudroit ma force une chastaigne.
Se par delà puis avoir la champaigne,
Et cest cheval desouz moi ne méhaigne,
Bien m'en irai parmi cele montaigne
A sauveté maugré la gent griphaigne.
Diex ! or n'ai-ge de chevaliers compaigne !
Ne ge ne sai quel part mon cheval maigne !
Miex veull mourir qu'entre païens remaigne,
Et que ge naje en cele mer hautaigne. » [b]

11.

Li quens Guillaume est retournez arrière,
Tout contreval parmi une bruière ;
Rout sont li laz del yaume de Baivière,
Sa targe iert frète, n'en ot plain doi d'entière,
Sa broigne route et devant et derrière.
Li quens Guillaume a levée sa chière,
Et voit païens et avant et arrière,
Plus de vingt mil qui portoient banière
Ou connoissance ou penon ou croupière.
Le ber Guillaume a dit parole fière :
« Foy que ge doi Guibourc que moult ai
           [chière,
Miex veull mourir qu'encore un cop n'i
           [fière. [c] »

12.

Or fu Guillaume sus le tertre montez ;
Voit de païens touz les mons aroutez
Et touz les vaus et plains et arasez ;
Tout le païs en estoit si peuplez
Qu'il n'i avoit ne passage ne guez
Où il n'éust mil Sarrasins armez,
Tout pour Guillaume qu'il ne fust eschapez.
Or li aït le Roy de Majestez ;
Mal iert bailli se il iert atrapez,
Nel' gariroit tout l'or c'onc fust fondez
Que il ne fust occis et décopez.
« Diex ! dist Guill., par vostre grant bontez,
Qui ainz mès vit tant déables maufez
Que pour un home fussent tant assemblez ?
Sainte Marie, et quar me secourez ! » [d]

<hr>

[a] Manuscrit La Vall. 23, olim 2735, t. I, fol. 199 r°, c. 2. — [b] Fol. 199 r°
et v°. — [c] Fol. 199 v°, c. 1. — [d] Fol. 199-200.

13.

Li quens Guillaume ot molt la char hardie,
Et Dam-le-Deu li estoit en aïe :
De vingt mile homes qu'il avoit en baillie,
Qui trestuit furent de grant chevalerie,
N'ot que quatorze mès en sa compaignie :
Cil sont navré, molt est corte lor vie ;
Mès tant se tindrent en lor connestablie
C'une bataille de Turs ont desconfie :
Adont quidèrent aler à garantie,
Quant devers destre lor sort la gent haïe
Qui donc à prime issent de lor navie :
Dix mile furent en lor connestablie,
Rois Bafumez si les chaele et guie.
Meinte banière, mainte ensaigne i balie,
Et maint vert elme reluit et reflambie :
De l'or qui luist est la terre esclarcie.
Tant i sonnèrent grelles à la bondie,
Cors et boisines meinent tel taborie,
La noise ot l'en d'une liue et demie.
« Dex ! dist Guillaume, dame sainte Marie,
Or voi-je bien molt est corte ma vie.
Dame Guibourt, douce suer, bele amie,
La nostre amor sera hui départie,
A tozjorz mès nostre joie fenie ;
Mès ainz que muire voil fère une envaïe
Que jà juglères, s'il en chante, ne die
Que j'aie feite traïson ne boidie.
Jà en chançon que de moi soit oïe
N'aura retrait, se Dex plet, vilenie ! » [a]

14.

Quant dant Guillaume ot Sarrasins outrez,
Droit vers Orenge fu ses chemins torné ;
Bien s'en cuida aler à sauveté
Quant pardevant li sailli Josuez,
Cil de Mautiste, le filz Matusalez ;
Avec els fu Corsuble et Ahenzé,
Le filz Tiébaut d'Odierne esmerez :
Dix mile estoient as vers heaume jemez,
As hantes roides, as gonfanons fermez,
As noves targes, as destriers abrivez :
Tot maintenant ièrent issu des nez.
« Dex, dist Guillaume, qui en croiz fus pe-
                                    [nez,
Quex vis déables en ont tant assemblez ?
Je cuit des Turs est li monz esfondrez,
Que ne voi terre qui n'en soit tot rasez,
Pleins ne rivière qui n'en soit arestez.
Mar des putains tant en ont chaelez !
Pis des glotons qui les ont engendrez !
Biau sire Dex, de ma vie pensez !
Dame Guibourt, jamès ne me verrez ! » [b]

15.

Li quens Guillaume senti frès son cheval,
Droit vers Orenge est guenchis tot un val ;
Par devers destre li sailli Brodual,
O lui dix mil de la gent criminal ;
N'i a celui qui n'ait lance poignal
A riche ensaigne de poile et de cendal :
Grant noise font li glouton desloial,

16.

Li quens Guillaume torna vers la montaigne,
Au dos le suient cent mil païen d'Espaigne ;
N'i a celui n'ait penon ou ensaigne ;
Tuit le menacent de férir en l'entraigne.
« Dex ! dist li quens, saint Mallou de Bre-
                                    [taigne,
En Aleschans ai fet male gaigne ;

[a] Manuscrit 7186-3, fol. 83 r°, c. 1. — [b] Ibid. v°, c. 1-2.

15.

Guillaume tollent et le pui et le val,
Devers Orenge n'a point de son ostal.
Quant voit li quens que il ne puet fere al,
Vers l'Archant torne par un petit bochal.
Païen l'enchaucent et font grant batestal.
« Dex ! dist Guillaume, beau père esperital
Qui en la Virge préistes vostre ostal....
Si com c'est voirs, s'aïde cest vassal,
Qu'encor revoie Guibourt au cuer léal
Et rois Loys l'emperere vassal,
Et Aymeri mon cher père charnal,
Et Ermangart ma mère natural,
Et mes chers frères qui sont bien principal.
Ainz tel bataille n'orent en Ronceval,
Se Dex me sauve et giet de cest jornal,
Com je cuit fere ainz le jor de Noal
Sor cele gent que Dex otroit grant mal ! » [a]

16.

Jamès n'iert jor que mi cors ne se plaigne,
Et ci m'enchaucent tel mil païen grifaigne,
De moi ocirre n'i a nus qui se feigne ;
D'els voi couvert et le val et la pleigne ;
S'entre els m'embat fet aurai male ovraigne,
Car n'i vaudroit ma force une chastaigne,
Trop en i a ; Dam-le-Deu les méheigne !
Se ge delà puis avoir la champaigne,
Et mon cheval desoz moi ne méhaigne,
Bien m'en irai parmi un val soutaigne,
Dex ! jà n'ai-ge de chevaliers compaigue !
Ne sai où aille ne en quel leu remaigne,
Car à la mer n'ai pas chalant ne haigne,
Et se g'i entre, je crain que trop ne baigne ;
Mès par S. Pere qu'en requiert en Romaigne,
Mielz voil morir entre païens d'Espaigne
Que en la mer najasse par engaigne ! » [b]

17.

Li quens Guillaume est retornez arrièrc
Tot contreval parmi une bruière ;
Roz òt les laz del heaume de Bavière,
Sa targe iert frète, n'en ot plain poing
                [d'entière,
La broigne rote et devant et derrière.
Li quens Guillaume a levée la chière,
Et vit païens venir par la charrière
Plus de dix mil, poi i ot n'ait bannière
Ou connoissance ou penon ou cropière.
Li quens Guillaume a dit parole fière :
« Foi que je doi Guibourt que moult ai
                [chière,
Miez voil morir que une foiz n'i fière.... »
Deu réclama et le baron saint Pere
Q'il le desfende de la gent pautonière ! » [c]

18.

Or fu Guillaume sus el tertre montez,
Vit des païens toz les vaus encombrez
Et les granz pleins et les puis arestez ;
Tot le païs en estoit si poplez
Qu'il n'i avoit ne passage ne guez
Où il n'éust mil chevaliers armez,
Tot por Guillaume qu'il ne fust eschapez.
Or li aïst li Rois de Majestez !
Mal iert bailliz s'il puet estre atrapez ;
Ne le garroit tot l'or qui est fondez
Que li suen cors ne soit toz desmembrez.
« Dex ! dist li quens, qui en croiz fus penez,
Ainc por un home n'en vi tant assemblez !
Sainte Marie, et car me secorez !
Beau sire Dex, praigne-vous-en pitez ! » [d]

[a] Manuscrit 7186-3, fol. 84 r°, c. 1 ; ms. 6985, fol. 191-192.
[b] Ibid., fol. 84 r°, c. 1-2 ; 6985, fol. 192 r°, c. 1.
[c] Ibid., fol. 84 r°, c. 2 ; 6985, fol. 192 r°, c. 1-2.
[d] Ibid., fol. 84 v°, c. 2 ; 6985, fol. 192 r°, c. 3.

XI

TRADUCTION DE LA POÉSIE.

A travers l'ennemi, qui l'enserre et l'outrage, [1-8]
    Guillaume au noble cœur
      S'ouvre un large passage, [1-2]
Et tout brûlant d'amour, d'espoir et de valeur,
S'élance vers Orange où l'appelle l'honneur ; [1-8]
Il franchit le vallon et gravit la montagne, [1-10]
Où du sommet il voit, épars dans la campagne, [6]
Mille fois plus nombreux qu'un essaim de fourmis ,
Des milliers de païens par le fleuve vomis : [1-7]
Les coursiers écumants agitent leurs crinières , [2-8]
Au vent flottent partout de brillantes bannières , [3-7]
Et les armes d'acier, projetant mille feux, [7-13]
Comme des diamants éblouissent les yeux. [13]
« Jésus ! s'écria-t-il, quelle aveugle puissance [2-8]
« Contre nous déchaîna cette infernale engeance [12-14]
« Qui là-bas se répand et sème le trépas ? [16]
« Ah ! puisse s'abîmer la terre sous ses pas !
« Anathème, anathème aux horribles harpies [2-14]
« Qui nous ont engendré cette tourbe d'impies ! » [2-14]
Puis, les yeux sur Orange, il dit avec émoi :
« Si je dois succomber, j'en jure ici ma foi , [1-7]
« Ils me le paieront cher, ce reste de ma vie [1-7]
« Que je te consacrais, ô ma charmante amie , [1-7]
« Et mon dernier soupir s'exhalera pour toi ! » [14-15]

                  P. FL.

XII

BATAILLE D'ALESCHAMPS.

DIX-SEPT TRADITIONS.

1.

Ainz puis cel jor que Jhésu-Crist fu nez
Ne fu tel chaples ne tel mortalitez
Comme le jor en Aleschamps sor mer.
Del sanc des cors fu toz vermeuz li prez ;
Encor le voient li pélerin assez
Qui à Saint-Jaque ont le chemin torné.
Molt fu vassaux hardiz et adurez
Qui à cel jor ne fust molt effraez.
Testes et braz font voler par ces prez.
Dex ! tant chevaus coranz et abrivez
Véissiez là lor resnes traïner !
Mès qui que muire ne qui soit afolez,
De Viviens est grant deuls et pitez ;
Par l'estor vet tourniz et avuglez :
Cui il consiut, tost est à mort alez. [a]

2.

A icel jor que la dolor fu grant
Et la bataille orrible en Aleschans....
Sor toz les autres s'i aida Vivians ;
En trente leus fu rous si jazeranz,
Son escu fret, et son heaume luisant
Encontre terre li fu aval pendanz ;
Sept plaies ot parmi andeus les flans,
De la menor fust mort uns amiranz ;
Molt a ocis de Turs et de Persanz,
Mès ne li monte le pris de deus besanz,
Que tant en ist des nés et des chalans
Et des dromonz et des estoirz coranz ;
Ainz tant n'en vit nus hom qui soit vivanz :
D'escuz et d'armes est converz li Archanz.
Grant fu la noise des cuvers soduanz ;
Li chaples fiers et li estors pesanz :
Desor la terre coroit à rut li sans. [b]

3.

Adont commencent Sarrasin à venir ;
Toz Aleschans en véissez covrir ;
Tel noise meinnent, la terre font frémir ;
Hardiemant vont les noz envaïr.
La véissiez fier estor esbaudir,
Tant hante freindre et tant escu croissir,
Et tant haubert dérompre et dessartir ;
Tant piez, tant poing, tante teste tolir :
L'un mort sus l'autre trébucher et chéir,
Plus de dix mile en véissiez gésir :
Les criz puet-on de cinq liues oïr.
Et Viviens s'en tornoit por fouir

4.

Granz fu l'estor, par verté le vous di ;
Preuz sont li conte, parent sont et ami :
Tant com l'uns vit, li autres n'ert failli ;
Mès Viviens tieng-je au plus hardi,
Qu'ainz por païens une foiz ne foï....
Lors se requièrent li mortel anemi ;
Dont véissiez fier estor esbaudi,
Tant fort escu estroé et croissi,
Tant elme fret, tant haubert désarti ;
Tel noise meinnent, et tel hu et tel cri,
De deus fors liues les a-on bien oï.
Cele bataille ont les noz desconfi,

---

[a] Manuscrit 6985, fol. 189 r°, c. 3. — [b] Fol. 189 v°, c. 3.

3.

Devers l'Archant, mès près est de morir :
Parmi ses plaies voit ses boiaus issir. [a]

5.

Granz fu la noise et fiers li féréiz ;
Molt i fiert bien Viviens li marchis :
A deus païens a les escus partiz ;
Au branc d'acier mainne tel féréis,
Païens ne l' voit n'en soit toz esbaïz.
Dit l'un à l'autre : « Dun vient cist ente-
                   [criz ?
Bien pert qu'il est del lignage Aymeri,
Au fier corage Guillaume li marchis.... »
Iluec enforce et li bruiz et li criz ;
Quant le saura Desramés li floriz,
Trestoz ses Dex en clamera chétis.
Païen s'escrient : « S'or n'est venjance pris,
N'arons mès joie tant com seromes vis. » [c]

7.

Grant fu la noise en l'Archant soz la mer,
Mès tant i a Sarrasins et Esclers ;
Ne la puet mès Viviens endurer.
Quant voit ses homes chéoir et encliner,
Tel duel en a qu'il ne puet mot soner
Il ne set tant ne férir ne chapler
Qu'il puet païens percier ne entamer.
Ez-vous Girart que l' prent à apeler :
« Viviens sire, nos covient esgarder
En quel manière noz puissons eschaper
Et à la mort fouir et eschiver :
Ce sera duel se nos convient finer. »
Dit Viviens : « Se l' volez créanter,
Un bon conseil que je vous vueil doner :
Je n'ai talent d'arrière retorner,
Que envers Deu vorrai mon veu garder.... »
Dient li conte : « Est cis hom forsenez
Qui cuide à force ceste presse sevrer,
Et à la rouche ces païens reculer. » [e]

4.

Mès jusqu'à pou seront trestuit marri
Se Dex n'en pense par la soe merci. [b]

6.

Fiert fu l'estor et molt ruiste la presse,
Et Viviens ne fine ne ne cesse ;
Parmi l'estor esperonne et eslesse :
Cui il consiut de la seue lemele
Ne puist aler que il jus mort ne verse ;
Mès tant i a de cele gent averse,
Contre un des noz puent-il bien cent estre.
Li enfes pleure par de desoz son elme,
Que il set bien sor lui venra la perte......
Faut li le cuer par desoz la mamele ;
Por un petit qu'il ne chiet de la sele.
Quant [voit] sa gent de totes pars enverse,
Il tret l'espée, se refiert en la presse :
Tranche les cors et espant les boëles.
Dient païen : « Cist déable se desvé. » [d]

8.

Granz fu l'estor et molt bien se commence ;
Là véissiez maint fort escu porfendre....
N'i a valée ne tertre ne montaigne
Ne soit coverte de cele gent grifaigne ;
Mès Viviens qui un seul ne dédaigne,
Point le cheval et il molt tot s'esloigne,
Fiert un païen que li cors Deu blataigne,
L'aubert li perce et l'escu desclavaigne,
Qu'il li trancha et le col et la bouche,
De si au pié la grant plaie li saigne :
Si l'abati devant lui en la plainne :
Tost l'éust mort à l'espée chastaingne
Quant li sorvinrent tuit li païen d'Es-
                   [painne. [f]

---

[a] Ms. 6985, fol. 190 r°, c. 1-2. — [b] Fol. 190 v°, c. 2. — [c] Fol. 185 r°,
c. 1-2. — [d] Fol. 185 v°, c. 1. — [e] Fol. 185 v°, c. 3. — [f] Fol. 188 r°, c. 1-2.

9.

Grant fu la noise et le bruit et l'estor ;
Enz en la presse fu Viviens toz sous,
De ses granz plaies fet estoper les trous ;
Petit voit mès lumière ne luor.
Quant il entent que il aura secors
Et ot nomer le lignage francor,
De lui vengier devint molt angoissous.
Adont escrie li cuens : « Or au secors,
Que reprenez hardement et vigor,
Et enpoigniez les bons branz de color !
Ne veez-vos les angles entor nos
Qui nos atendent à avoir en cest jor ?
Tel bien aurons par ceste grant dolor,
Saint Michel l'ange nos metra en l'anor.
Or i férons sor païens abandon,
Que de cest jor jamès n'eschaperon. »[a]

10.

En Aleschans fu molt grant la dolor.
Li quens Guillaume tint le branc de color :
Tant ot féru sor la gent païenor,
Le cors ot teint de sanc et de suor.
De vingt mile homes qu'il mena en l'estor
N'a que quatorze, cil n'ont point de vigor,
Que navré sont à mort tuit li plusor.
Li cuens Guillaume lor a dit par amor :
« Por Dieu, seignor, le verai Criator,
Tant com vivons maintenons bien l'estor ;
Li cuers me dit n'en istrons de cest jor
Que tuit sont mort nostre bon vavasor :
N'oi mès crier nostre enseigne francor.
Mort est Bertran, dont ai au cuer dolor ;
De mon lignage ai hui perdu la flor.
Or voi-je bien qu'en aurai le poior
De la bataille ; mès, par saint Sauvéor,
Tant com je vive n'auront païens séjor,
Ne n'i auront honte mi ancesor,
N'en chanteront en mal cil jugléor. »[b]

11.

En Aleschans fu moult grant le barnage.
Bien a Bertran as Turs moustré son gage ;
Lui et ses homes durement les mehai-
     [gnent....
Tant en i vient et tant sont grant compai-
     [gne.
Contre un François i sont bien cent Aufai-
     [gne.
Bertran les voit, de Dame-Dieu se seigne.
Arrier s'en tournent, quar moult doutent
     [s'enseigne,
Quar dant Guillaume espernier ne les dai-
     [gne.
Dist Desramez : « Ci a bataille estraigne....
N'aiez paour pour tel gent com il maine,

12.

Adont commencent Sarrasin à venir,
Et qui là fust, bien les oïst glatir,
Et les Archanz de toutes pars couvrir :
Tel noise font, la terre en font bondir,
Crient et uslent et font leur corz tentir ;
Hardiement vont les nos envaïr.
Là véissiez fier estour esbaudir,
Tant hante fraindre et tant escu croissir,
Et tant haubert dérompre et dessartir,
Tant pié, tant poig, tante teste tolir ;
L'un mort sus l'autre trébuchier et chaïr ;
Plus de vingt mille en véissiez mourir,
Que d'uns que d'autres i véissiez fenir.
Tel noise font, ce vous di sanz mentir,
Le cri pot l'en de trois lieues oïr.

----

[a] Manuscrit 6985, fol. 189 r°, c. 1. — [b] Fol. 191 v°, c. 1. Dans le manuscrit 7186-3, fol. 83 r°, c. 1, les sept premiers vers riment en eur.

11.

[gne,
Renduz vous iert li glouz, que qu'il remai-
Hui remaindra sa noise et sa bobaigne :
[gne. » [a]
Touz y mourront, se Mahon nous adai-

12.

Qui dont véist Sarrasin aünir
Où Viviens se combat par aïr
Devers l'Archant, mès près est de fenir :
Parmi ses plaies voit ses boiax issir.
Diex en ait l'âme quant iert au départir ! [b]

13.

Grant (Granz) fu le cri, la noise (la noise, li criz) et la huée ;

Jà y (i) aura dolereuse mellée ; (meslée ;)

Onc (Ainz) n'acointièrent les (li) noz si fort (tele) jornée ;

Car (Quar) à tel gent aront poi (auront pou) de durée ;

N'i a François (celui) n'ait sa (la) targe fauxée, (faussée,)

L'aubert rompu et la char entamée,

En quinze liex percie ou entamée, (leus perciée et sanglantée,)

Diex les guérisse qui fist ciel et roussée.

Il (Cil) se défendent comme (desfendent come) gent désirée, (aïrée,)

Chescun (Chascuns) tenoit el destre poing l'espée ; (tote nue s'espée ;)

As païens copent maint piz, mainte courée, (meinte corée,)

Et maint en font trère la boelée ;

De ce cui (qu'en) chaut, jà n'i aront durée,

Quar trop y a de la gent desfaée. (des païens i a grant aünée.)

14.

En Aleschans ot merveilleus hustin ;
Bertran ont pris païen et Sarrazin,
Guichart l'enfant, Gyrart et Guyelin,
Gautier de Termes ont loié d'un séin.
Dist Viviens : « Bertran, sire cousin,
Or vous enmainent li glouton de put lin....
Las ! hui perdra Guillaume tout son brin !
Diex ! porquoi vif quant ne me prent la
[fin !
Tel quinze plaies ai el cors soz l'ermin,
De la menor morust un barbarin ;
Mès par l'apostre que quièrent pélerin,
Puisque je voi que Deu ai à voisin ,
N'en iront mie li gloton de put lin,
Ains sentiront mon bon brant acerin.
N'ot point d'escu fors l'aubert doblantin,
Mès tot li orent dépécié li mastin,
Et son vert elme dont li cercle est d'or fin ;
Il réclama le baron saint Martin....
Et saint Gobert qui siet desor le Rin,....
Qu'il le maintiegne vers la gent Apolin,
Et dant Guillaume le conte pallazin,
Le meillor home qui donc béust de vin. [c]

15.

Dont commansèrent Sarrazin à venir ;
Tel noisent moignent la terre font frémir,
Hardiamant vont les nos anvéir :
Jai véissez fier estor abaudir ;
Tant hantes fraites et tant escus croisir,

16.

Grant fu l'estour, en verté le vous di ;
Preuz sont les contes et parens et ami,
Ne se faudront tant com il soient vis ;
Mès Viviens tien-ge au plus hardi,
Qui por paour nule foiz ne foui....

---

[a] Manuscrit La Vall. 23, olim 2735, t. I, fol. 196 v°, c. 1-2. — [b] Fol. 198 r°, c. 2 et v°. — [c] Fol. 197 r°, c. 2.

15.

Et tant haubert derot et dessartir,
Tant poin, tant piés, tantes testes tolir :
L'un mort sor l'autre trabuchier et chéir ;
Plus de vingt mille an véissiez gesir
Où il n'avoit anz el cors que morir.
.... La noisse et la tor rabaudir,
Le cri puet-ont de deus lieues oïr ;
E Viviens se combat par aïr
Devers l'Archant, mas près est de morir :
Par ces granz plées voit ses boués saillir. [a]

16.

Lors les requiert com mortel anemi ;
Cui il consiut ne puet de mort garir.
Dont véissiez fier estour esbaudir,
Tant hante fraindre et tant escu croissir,
Tant pié, tant poig, tante teste tolir ;
L'un mort sus l'autre trébuchier et chéir.
Crient et braient ces païens maléiz,
Et nos genz crient l'enseigne Saint-Denis,
Monjoie Diex ! hautement à hauz cris.
Touz mainnent noise et tel tempestéis,
De deus grans lieues en ooit l'en les cris.
Cele bataille ont les nos desconfi,
Mès jusqu'à poi seront grains et marri
Se Diex n'en pensse, par la seue merci. [b]

17.

Hardis as armes et vaillant poignéour,
N'ot que xiiij, qui n'ont point de vigour,
Quar navrez sont et mort tuit li plusour.
Li quens Guillaume leur a dit par amour :
« Par Dieu ! seignors, l'umaine créatour,
Moult sui dolenz, que voi à tel doulour
Mourir mes homes et livrer à tristour,
Et vous-méismes voi navrez sanz retour.
Pour Dieu, seigneurs, quar reprenons vi-
        [gour ;
Tant com vivons, maintenons bien l'estour.
Le cuer me dit jà n'istrons de cest jour,
Quar tuit sont mort mi chevalier meillour ;

17.

Je n'i oy mès le grant ne le menour,
N'oi mès crier nostre enseigne francour.
Mort est Bertran, dont j'ai au cuer irour,
De mon lignage ai-ge perdu la flour.
Or sai-ge bien que g'en ai le piour
De la bataille ; mès, par saint Sauvéour !
Tant com ge vive n'aront païens séjour ;
Jà n'en auront honte mi ancoisour,
N'en chanteront en mal cil jugléour
Que en ma vie perde terre plain dour
Ne le compièrent li félon traïtour.
Tant y ferrai du bon brant de coulor,
Tout en iert taint de sanc et de suor. [c]

[a] Bibliothèque du Roi, manuscrit 8202, fol. 1 v°.
[b] Manuscrit La Vall. 23, olim 2735, t. I, fol. 196 v°, c. 1-2.
[c] Ibid., fol. 198 r°, c. 2 et verso.

XII

TRADUCTION DE LA POÉSIE.

Aux plaines d'Aleschamps d'innombrables guerriers, [3]
Forts des liens du sang et forts de leur croyance, [4]
Jurent tous sur la croix, vassaux et chevaliers,
De vaincre ou de mourir pour sa sainte défense, [4-16]
Et de cris belliqueux animant leurs coursiers [15-16]
Ils volent au combat bruyants comme l'orage. [12]
Horrible est la mêlée, horrible le carnage; [1-2]
Et si rude le choc de tant d'armes de fer,
Que le sol en frémit, que s'en émeut l'enfer. [15]
Impétueusement l'un vers l'autre on s'élance, [4]
Et l'attaque partout égale la défense. [4-16]
Rien ne peut résister à l'ardeur de ces preux :
Lance, écu, tout se brise et s'envole loin d'eux. [15]
De leur guide affranchis, des chevaux dans la plaine [1]
S'échappent effrayés de ces sanglantes scènes. [1]
Là gisent confondus les morts et les mourants; [3]
Là partout sont épars des membres palpitants; [12]
On n'entend que sanglots, que déchirantes plaintes, [16]
Annonçant de la mort les dernières étreintes : [16]
Les cadavres groupés, entassés par monceaux, [12-15]
De tout le sang versé grossissent les ruisseaux. [2]
Pourtant du Sarrasin si nombreuse est l'armée
Qu'à peine sous nos coups semble-t-elle entamée. [6-11]
Et cependant Vivien, esclave de son vœu, [4-7]
Tient encore, et combat pour la foi, pour son Dieu,
Disperse l'ennemi que son audace étonne, [5]
Alors qu'autour de lui tout tombe ou l'abandonne ; [6]
Inutiles efforts! il cède à ses douleurs,
Et dans son désespoir laisse échapper des pleurs, [6]
A travers sa visière en baigne son armure ; [6]

Tandis que de mainte blessure
On étanche son sang, ce sang que ses exploits [9]
N'ont jamais épargné pour défendre la croix ;
Puis de ses yeux éteints soulevant la paupière,
Il cherche vers le ciel un rayon de lumière, [9]
Et sans doute il y voit miraculeusement
Sa palme de martyr briller au firmament... [9]
Tout à coup on entend les Francs, que Dieu dirige ; [10]
Ils lui viennent en aide, et par un saint prodige [9]
Lui-même ranimé, secondé de Gérard, [7]
Il rassemble les siens, et s'en fait le rempart ;
Mais malgré tant de faits tout rayonnants de gloire,
Au camp des Sarrasins s'envole la victoire. [17]
Et trop tard apparait Guillaume, dès l'abord [10]
Criant Montjoie... Hélas! ce noble cri de France, [16]
Si cher à tous les cœurs, s'éteint dans le silence, [10]
Et ce silence affreux..., c'est celui de la mort !
« Guerre, implacable guerre à l'exécrable engeance [10-17]
« De ces païens félons ! dit Guillaume irrité ; [17]
« Si trop faible est mon bras pour en tirer vengeance, [17]
« J'en appelle contre eux à la postérité ! » [10]

P. FL.

On accroît le nombre des traditions en consultant une plus grande quantité de manuscrits antiques, disséminés et conservés souvent à de grandes distances ; nous nous sommes contenté de récolter ce que nous avons pu trouver immédiatement, notre tâche se bornant à montrer la marche à suivre.

Nous sommes heureux d'apprendre que dans son intéressante Introduction à la Mort de Garin [1], M. Édé-

---

[1] D'après douze manuscrits différents. Paris, 1846, in-12.

lestand du Méril proclame la présence des traditions dans nos chansons de gestes : l'absence du criterium carlovingien ne lui permet qu'une marche semi-rationnelle, et l'empêche de voir que les traditions ne purent surgir plusieurs siècles après les événements accomplis, tandis que la graphie vulgaire intervint lentement aux xi⁰, xii⁰ et xiii⁰ siècles.

Les disciples d'Aristote, les hommes classiques, les lettrés, étaient les moins propres à goûter la simplicité naturelle de nos poésies primitives; pour apprécier nos chansons traditionnelles, il fallait sortir de l'atmosphère de l'école et s'affranchir des idées préconçues, choses également difficiles : on chercherait vainement une autre cause à la longue nuit qui enveloppa nos poésies primitives, malgré le concours de tant de littérateurs éminents d'ailleurs, dont nous nous empresserions à proclamer le mérite, si la notoriété ne rendait notre témoignage superflu. Pour bien juger notre cycle, il fallait se dépouiller des préjugés universitaires, de l'orgueil académique [1], de la partialité du foyer, des susceptibilités d'une civilisation avancée, comme de la visière du xix⁰ siècle [2]; les méditations rétrospectives pouvaient seules conduire vers une appréciation véritable. Comme Homère, nos rapsodes

[1] Depuis vingt-cinq ans à peine, l'Académie Française permet qu'on l'entretienne de nos chants nationaux !

[2] L'étude des textes, dans l'isolement du cabinet, ne pouvait suffire ; il fallait surtout avoir entendu et compris les paysans wallons, dont les patois sont restés stationnaires depuis des siècles, malgré leur variété. Des dialectes wallons modifiés sont encore vivants dans les contrées comprises entre la Somme, la Meuse et l'Escaut.

prenaient pour guide la seule nature ; lorsqu'on sera parvenu à les faire sortir des nuages accumulés par les fauteurs de la renaissance et par les éditeurs modernes, alors, mais alors seulement, on ne pourra s'empêcher d'admirer ces vieilles reliques de nos ancêtres.

Si l'on s'expliquait difficilement le silence des premiers scribes vulgaires touchant les versions multiples et leurs variations, il faudrait ne pas perdre de vue que les textes sont écrits ingénument, isolés et sans la moindre remarque : destinés à l'usage des trouvères, il était superflu de leur répéter ce qu'ils savaient parfaitement. Tant de chefs-d'œuvre antiques ont été ravis à la république des lettres, qu'on éprouverait à peine quelques regrets pour les lacunes bibliographiques remontant au xie siècle. Les écrivains postérieurs ont pu faire subir à leurs devanciers l'outrage réservé à Otfrid, dont la voix n'a pas été entendue, malgré son incontestable clarté.

Les lettrés de la renaissance ont tout falsifié, et la routinière somnolence des éditeurs modernes n'a permis à la critique aucun pas en avant. Toutefois, les études encouragées par Charlemagne amenèrent enfin la connaissance des bons auteurs ; dès lors le rhythme apparaît, le vers prend du développement, du nombre ; la césure le partage d'une manière régulière, et la rime, fille de la vulgaire assonance, montre plus d'exactitude. Sous le joug des écoles, on vit éclore une poésie d'imitation qui gagnait du côté de l'art tout ce qu'elle perdait du côté de la nature.

On ne voit pas apparaître les noms d'auteurs trouvères avant le xiie siècle ; les traditions antérieures

n'étaient pas l'œuvre d'un seul. On répétait instinctive-
ment les meilleurs couplets, et l'on choisissait ainsi
entre les versions diverses ; l'érudition des trouvères ne
portait que sur les épisodes remarquables, il était impossible qu'ils surchargeassent leur mémoire de plusieurs
milliers de vers enfantés par la muse d'autrui.

L'étendue des chansons de geste ne s'opposait pas au
débit psalmodié, puisque ce n'était en réalité que des
traditions cousues et chantées partiellement : Ῥαπτῶν ἐπέων
ἀοιδοί [1].

La chanson chantée par Taillefer à la bataille d'Has-
tings a été l'objet de plusieurs discussions ; on crut
qu'elle devait célébrer la gloire de Rollon, et non la défaite de Roncevaux : nous n'hésitons pas à affirmer que
l'épisode choisi pour exciter la vaillance des soldats français était un des couplets traditionnels de la grande
chanson de Roland. La multiplicité des versions orales
prouve l'importance que nos aïeux y attachaient : li romans de Roncevaux [2], composé en grande partie de ces
répétitions parvenues jusqu'à nous par une continuité de
prodiges dont on ne saurait trop s'émerveiller, doit re-
prendre tout son éclat quand les nobles accents de religion, d'amour de la patrie, d'honneur et de fidélité, feront battre tous les cœurs français.

L'inanité des publications ayant nos chants nationaux

[1] Pindari Nemea, carm. ii, v. 2.
[2] Li romans de Roncevaux, à la Bibliothèque du Roi, ms. 7227-5, est
encore inédit, bien que son texte soit le plus national et par conséquent le
meilleur : on a publié (Paris 1837), in-8°, un texte de l'Anglo-Normand
Thurold, copie du xiie siècle.

pour objet, depuis vingt-cinq ans que l'on s'en occupe de nouveau [1], ne doit pas surprendre, puisque le point de départ est resté inaperçu ; tant qu'on ne reconnaît pas la présence de la tradition dans les chants carlovingiens, on est porté à supposer des textes antiques devant avoir servi de types aux plus anciens manuscrits de nos bibliothèques [2]; ce qui est radicalement impossible, car, « si l'on « compare entre eux quatre ou cinq manuscrits du même « ouvrage, pris au hasard dans l'immense collection de « la Bibliothèque Royale, on n'en trouvera pas deux « parfaitement semblables dans tout leur contenu. [3] »

Dès qu'un texte est traditionnel, et l'on peut affirmer qu'il est de cette espèce quand il renferme des versions multiples, la question chronologique est superflue, parce que les dates des traditions, toujours problématiques par elles-mêmes, cessent d'être telles lorsque l'on considère les événements rapportés ; car les répétitions orales s'établissent toujours immédiatement après les faits, remplacés bientôt par d'autres exploits, d'autres aventures, qui à leur tour inspirent de nouvelles chansons. Les couplets multiples prouvent par cela même que les versions n'ont point été altérées quant au fond, et qu'elles sont, pour ainsi dire, un écho contemporain, le retentissement de l'actualité; toutefois elles se modifièrent en passant à travers les âges, et conservèrent le reflet des influences postérieures.

[1] Fauchet, Pasquier, etc., étaient dans la bonne voie.

[2] De l'Origine de l'Épopée chevaleresque, par M. Fauriel, p. 58. Recherches sur les Épopées, par M. Raynouard, p. 14.

[3] Histoire littéraire de la France, t. XIX, p. 622.

Si l'on objectait que ces versions traditionnelles, auxquelles nous attribuons une antiquité carlovingienne,
nous sont parvenues traduites, et dans un style et avec
une orthographe qui appartiennent aux xɪ[e], xɪɪ[e] et xɪɪɪ[e] siècles, tandis que d'autres textes romans portent des marques d'antériorité linguistique, sans toutefois remonter
jusqu'à Charlemagne, comme le serment de Strasbourg,
la version des Livres des Rois, etc., l'explication nous
semble toute naturelle : les chants théotisques à l'usage des
Francs furent répétés en langage gaulois-wallon ou roman,
par les indigènes : aux xɪ[e], xɪɪ[e] et xɪɪɪ[e] siècles seulement, on
s'occupa de fixer sur la matière les versions qui étaient
dans la bouche de tous ; la graphie naissante s'exerça de
préférence sur les récits non mnémoniques, que rien ne
rappelait et dont le vulgaire ne s'était pas irrévocable-
ment emparé ; ceux-ci conservent les traces d'antériorité,
tandis que les traditions plus généralement établies révèlent les formes usitées dans les siècles que nous venons
d'indiquer ; c'est pour avoir confondu le temps où ils
ont été écrits avec celui de leur composition orale, que
l'on a pu dire : « La plupart des romans du cycle carlovingien sont en contradiction avec les idées et les mœurs
dominantes de l'époque à laquelle ils ont été composés. [1] »

Les premiers trouvères écrivains rencontrèrent des
obstacles dont nous sommes mauvais juges ; les traditions, vivaces pour les passages importants, restaient souvent muettes, lorsque le sujet perdait de son intérêt ; les

[1] M. Fauriel, de l'Origine, etc., p. 37.

transitions réclamaient l'intermédiaire de l'écrivain ; et c'est ainsi qu'ils ont mérité le titre de trouvères, que nous leur donnons encore aujourd'hui.

> Nus homs ne puet chançon de geste dire
> Que il ne mente là où li vers défine [1].

L'analyse des mots pouvait seule guider les scribes dans le dédale que la divergence des prononciations avait établi ; les assonances aussi semblaient ne plus suffire, on réclamait la rime :

> As mos drecier et à taillier la rime,
> Ce est bien voirs, gramaire le devise [2].

Ces obstacles valurent aux premiers écrivains l'honneur d'être regardés comme auteurs.

Jusque-là, la chanson de geste, œuvre de tous, n'appartenait en propre à personne : aux xie, xiie et xiiie siècles seulement, les noms apparaissent, et tout en signalant l'antique coutume, les livres, tardifs dépositaires des textes écrits, sont conservés dans les collections religieuses, qui jusqu'alors ne contenaient que des productions en langue latine :

> Mès homs la fist de l'ancienne vie ;
> Hues ot non, si la mist en un livre,
> Et seela el moustier Saint-Denise,
> Là où les gestes de France sont escriptes [3].

Les trouvères prographiques se bornaient à protester

---

[1] Aymeri de Narbonne, Bibliothèque du Roi, fonds La Vallière, manuscrit 23, olim 2735, t. II, fol. 23 v°, c. 2.

[2-3] Ibid. Ces trois passages sont réunis et continus dans le manuscrit.

de leur amour pour la vérité; étrangers aux lettres et
dans l'impuissance de citer aucun texte, ils prenaient à
témoin les chroniques des monastères, expliquées par
des moines; les confidences des clercs, les légendes conservées et répétées dans les couvents; les rôles latins de
Saint-Denis, qu'on voulait bien leur interpréter, ils s'appuyaient sur les monuments et sur les objets matériels
qui rappelaient les héros, sujets de leurs chants.

Les premiers scribes, s'occupant à recueillir les traditions, jugeaient que leurs travaux seraient incomplets,
s'ils ne récapitulaient, au moins pour les épisodes prédo-
minants, les couplets divers qui avaient alors crédit
parmi le vulgaire; les nombreux fils de la tradition réunis
par la graphie formèrent un tissu de toutes sortes de
reflets; de là ces versions prétendues défectueuses, ces
tirades appelées perturbatrices [1], qui établissent irrévo-
cablement la prographie.

Les manuscrits français des xie, xiie et xiiie siècles fourmillent d'erreurs graphiques, témoignages des difficultés
qu'à sa naissance l'art d'écrire rencontrait à s'établir parmi
le vulgaire; des scribes inexpérimentés, parce que d'ordinaire ils n'appartenaient pas à l'Église :

Je ne cuit mie que jà clercs m'en desdie
Ne escripture qu'en ait trové en livres [2],

____

[1] M. Fauriel, de l'Origine, etc., p. 49.

[2] Charroi de Nismes, 2e branche, à la Bibliothèque du Roi, manuscrit
n. 6985, fol. 167 r°, c. 1.

écrivaient de auditu et pour des laïques :

> L'estoire d'Alixandre vos veil par vers tretier
> En roumans, qu'as genz laie doie auques profitier [1] ;

ils interprétaient la phonie de manières différentes et formaient des contre-sens, des coq-à-l'âne, des mots réunis ou disjoints contre toute raison ; lorsque les antiques
manuscrits présentent ces défectuosités, il est superflu de
chercher un texte antérieur ; les copistes subséquents,
plus experts et acquérant quelques notions orthographiques, firent disparaître bon nombre de ces lourdises primitives.

Un passage du roman de Jean de Lanson, écrit au
XIIIe siècle, confirme toutes nos assertions :

> Or commance chançons boenne et efforcie,
> S'il est qui deniers doint et qui la chançon die ;
> Del mostier Seint-Denis est la chançons saichie,
> Longuement a esté, piéçà ne fu oïe :
> Jogléor ne la chantent, car il ne la sevent mie :
> Uns clers la recommance qui Jésus bénéie ;
> Les vers a establiz et mis en escripturie [2].

Guillaume de Tudèle, dans sa Chronique albigeoise,
parle de « canso novela tot en bel pergamin, de gesta
letrada, [3] » gestes lettrées, mises en lettres, écrites [4], par
opposition aux chansons orales. La meilleure preuve que
cette œuvre du XIIIe siècle est imitée des traditions semiseptentrionales, ce sont les épisodes multiples [5].

[1] Roman d'Alexandre, à la Bibl. du Roi, ms. 6985, fol. 41 r°, c. 1.
[2] Li romans Jehan de Lanson, à la Bibl. du Roi, ms. 8203, fol. 15 v°.
[3] Chronique des Albigeois, p. 10, 20, et préface de M. Fauriel, p. XLI.
[4] Histoire de la Poésie Provençale, t. II, p. 389.
[5] Chronique des Albigeois, préface, p. XLI.

Si les héros francs se portent souvent vers le Midi,
c'est que les populations de ces contrées restèrent partiellement païennes, longtemps encore après le siècle
de Charlemagne. La langue provençale a pu puiser chez
les Arabes : entre les Francs et ces derniers, les explications ne se prolongeaient guère au delà du temps nécessaire pour trancher les têtes.

Les traditions affectaient des formules générales
qu'elles répétaient dans toutes les circonstances analogues. La mort est-elle sur le point de saisir nos paladins,
loin des ministres du Seigneur ? les guerriers se commu-
nient réciproquement au moyen de trois brins d'herbe :

LI ROMANS DE RONCEVAUX [1].

Trois peuls a prins de l'erbe verdoiant,
En l'onnor Deu les usa maintenant ;
Tout son cor vait contre terre estendant ;
Li angre Deu descendent maintenant,
L'arme dou conte emportent en chantant.

GARIN LE LÔHERAIN [2].

Trois foilles d'erbe a prins entre ses piés,
Si les conjure de la vertu del ciel ;
Por corpus Deu les reçut volentiers :
L'arme s'en va del gentil chevalier,
Or en ait Diex et manaide et pitié !

RAOUL DE CAMBRAI [3].

Promettent Dieu, qui vis en estordra,
Jà en sa vie mais péchié ne fera,
Et s'il le fait, pénitance en prendra.
Mains gentix hom s'i acumenia
De trois poux d'erbe, q'autre prestre n'i a.

---

[1] Manuscrit 7227-5, fol. 12 r°, c. 1, à la Bibliothèque du Roi.
[2] Garin le Loherain, t. II, p. 240.
[3] Raoul de Cambrai, p. 95.

MORT DE BERNIER [1].

A icet mot apella Savari ;
De ses pichiés à lui confés se fit,
Car d'autre prestre n'avoit-il pas loisir :
Trois fuelles d'erbe maintenant li rompi,
Si le resut por corpus Domini.

LI QUATRE FIZ AYMON [2].

..... Plus de mil compaignon,
N'i a cel ne nos hace de mort et de prison.
Car descendons à terre et si nos confesson,
Et des peus de cele herbe nos acommenion ;
Li uns soit confiés à l'autre quant prestre n'i avon.

GAUFREY, DUC DE DANE MARCHE [3].

Escapé me suis d'eus, Dex merchi et son nom !
Je sui si navré, jà n'arai garison.

Puis a pris trois peus d'erbe pour aquemunison,
En son cors les avale en son cors le frans hom,
Et puis est trespassé, Dex li fache pardon.

QUATRE FILS AYMON [4].

Or deschandon à terre, et si nous confesson,
Et des peus de cheste herbe nous acomunion,
Que ne soion souspris avec la gent Noiron :
L'un soit confès à l'autre, qu'autre prestre n'avon.

GARIN LE LOHERAIN [5].

Contre oriant a retorné son chief....
Trois fuelles d'erbe a pris entre ses piez,
Si les conjure des trois vertus dou ciel :
Pour le cors Dieu les commence à mengier.

GARIN, MANUSCRIT DE BOURGOGNE [6].

Trois peles d'erbe a de tere erragiet,
Por corpe Diu l'a reçut et mengiet.

---

[1] Raoul de Cambrai, p. 327.
[2] Bibl. du Roi, manuscrit La Vallière, n. 39, fol. 20 r°, 3ᵉ col.
[3] Manuscrit de Montpellier, fol. 48 v°, col. 2.
[4] Manuscrit de Montpellier, fol. 91 r°, col. 2.
[5] Bibliothèque de l'Arsenal, B. L. Fr., manuscrit 180, fol. 89 v°, c. 1.
[6] Mone, Teutsche heldensage, p. 233.

MORT DE GARIN [1].

Un foillet d'erbe entre ses piés a pris ;
Trois fois le seigne, en sa boche l'a miz,
Por corpus Deu l'a recéu et priz.

CHANSON DES SAXONS [2].

De trois pois d'erbe fresche an non de Trinitez
S'estoit commeniez, n'i fu prestes mandez ;
Lors s'estant à la terre contre oriant li bers.

Ces pratiques sont essentiellement primitives et remontent à l'établissement du christianisme.

Lorsque la discorde agite ses brandons au milieu des chevaliers, la tradition saisit, comme prétexte immédiat, la passion du jeu, sans s'inquiéter des causes particulières et véritables ; la partie d'échecs, suivie de rixe sanglante, se répète dans la Chevalerie Ogier [3], dans les Quatre Fils Aymon [4], dans Garin de Montglave [5], etc.

Des accessoires obligés se reproduisent toujours dans les circonstances analogues, — les invectives durant le combat, — les prières au moment du danger, — l'éloge des chefs ennemis, auxquels il ne manque jamais que d'être chrétiens ! Les locutions banales se reproduisent avec une similitude qui tient au fond des choses : il est de l'essence des traditions de répéter les nombres

[1] Page 132, vers 2785.

[2] T. II, p. 136.

[3] Manuscrit de Montpellier, fol. 101 r°, col. 2. — Ms. de l'Arsenal, ms. Raimbert, Chevalerie Ogier, préface, p. LXIII, p. 130.

[4] Manuscrit La Vallière, n. 39, fol. 6, col. 2 et 3. — Manuscrit de Montpellier, fol. 183 r°, c. 1. Toutes ces versions sont dissemblables.

[5] Bibliothèque du Roi, fonds La Vallière, manuscrit 78. — Un autre, ancien fonds, n. 7542.

240   ÉLÉMENTS CARLOVINGIENS.

sans exactitude ; les chiffres des manuscrits du cycle traditionnel semblent jetés au hasard[1]. L'orthographe de ces
textes primitifs se distingue par un fréquent emploi des
liquides L, M, N, R, qui s'ajoutent, s'intercalent et disparaissent sans motif apparent : la multiplicité des jargons et les habitudes locales peuvent seules expliquer
une excentricité jusqu'ici peu ou point remarquée[2]. On
n'a fait que de l'étymologie littéraire ; dans l'ordre primordial , l'étymologie doit être phonétique : c'est la seule
applicable à notre français semiseptentrional.

On trouve dans les textes de ces âges des repos ou
laisses, interpolés par les scribes, lorsqu'après avoir rapporté les anciennes traditions, ils commencent un récit
contemporain.

Les diverses copies des mêmes couplets traditionnels
offrent entre elles de notables différences ; des vers en-
tiers sont ajoutés ou supprimés , les locutions modifiées,
les épithètes changées ; enfin l'uniformité est exclue
comme elle l'était nécessairement des répétitions orales ;
le lecteur comprend qu'il nous est impossible de reproduire ces innombrables variations ; nous nous bornerons
à indiquer celles observées sur la plus courte tirade de la
bataille d'Aleschamps, tradition n° 13, p. 225, recueillies sur deux manuscrits seulement[3].

[1] Poëme de Roncevaux, trad. de M. Bourdillon, Dijon, 1840, in-12, p. 90.
[2] Corpe, Auter, Erme, Durandart, pour Colpe, Autel, Elme, Durandal ;
Arme, Marme, pour Ame ; Angre, Angle, Angel, pour Ange.
[3] Bibliothèque du Roi, manuscrit 23 La Vallière, et 7186-3, ancien fonds
Colbert. Les variantes qu'offrent ces manuscrits ont été imprimées en plus
petit caractère.

Vers le milieu du xiiie siècle, notre poésie atteignit un second âge ; ainsi s'exprimait alors un des meilleurs trouvères : Les jongleurs, dit-il,

> Chantent de Guiteclin si com par asenax,
> Mais cil qui plus an set, ses dires n'est pas biax,
> Qar il ne sevent mie les riches vers noviax
> Ne la chançon rimée que fist Jehan Bordiax. [1]

Les vieux poètes français divisaient les sujets de leurs chants en trois genres ; le même Jean Bodel fait connaître les différences qui les caractérisent : le fantastique à Artus de Bretagne, l'instructif pour Rome et l'antiquité, la vérité pure et simple aux gestes françaises :

> Ne sont que trois matières à nul home antandant :
> De France et de Bretaigne, et de Rome la grant ;
> Et de ces trois matières n'i a nule samblant :
> Li conte de Bretaigne sont si vain et plaisant,
> Cil de Rome sont sage et de san aprenant,
> Cil de France de voir chascun jor apparant. [2]

Forcé d'admettre les classifications établies par l'usage, nous nous bornerons à faire observer que les poésies primitives vivaient de faits historiques nationaux, de simples allégories ou de croyances enfantées par une foi ardente ; si les trouvères ne furent point classiques, ils avaient le mérite de dédaigner l'excentricité et d'être inaccessibles aux inspirations mauvaises de l'orgueil.

En analysant les traditions qui ont chanté les nombreux descendants de Droon, l'Agamemnon des Francs,

---

[1] Chanson des Saxons, t. I, p. 3.

[2] Ibid., p. 1, et Roman de Guiteclin de Saisoigne, manuscrit 6985, fol. 121 r°, c. 1, à la Bibliothèque du Roi.

nous avons espéré jeter la lumière sur l'ensemble des documents dont l'importance ne peut plus être contestée; il n'est pas toujours facile de faire entrer rationnellement les œuvres de nos pères dans le cercle conventionnel tracé depuis peu.

Cycle d'Alexandre, de César et toute l'antiquité;

Cycle d'Artus, cavaliero-mystique;

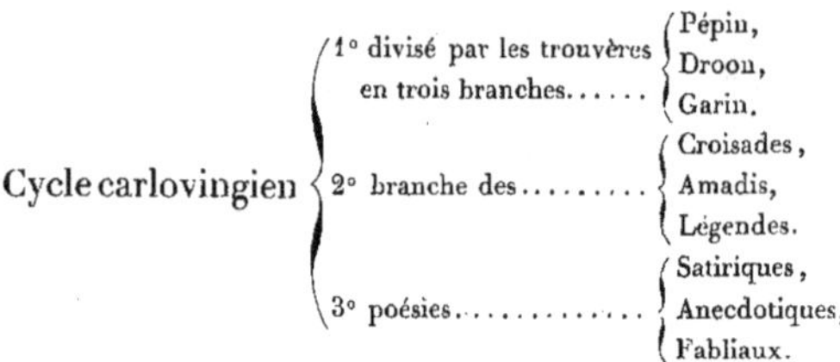

Notre cycle historique carlovingien renferme seul les traditions des Francs : les poëmes sur les croisades ont été écrits immédiatement après certains événements, comme les chants prographiques étaient répétés par la tradition peu après l'accomplissement des faits.

On a cru longtemps que les croisades donnèrent naissance à l'art héraldique; le blason primitif fut un langage vulgaire symbolique, une représentation en rébus; probablement et plus tard, un sigle orné, rendu frappant par la peinture de l'objet dont le nom rappelait l'initiale (insigne, enseigne, marque, connaissance) : le fil conducteur fut rompu par les divers modes que suivirent les nomenclatures individuelles, le baptême des premiers chrétiens, l'établissement de l'hérédité, l'usage des noms

de famille ; les chiffres restaient nonobstant la succession
des personnes et des choses : obstacles à l'évidence d'une
marche progressive naturelle, semblable à celle qui
amena la graphie.

Les poésies carlovingiennes s'adressaient à toutes les
classes : les chansons de geste pour les hommes d'armes,
les légendes aux clercs, les anecdotes et les contes, à la
foule, qui se complaît dans la satire et les détails do-
mestiques.

Voici la liste des plus notables chansons de geste qui
constituent le cycle carlovingien, auquel celui des croisades fait une suite naturelle ; nous nous renfermons
dans le laconisme des indications, afin de simplifier une
nomenclature que la diversité des textes et les additions
successives compliqueraient inutilement :

CYCLE CARLOVINGIEN.

Aigolant d'Aspremont. Voir Eaumont.
Aiol et Mirabel.
Amis et Amiles.
Anseis de Cartage.
Aubri li Bourgoing.
Aye d'Avignon (dame). Voir Garnier.
Aymeri de Biaulande.
Aymeri de Narbonne.
Aymon. Voir Quatre Fils Aymon.

Barbastre. Voir Siége de Barbastre.
Baudoin de Sébourg.
Berthe. Voir Pépin.
Bueve de Comarchis.
Buesve d'Aigremont.

Buesve de Hanstone.

Chevalerie Ogier. Voir Ogier.
Chevalier au Cygne.
Chanson des Saxons. Voir Guiteclin de Sassoigne.
Charles le Chauve.
Charles Martel (roman de).
Charlemagne (Conquêtes de), les douze Pairs.
Chroniques de Turpin. Voir Turpin.

Doon, comte de Mayence (l'Allemand).
Doon de Nanteuil.

Eaumont (Aigolant) d'Aspremont.
Fier-à-Bras.
Fleur, Blanche Fleur et Berthe.

Gaides (le duc).
Galien le restauré.
Garin de Hanstone.
Garin de Montglave.
Garin, les Loherains.
Garnier ou Aye d'Avignon.
Gaufrey, duc de Dane-Marche.
Gavres (sire des).
Gérard de Nevers (la Violette).
Gérard de Roussillon.
Giles de Chin.
Giles de Trasignies.
Girard de Blaye.
Girard de Vienne (do Fraite) [1].
Godefroy de Bouillon.
Guillaume de Hainaut.

[1] Celui do Fraite l'orguillos et le fier
Qui a Auvergne et Bourgoigne à baillier.
Manuscrit 8203, fol. 79 v°, Bibliothèque du Roi.

Guille de Orenge [1].

Guiteclin de Sassoigne.

Guy de Hanstone.

Guy de Nanteuil.

Guy de Warwic et Hérolt d'Ardennes.

Hérolt d'Ardennes. Voir Guy.

Hugues Capet (roman de).

Hugues le Berruier.

Huon de Bordeaux.

Jehan d'Avesnes.

Jehan de Lanson.

Jourdain de Blaye.

Loherains. Voir Garin.

Manekine (la).

Maugis d'Aigremont.

Meurvin, fils d'Ogier.

Nibelunge (le comte) en 788 [2]; et Reinart et Isangrin [3].
  Voir documents historiques, ci-dessus, p. 135-136.

Ogier de Dane-Marche.

Orson de Beauvais.

Pairs (les douze).

Parise la Duchesse.

Pépin et Berthe.

Quatre Fils Aymon. Voir Aymon.

[1] Les anciens inventaires écrivent Guille, Guillaume ou Willalme d'Orenge,
Pepin et Berthe (Protypographie), etc. Ces titres historiques doivent obtenir
la préférence sur ceux composés d'épithètes accessoires ou fantastiques ; le cycle
national, en perpétuant les noms des princes français ou ceux des Nassau,
ne peut rien perdre à négliger les surnoms composés de Cornet, Court-Nez,
petits ou grands Pieds , etc.

[2] Bouchet, Maison de France, dans les preuves, p. 222.

[3] Historia Frising., t. I, part. II, n°ˢ 227, 228.

Raoul de Cambray.

Richard sans Peur.

Robert le Diable.

Roland et Roncevaux.

Roncevaux.

Rou (roman de).

Siége de Barbastre.

Théseus de Coulogne.

Turpin (chronique de).

Valentin et Orson.

Vivien Amachour de Montbran.

L'ordre chronologique de ces diverses chansons, sous le seul rapport de la priorité graphique, s'obtiendra par l'examen comparatif des plus anciens textes.

Les héros des chansons carlovingiennes portent des noms primitivement théotisques : Der hooge, Naaman (Voir Naimas), Herwin, Werin, Bricke, Walter, Dieterich, Arnolt, Wernher, Alberich, etc. Si l'on a compris les usages phonétiques semiseptentrionaux, on ne sera pas étonné que Fromond soit l'équivalent de Flamand [1], qui lui-même vient de Plat-man [2]. Entre le ixe et le xiie siècle, les chants militaires des Francs passèrent oralement du théotisque dans les langages des indigènes gaulois-wallons, par suite de la coexistence prolongée de ces idiomes dans les contrées baignées par le Rhin, la Meuse et l'Escaut.

---

[1] Chroniques de Normandie. Rouen, 1558, ch. i. Romans de Baudoin. Fromond, Flomond, Flamond, Flamand.

[2] Voir notre p. 86, note 6.

Le lien qui attache nos chansons de geste à l'histoire est mis en évidence par un auteur germanique du ixe siècle (829), connu en France sous le nom de l'Astronome. A l'occasion de la déplorable excursion en Espagne, il s'exprime ainsi : « Infortunio obviante extremi quidam in eodem monte regii cæsi sunt agminis, quorum, quia vulgata sunt, nomina dicere supersedi [1]. »

Quelques lignes plus loin, le même historien, récapitulant les récompenses accordées par Charlemagne à ses grands vassaux, désigne : « Albigensibus vero Haimonem (Aimonem, Amionem), porro Lemovicis [2] Hrodgarium (HRotgarium Rothgarium). Les deux premières lettres de ce nom représentant une aspiration gutturale, il est évident que c'est ici le nom latin de notre Théotisque Ogier, tel qu'on l'écrivait en Germanie peu d'années après sa mort.

La diplomatique imprimée à la fin du deuxième volume de l'histoire des Empereurs par Bunau [3], partie si minutieusement détaillée et qui semble n'être pas connue en France, récapitule une série de chartes dont les textes renferment d'irrécusables preuves que les poètes francs ne s'éloignaient pas des sources historiques ; l'éditeur nomme les localités où les titres se conservent, et, le cas échéant, les ouvrages où ils ont été reproduits.

[1] Monumenta Germaniæ, Pertz, t. II, p. 608.
[2] Germani, Theddesci, Théotisques. Encycl. de Genève, t. XVI, p. 74.
[3] Histoire des Empereurs, par Bunau. Teutschen Kayser und Reichs Historie.

On remarque, sous le millésime 770, un diplôme latin de Didier, roi des Lombards;

A l'année 773, le testament de ce Rogerius [1] qui fit prendre le change au bibliographe des Manuscrits de la Bibliothèque du Roi [2], en confondant le vieillard fondateur du monastère de Charoux [3], avec le jeune Ogier, débutant cette même année dans la carrière des armes [4];

Le concile où fut décrétée l'expédition d'Italie;

La correspondance du pape Adrien avec Charlemagne;

Les lettres qui célèbrent la victoire sur les Lombards;

Constitution du privilége en faveur des nobles Francs et Germains;

L'ordonnance qui enlève au vassal Ogier tout ce qu'il tenait de la couronne, pour en enrichir l'église de Fulde, titre qui établit d'une manière authentique la mésintelligence entre l'empereur et son parent, chantée [5] par Raimbert dans LA CHEVALERIE OGIER.

[1] Comte d'Aquitaine et de Limoges, fonda en 770 le monastère de Charoux Saint-Sauveur, élection de Poitiers. Vie de saint Genoul, liv. II.

> Denique Rotharius, comes ingens, inclytus heros,
> Conjuge cum Eufrasia condidit istud opus.
> Hoc fulvo argento, gemmisque exornat, et auro :
> Affluit et libris, vestibus atque sacris.
> Prædia, prata, domos, silvas, vineta, colonos,
> Et pecora, et pecudes, et bona quæque dedit.

Mabillon, Annales, t. II, p. 271-227.

[2] Manuscrits français, t. VI, p. 123.

[3] Bruzen de La Martinière, t. II, p. 349.

[4] La Chevalerie Ogier, p. xviij.

[5] Homère disait avec raison : « Je chante... » Les littérateurs modernes devaient-ils employer la même formule?

Plusieurs pièces révélant l'esprit de prosélytisme énumèrent les récompenses accordées aux vainqueurs des Sarrasins.

Une donation d'un comte de Nibelunge au couvent d'Andenne [1], ainsi que celles d'Ogier, de Rinhart et d'Isangrin à l'église de Frisinghem [2]. D'où l'on peut inférer que la collection des poésies théotisques connues sous le nom de Nibelungen, que les érudits septentrionaux veulent faire descendre des Edda et des Saga, était originairement l'œuvre de Francs, ce qui autorise à la comprendre dans le cycle ; de même pour le recueil si remarquable du Renard, sous l'appellation latine de Vulpes, théotisque den Vos, en wallon Goupil ; il est probable que les noms Renard, Isangrin, sans analogie avec ceux-ci, furent des noms propres, portés par des sujets de Charlemagne, devenus types de ruse ou de méchanceté.

Au point culminant du cycle carlovingien, siége Dr'oon, surnom donné par les trouvères à Pépin d'Héristal.

[1] Sur la Meuse, entre Namur et Huy : Crucis beati Andoeni.
[2] En Bavière, près Munich.

PIPINUS HARISTALLI

Cum foreste, prope Leodium ,
fils d'ANGESISE et de BEGGA, fille de PÉPIN LE VIEUX,
appelé par les Francs DER HOOGEN (LE GRAND),
et par les Neustriens DR'OOGON, en latin MAJUS, MAJOR, MAIER, MAIRE,
d'où MAJORDOME, MAIRE DU PALAIS;

Vulgo TURPIN D'ARDENNES.

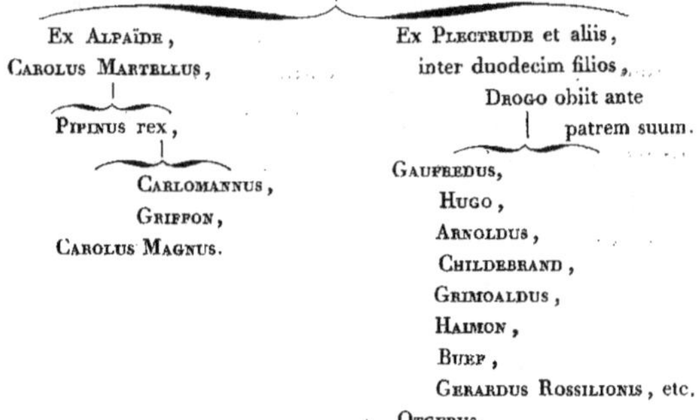

Plusieurs fils de Pépin d'Héristal étant morts avant leur père en laissant des enfants, nos trouvères confondirent les fils et les petits-fils [1].

La Chronique de Saint-Denis s'exprime en ces termes, sous le millésime 688 : « Cilz princes Pépin avoit fame noble de lignage, plaine de très-grant sens, Plectrude estoit apelée, dui fils avoit de li; Drogues avoit nom li ainsnez et li mainsnez Grimoarz; à Drogue l'ainsné avoit-on donné la contrée de Champagne [2]. »

[1] Voir Mézerai, Hist. de France.

[2] Voir Bruzen de La Martinière, Dict. Géogr., Art. Campine Liégeoise et comté de Looz.

C'est la Campine liégeoise, comprise dans le comté de Looz [1], sans doute depuis qu'Ogier, ayant reçu de Charlemagne le comté de Looz [2], y avait ajouté la Campine qu'il tenait de son aïeul. Cette preuve, à la fois historique et géographique, lie tout autant le grand-père au petit-fils, que celui-ci à l'aïeul.

« Pipinus, ex quo Karolus Magnus descendit, habuit filios tres : Drogonem et Grimoaldum, et ex alia conjuge, alium Karolum nomine, avus Karoli regis Magni [3]. »

Le fils aîné de Pépin d'Héristal reçut des trouvères le surnom que portait son père (Der Hoogen), sans doute pour écarter des souvenirs pénibles aux Neustriens. Drogon, mort en 708, est appelé PRINCEPS FRANCORUM [4]; son père, DUX AUSTRASIORUM [5], lui survécut. L'orphanéité des enfants et des petits-enfants a pu motiver les efforts des douze frères pour se constituer par les armes des dotations au préjudice des infidèles, alors encore nombreux dans l'empire.

Ainsi, le chef des Austrasiens et son fils, appelé aussi roi des Danois [6], forment la souche d'où descendent les douze preux autorisés par Charlemagne à conquérir leurs apanages sur la gent sarrasine; de là une famille poétique non moins nombreuse que celle des Atrides, et

[1] Voir aussi Einhardi, t. II, p. 392, 413.

[2] Préface à la Chevalerie Ogier, p. xix.

[3] Monumenta Germaniæ, Pertz, t. V, p. 221, col. 1, n. 20.

[4] Monumenta Germaniæ, Pertz, t. I, p. 102 et 6.

[5] « Modo reges, modo duces dicebantur. » Hist. sancti Huberti, p. 119.

[6] Roman de Gaufrey, ms. de Montp., fol. 52 v°, c. 1 ; fol. 53 r°, c. 1, etc.

les exploits sans cesse renaissants DE LA PLUS CHEVALEU-
REUSE LIGNÉE DE FRANCE [1].

Odieuse aux contemporains, la mémoire de Pépin
d'Héristal ne put protéger ses enfants ; l'Église montre
comme fervent le seul Grimoald, assassiné sur le cer-
cueil de saint Lambert à Liége ; on ouvrit ensuite la
tombe de Charles-Martel, pour y reconnaître les traces
du feu éternel, auquel on le prétendait condamné. Le
silence observé à l'égard de Dr'oon fut rompu par les trouvères, inventeurs de l'épisode sans corrélation de Guy
l'Hermite [2], à l'effet de donner le change et vouer à
l'oubli le nom du père, détesté surtout en Neustrie.

Mayence fut la résidence permanente assignée par les
poètes au chef du cycle carlovingien ; la forêt des Ardennes est le véritable Parnasse des trouvères.

« Anno 732 Godefridus, dux Campaniæ, filius Dro-
gonis, donat quicquid in villa Fleuigneia habuit. (Quem
Buccetius falso Saxonum ducem facit [3].) »

Godefroy [4], duc de Dane-Marche, dont la chanson,
dans le manuscrit de Montpellier, suit immédiatement
celle de Dr'oon, est l'aîné de ses douze fils, et père de
notre Ogier ; il n'y a plus de doute possible touchant la
patrie du paladin qui partage avec Roland la première

[1] Chevalerie Ogier, p. xxxij. Voir ci-après les Analyses.

[2] Happart donne à Pépin d'Héristal le nom de Turpin d'Ardennes. Chevalerie Ogier, p. xxxvi.

[3] Eckhart, de Rebus Franciæ Orientalis, t. I, p. 288.

[4] Ce nom septentrional a été écrit tour à tour Jauffre, Jauffroy, Joffroi,
Jofroi, Gaufrey, Gaufroit, Goffroy, Godefroi, etc. Voir, pour le nom de
Luitbert, ci-dessous, p. 257.

place dans nos traditions orales, dès qu'on reconnaît la
filiation; et cette filiation demeure incontestablement établie, la nationalité de Dr'oon ne pouvant être mise en
doute [1].

> Je et Tierri d'Ardoine ou la barbe florie,
> Joffroi de Dona Marche, Richart de Normandie.

> Je et Tierri d'Ardoine que vous ici veez,
> Jofroi de Dune Marche qui cuens est adurez [2].

> Jofroi de Dene Marche cui mauais ons ne fie [3].

> Joffroi de Done Marche qui fu père Ogier [4].

> De Doon de Maience vint Gauffroy li gentils
> Et d'icelui Gauffroy vint Ogier li hardis [5].

L'erreur de l'unique copie donnant à Joffroi Avignon pour patrie, est évidente, bien qu'on puisse admettre qu'une concession royale ou un héritage ait pu
lui départir le gouvernement de cette province [6].

Godefroy n'épousa ni la sœur de Gérard de Roussillon,
ni celle de Beuve d'Aigremont, qui étaient ses frères con-
sanguins. Notre généalogie repose sur les chroniques locales, et M. Grass [7], avec des documents tudesques, vient
de présenter aux érudits allemands une généalogie con-
forme à la nôtre.

[1]
> En son escu va Godefroi férir,
> Nés fu d'Almainé et chanberlains Garin.
>
> Roman de Garin le Loherain, t. I, p. 241, vers 2 et 3.

[2] Roman de Charlemagne, à la Bibliothèque du Roi, ms. 6985, fol. 142 v°,
c. 1, c. 2. — [3] Fol. 145 r°, c. 2. — [4] Fol. 149 r°, c. 3.

[5] Ms. de l'Arsenal, n. 190-191, in-4, B. L. F., fol. 3, roman d'Ogier.

[6] Bulletin du Bibliophile, mars 1843, p. 117, lig. 21 et suiv.

[7] Voir Grossen Sagenfreise des Mittelalters, p. 224, article Godefroi de
Bouillon.

Le texte unique, ms. 7183, à la Bibliothèque du Roi, sur lequel on se fonde, mérite-t-il quelque confiance [1]? sa comparaison avec le manuscrit de Montpellier suffira pour en faire juger le lecteur. On y chercherait vainement un seul vers exempt d'erreurs ou d'altération; c'est Maugis qui parle dans les deux versions :

BIBL. DU ROI, MS. 7183.

Par Dieu ! sire Danois, n'aférist PAS à vous
Que venissiés traïr LES QUATRE FILS Aymon.

Un vers manque.

MAL PARENT A EN VOUS ET MOUT mal COMPAIGNON.
ONC JOFFROIS D'AVIGNON ne fist JOR traïson.
JE VOUS LAISSAI JADIS EN ostage A KARLON,
A Saint-Omer en Flandres par tel DEVISION
Dont vous estes ENGRÉS ET SOGIÉS A KARLON,
Quatre deniers RENDÉS de chief et DE menton [2] ;

Un vers manque.

Jà fustes-vous COUSIN Girart de ROSSILLON.

MS. DE MONTPELLIER.

Pour Dieu, sire Danois, n'aférist mie à vous
Que venissiés traïr Renaut le fix Aymon,
Que de son lignage estes, à Dieu maléichon :
Si mal parage ha chi et si mal compengnon.
Onques le vostre père ne fist jour traïson;
Il vous lessa en France forostage à Kallon,
A Saint-Omer en Flandres, par itele raison
Dont vous estes cuvert et soget à Kallon ;
Quatre deniers devés du chief et du menton.
Ogier de Danemarche, entendés ma reson :
Jà fustes-vous neveu Girart de Roussillon [3].

[1] Bulletin du Bibliophile, mars 1843, p. 113, et t. VI, p. 122 des Manuscrits français de la Bibliothèque du Roi.

[2] Bibliothèque du Roi, fol. 110. Bulletin du Bibliophile, mars 1843, p. 127.

[3] Quatre Fils Aymon, fol. 194 v°, c. 2.

L'identité du fond , dans les versions traditionnelles multiples, est garant de la vérité, comme les variations dans les choses prouvent la superposition du mensonge et de l'imposture.

Aussi longtemps que l'Ardenois Ogier s'est montré seul, l'absurdité des jongleurs, prenant la DAN-MARCHE pour le DANEMARK, a pu ne pas sauter aux yeux. Nous nous sommes décidé à joindre ici quelques analyses des chants inspirés jadis par les exploits de la nombreuse famille de DR'OON de Mayence, afin que l'esprit le moins exercé fût conduit à reconnaître la patrie de ces paladins, abstraction faite de ce que nous avons écrit précédemment.

Les faits attribués à Ogier avant 773 ne le regardent nullement; la versatilité orthographique du nom latin produisit toute la confusion ; Ogier n'est pas un de ces preux isolés et fantastiques que l'on puisse à son gré faire venir de l'un ou l'autre des points cardinaux. Le problème nettement posé apporte lui-même sa solution [1].

Nos plus anciens rapsodes connaissaient parfaitement la haute extraction du fils de Godefroy; la tradition établit son indubitable nationalité; le roman d'Eaumont et d'Aigolant d'Aspremont, dans ses diverses copies exécutées au XIIIe siècle, reproduit les vénérables assertions du vulgaire, sous les formes suivantes :

---

[1] Nous insistons, parce qu'un membre de l'Institut, dont nous étions heureux de proclamer le savoir, vient de consigner une opinion opposée, dans un ouvrage qui devrait faire autorité en cette matière. Voir Histoire littéraire de la France, t. XX, p. 692.

<table>
<tr><td>1.</td><td>2.</td></tr>
<tr><td>J'ai non Ogiers de la maison Kallon,</td><td>J'ai non Ogiers de la Kalle méson,</td></tr>
<tr><td>Qui m'a norri dès que fui enfançon :</td><td>Si me norri molt petitet garçon :</td></tr>
<tr><td>Clares l'entent, si l'enclina parfout [1].</td><td>Claires l'entent, tel merveille n'ot hom [2].</td></tr>
<tr><td>3.</td><td>4.</td></tr>
<tr><td>J'ai non Ogiers de la Kalle meison,</td><td>Je ay non Uger, de la masnée Kallon,</td></tr>
<tr><td>Qui m'a norri com un petit garçon :</td><td>Que m'o noris petit en sa mason :</td></tr>
<tr><td>Clariz l'entent, si l'ancline parfont [3].</td><td>Donche desmonte et s'il l'enchine parfont [4].</td></tr>
</table>

Le nom de notre héros est lui-même une généralité : OT, OD, OTH, chez les Gaulois, signifiait excellent, élevé, remarquable, puissant, vaillant, opulent, etc. [5] ; doit-on s'étonner qu'un radical de ce genre soit entré dans la qualification de plusieurs hommes éminents ? Otgier est le nom gaulois correspondant au théotisque der HOOGEN, porté par le prince franc, aïeul d'Ogier.

Déjà nous avons fait voir combien les premiers essais dans l'application de l'alphabet latin avaient occasionné d'erreurs (p. 66 et 138); ce que l'on dit pour les patois est également vrai pour les appellations locales [6], et même dans les langues, où les mêmes lettres ont fréquemment

---

[1] Manuscrit 8203, fol. 121 v°, à la Bibliothèque du Roi.

[2] Manuscrit de notre collection, fol. 49 r°.

[3] Manuscrit de la Bibl. du Roi, fonds La Vallière, n. 123, fol. 25 v°, c. 1.

[4] Manuscrit 7618, fol. 21 r°, c. 1, à la Bibliothèque du Roi.

[5] Schilteri Glossarium Teutonicum, t. III, p. 652, c. 1.

[6] « Impossible de représenter par les combinaisons graphiques la valeur orale des mots des vocabulaires patois, et de peindre par des signes les intonations fugitives de leur prononciation. C'est là l'écueil contre lequel ont échoué et échoueront les prétentions des grammairiens de toutes les langues. » Essai sur l'Origine des dialectes vulgaires, par M. Ollivier. Valence, 1836, in-8, p. 32.

Voir aussi Éléments de Paléographie, t. I, p. 162 et suiv.

des valeurs différentes. La prétendue orthographie, si fréquemment inconséquente, n'est cependant parvenue à s'établir qu'à la suite du long règne de l'hétérographie. La traduction latine des noms d'hommes et de lieux n'était qu'un à peu près ; tant que le principe d'hérédité ne fut pas stable, ces noms étaient horriblement défigurés. Ogier partagea le sort commun, et ne fut guère plus heureux que Luitbert [1], dont le nom s'écrivit de quinze manières différentes ; le nom du trouvère Wace, auteur du roman de Brut, présente onze variantes orthographiques [2]. Nous ne récapitulerons pas les appellations diverses données à Ogier ; il suffira de faire remarquer que le contemporain de Pépin, le protecteur voyer du pape Étienne III, ne pouvait être fils de Godefroy de la Dan-Marche, ôtage adolescent, cousin de Charlemagne et son puîné, âgé alors d'environ trois ans [3].

Au surplus, la chronique Sancti Martini Coloniensis [4], qui, au mérite d'être rédigée dans la contrée même, joint celui d'une vénérable antiquité, distingue parfaitement Otgerius, d'Adelgarius.

« Herbodus, qui rexit sub annum 778, quo monasterium a Saxonibus est destructum, et denuo restauratum per Otgerum Daniæ ducem, adjuvante Karolo Magno imperatore, postea rexit Adelgarius factus episcopus. »

Le trouvère auteur du poëme de Droon, dont nous publions l'analyse, prévient ses lecteurs contre les erreurs

[1] Schilter, Thes. Antiq. Teuton., t. I, p. 12.
[2] Revue franç., t. III, décembre 1837, p. 362. Voir ci-dessus, p. 252, 256.
[3] Historiens des Gaules, t. V, p. 435.
[4] Monumenta Germaniæ, Pertz, t. II, p. 214.

que l'absence des surnoms, encore peu usités dans les
Gaules, devait faire naître :

> Segnors, vous savés bien, et je en sui tous fis,
> Que plusors Kalles ot jadis à Paris,
> A Nerbonne la grant ot plusors Aymeris,
> Et à Orenge r'ot maint Guillaume marchis,
> Et si r'ot maint Doon à Maïence jadis :
> Chil Do dont je vous chant, qui chest fet a empris
> Contre le roi Kallon et qui s'est aatis,
> Chen ne fu pas chil Do le traître faillis
> Qui Beuvon de Hantonne cacha de son païs,
> Le mari Josiane, la bien feite au cler vis,
> Ains est li anchien et li premerain vis
> Dont la geste sailli des barons de haut pris
> Qui ont sus Sarrasins le bon resne conquis
> Tout entour cheste terre et le riche païs
> Où Dex est henourez et proisiés et servis [1].

C'est probablement afin d'éviter la confusion, que
notre Ogier reçut la qualification de Denois ou Danois,
parce qu'il était de la MARCHE de DEN ou DAN, qui, en
gaulois ou celtique, signifiait forêt escarpée, montagne ;
la DAN ou DEN-MARCHE était la lisière de l'AR-DEN ; AR est
l'article, d'où il suit que l'Ardenois, pour être textuel, n'en
est pas moins un pléonasme. S'il était permis de refaire la
langue des trouvères, il faudrait écrire OGIER AR DENOIS [2].

A la classe nombreuse en France que les abus des
étymologistes ont éloignée de la vraie science, nous ferons remarquer que si les comtes de Châteaudun ont
été appelés DUNOIS, les marquis de la DEN ou DAN-

---

[1] Manuscrit de Montpellier, fol. 26, c. 2.

[2] Chevalerie Ogier, additions et corrections. Thierry d'Ardennes était
parfois appelé Denois (Chevaler. Ogier de Dane-Marche, p. XXXI) ; la Chanson
des Saxons, t. I, p. 73, en fournit un second exemple : « Karles et li dus
Naymes et li Denois Tierris. » Les variantes portent Ardonois, Ardenois.

Marche devaient être nommés Denois ou Danois [1]. Les
traditions montrent la réalité de ces analogies, lorsqu'on
les étudie dans les plus anciens textes ; l'étymologie ap-
pliquée aux noms de lieux et de personnes est une mine
inexplorée [2]. Les métamorphoses incessantes de notre
vocabulaire géographique rendent cette étude indispensable ; la langue anglaise, par sa fixité et son respect
pour les appellations consacrées dans les localités mêmes,
peut souvent nous servir de flambeau.

Le rouman de Guy de Nanteuil est explicite ; il signale
deux Ogier bien distincts, l'un complice d'Hervieu [3] :

> Hervieu se fet armer et bien appareiller ;
> Il a moult grant fianche en Haston et Ogier ,
> Et en cent traîtour qui ot fet embuschier ;

l'autre, serviteur de Charlemagne [4] :

> Dolent fu l'emperere de l'estour que il voit ;
> Ogier en apela, Cil qui fu fix Gaufroit :
> « A la moie foi, sire, je voi moult grant desroit,
> Sous ciel n'a si sage home puis qu'est viex ne foloit.
> Guy iert venus à court pour desraisnier son droit
> Vers Hervieu du Lion, si l'éust mort tout froit,
> Se ne fussent li ceus que Dex grant honte envoit,
> Li parent Guenelon, jà nus n'en ara droit :
> Qui lez pendroit as fourques, grant osmosne feroit.

Quelques vers plus bas, il donne au fils de Godefroy
le surnom de Danois.

Les inductions qu'on a voulu tirer de l'épithète Osta-
gium Daciæ ne soutiennent pas l'examen ; cette qua-

---

[1] Les habitants de la Marche d'Espagne s'appelaient alors Espanois.

> « Il n'est Gascon, n'Espanois, ne de Castele. »

Poëtes français avant 1300, Bibl. du Roi, suppl. fr., ms. 469, fol. 126.
[2] M. de Maistre.
[3] Manuscrit de Montpellier, fol. 146 r°, c. 1. — [4] Fol. 146 v°, c. 2.

lification exprime une situation particulière à Ogier, dès son début dans la carrière ; pour acquérir quelque valeur relativement au personnage, il faudrait la trouver littéralement dans un texte respectable ; il n'en est pas ainsi, c'est toujours Dux Daciæ que portent les manuscrits [1]. En faisant de Dacia [2] autre chose qu'un nom géographique, il est évident que le titre de Dux Daciæ appliqué au parent de l'empereur, est dérisoire.

Le legs fait par Ogier, d'un domaine situé à Verceil [3], est une illusion. Ogier, après s'être fait moine, sollicita la munificence de son royal parent en faveur du monastère de Saint-Faron, et obtint de Charlemagne une double donation, prise sur le domaine privé de l'empereur : l'abbaye de Rez près Meaux, puis une autre, située au faubourg de Verceil, qui demeura la possession des religieux de Saint-Faron aussi longtemps que l'Italie fut soumise aux rois francs [4].

---

[1] Caroli Magni a Ciampi, p. 25, 39, 81, etc.

[2] Dacia, d'Haeche, d'Haeg, d'Haechen, Celtis sunt silvæ, nemora, nemorositates ; Belgæ adhuc dicunt haegen en bosschen. Fr. forêt, bois, haies. (V. Scriecki.)

[3] Manuscrits français de la Bibliothèque du Roi, t. VI, p. 123.

[4] Mabillon, Annales ordinis Sancti Benedicti occidentalium Monachorum, t. II, p. 377 : « Eodem vero anno, quo ambo (Otgerius et Benedictus) monachi facti sunt, Otgerius ad Carolum accessisse, enixe rogaturus, ut qui ceteris monasteriis tot beneficia conferret, unum Sancti Faronis monasterium a benefactis ne exciperet. Carolus vero postulatis facilem se præbens, duas Sancto Faroni abbatias ex suo dominicatu concessisse : unam in honorem sanctæ Mariæ et sanctique Petri dicatam, in loco, qui Reda dicitur, spatio stadiorum octoginta ab urbe Meldensium et monasterio distantem, quæ modo villa est eidem monasterio subjecta : alteram in suburbio Vercellensi, quæ tam diu pertinuit ad fratres Sancti Faronis, dum reges Francorum Italia potiti sunt. »

Peu après l'emploi général de la graphie, le cycle d'Artus, tout idéal, sorti du mysticisme des cloîtres, captiva la faveur publique et réagit sur la littérature ; il fallait arturiser pour obtenir la vogue. Sous la plume des Provençaux et des Anglo-Normands, les poëmes carlovingiens subirent des métamorphoses qui les rendent méconnaissables. Ainsi au xiii⁰ siècle, un troubadour s'empare du personnage de Godefroy, père d'Ogier, et en fait un serviteur du roi breton ; les éditeurs du Lexique roman de M. Raynouard ont publié un long fragment de ce poëme[1], l'un des plus considérables de la langue d'Oc, précieux en ce sens que la paraphrase provençale, faite d'après un texte théotisque ou roman plus ancien et perdu, reproduit des noms et des épithètes antiques qui jettent la lumière sur les chansons primitives. Ainsi Ogier est appelé Augiers de Cliart, pour Cliviart, de Clèves[2].

Clèves communique au Rhin par un canal appelé Spoy[3] ; les jongleurs qualifiaient mer les fleuves, les ri-

Dans le vague des allégations, on avancera peut-être qu'une autre donation aurait été faite. Mais si l'empereur a disposé d'une abbaye piémontaise, son parent Ogier pouvait, sans compromettre davantage sa nationalité, léguer un domaine de la même contrée : l'argument qu'on prétendrait en tirer tombe de lui-même.

[1] Nouveau Choix, I⁰ʳ vol., p. 48 à 173.

[2] Bruzen de La Martinière, art. Clèves, t. I, p. 163. Le pays Clivius, ou Clivia, pente de colline appelée Dan, Den, Dun, par les Gaulois, et Berg par les Allemands.

[3] Drusus attacha son nom à la communication avec l'Issel ; les fosses Eugéniennes conduisaient les eaux de la Meuse dans le Rhin, à la hauteur de Gueldres.

vières, les canaux, comme de nos jours on appelle encore ENTRE DEUX MERS le pays compris entre la Garonne et la Dordogne [1].

Située sur le penchant de trois collines, dans un pays marécageux, Clèves est le point d'intersection des deux côtés du triangle que formaient les Ardennes, dont l'hypothénuse se prolongeait de Reims à la mer [2]. Les rives des deux fleuves qui l'environnent sont couvertes d'imposantes ruines féodales, et les généalogistes regardent ces contrées comme le berceau des plus antiques maisons de l'Europe [3] :

[1] La Dordonne du cycle carlovingien varie (voir Bibliothèque des Romans, juillet 1778, p. 49 et 113). Le manuscrit de Montpellier, fol. 180 r°, col. 2, donne l'itinéraire suivi par le duc Aymon et ses quatre fils quittant furtivement la capitale :

> De Paris sunt issus à coite d'esperon ;
> Des journéez qu'il font ne fes acontoisou,
> Et le duc et si fil en vindrent à Dordon.
> Renaut s'en va fuiant et par nuit et par jour,
> Jusqu'à Han à Neele n'i a fait nul séjour,
> Et ont passé Compiègne et la forest majour ;
> Droitement à Dordonne sus l'eue ravinous
> En sunt venu tuit quatre li vaillant poignéour.   Fol. 183 r°, col. 1.

Dordon, suivant la direction tracée ici par le poète, est probablement Dourlens sur l'Authie.

[2] Dans une des branches du roman des Loherains, Lens, Pevelle, Saint-Amand, Valenciennes, etc., théâtre de la catastrophe de Bègues de Bélin, font partie des Ardennes :

> Begon en portent au Lohérain Garin ;
> Ardenne laissent, en Argonnois sunt mis.
>   Li romans de Garin, t. II, p. 259, vers 14, 15.

[3] Les Francs, au IIe siècle (Tacite), passèrent des bords du Mein, de la Sale, de l'Elbe et du Weser, sur ceux du Rhin, de la Meuse et de l'Escaut ;

« Antiqua Francia est Francia Rhenensis [1]. »

Les Clévois, Liégeois et Bouillonois se sont fréquemment alliés [2].

Godefroy recouvra Vaucler [3], qui alors faisait partie de la Saxe, et vint s'y établir : longtemps après, les jongleurs du Hainaut, ne comprenant plus ce que signifiait VAL-CLÈVES, en firent VAUCLER, tandis que l'imitateur provençal, mieux inspiré, de CLIVIUS fit CLIVIART, puis, à cause de la mesure, CLIART.

Les Lombards occupèrent la Westphalie, et les Francs, avant de passer dans les Gaules, s'y établirent jusqu'à l'arrivée des Saxons ; les évêchés de Liége, les duchés de Juliers, de Clèves, etc., faisaient partie du cercle de Westphalie, qui alors était portion intégrante de la Saxe.

Charlemagne vécut à Aix-la-Chapelle, comme Ogier à Liége, tous deux au milieu des Ardennes ; toutefois l'empereur est né à Saltzbourg, et le berceau d'Ogier doit être Clèves.

Il n'est pas certain qu'Ogier ait assisté à la bataille de Roncevaux. C'était l'époque de sa disgrâce [4] ; il n'apparaît que pour venger la mort de Roland, fiancé à Aude, sa sœur. L'empereur lui pardonna probablement, alors qu'il sentit la nécessité de réparer la perte de tant de héros.

ils ne s'établirent dans la Neustrie que vers la fin du ve siècle. Bruzen de la Martinière, t. V, p. 274.

[1] Scriecki.

[2] Trévoux et Mémoires des Bourguignons, par Gollet.

[3] Voir la droite Estoire de Gaufrey, manuscrit de Montpellier, fol. 86 v°, c. 2, 87 r°, c. 2, etc.

[4] Voir notre p. 134, anno 779.

Le duc Names, oncle d'Ogier, le Nestor des chansons traditionnelles, a donné son nom à la ville de Namur [1].

L'image du valet [2] de pique porte avec elle une preuve de la nationalité ardenoise ; Ogier, comme tous les descendants de saint Hubert d'Ardennes, avait le privilége de guérir l'hydrophobie et d'en préserver.

« Qui e sancti Huberti posteris sit, rabiosos, aut rabiem proxime expectantes, ipse, ut ejusdem familiæ reliqui, solo tactu, aut jussu, sanant [3]. »

[1] Roman de Berte, p. 14 et 15, et notre page 246.

Aix-la-Chapelle, Namur et Liége forment un trépied austrasien, non moins démonstratif que Château-Fort, Chevreuse et Gaillardon, dans l'île de France.

[2] Jeune chevalier, qui commence à valoir :

« Li valet cois sans faire bond
A roi son père quiert pardon. »
          DOCTRINAL ROYAL. Borel, suite à Ménage, p. 215, c. 1.

[3] Hist. sancti Huberti, p. 242 : « Cognatos alios suos, eamdem potestatem habere, etiam fœminas ; imo, et qui ab his, etsi patres ex alia stirpe. » Ibid., p. 318. Voir aussi p. 546.

L'action est réciproque : le chien ne suit pas, il s'élance pour implorer protection et assistance, et le neveu de saint Hubert accorde son intervention.

Nous reproduisons lé dessin d'un carton primitif[1].

Il est à remarquer que le corps du chien est en partie caché par l'escarpement du terrain, caractéristique du pays des Ardennes.

Les premiers gringoneurs [2] ont donné aux cartes à jouer des attributs pour chacune des figures représentant les personnages les plus célèbres : à David une harpe, à Alexandre le sceptre, à Charlemagne un glaive et le globe surmonté de la croix, un chien aux pieds du descendant de saint Hubert[3]. Les trouvères conservaient cette tradition; témoin ces vers des Quatre Fils Aymon, adressés à Ogier par Roland irrité :

> Francs doivent tant le chien et batre et férir
> Que il viengne as piés Kalle, illec doit-il garir.

L'Historia sancti Huberti, citée plusieurs fois, contient des indications bibliographiques sur quatorze manuscrits

[1] Cette carte se conserve dans la riche collection de la Bibliothèque du Roi, cabinet des Estampes, vol. n. 2103.

[2] Ce nom a fait prendre le change; il signifie faiseur de grangons. « Grangium certus tesserarum ludus. » Voir Glossarium de Du Cange, Supplément, t. II, col. 651.

Les premières cartes se vendaient à Paris, chez Jacquemin, gringoneur, fabricant de dés, parce que les dés et les cartes s'employaient simultanément. (Voir Miniature de notre cabinet dans l'Abusé en Court, manuscrit du xve siècle.) D'où DÉGRINGOLER, rouler en sautillant comme les dés (changement de la liquide).

[3] Des auteurs modernes ont pensé qu'Ogier étant Danois, on lui avait donné un chien de son pays; nous avons prouvé que cette race, telle qu'on la rencontre en France, ne pouvait vivre en Danemark. Voir préf. d'Ogier, p. vj.

plus ou moins anciens [1], où l'on a puisé les faits principaux : les soins apportés à la rédaction de l'hagiographie,
publiée sous le patronage et aux frais de l'illustre abbaye
des Ardennes, célèbre dès le xe siècle par l'excellence de
ses textes [2], et par l'empressement des chanoines à recueillir les documents les plus authentiques sur la vie de
leur patron ; le nombre et le caractère des collaborateurs,
à la tête desquels figure l'auteur même de la généalogie [3],
Happart, « qui horum agmen ducat, » tout se réunit pour
donner à l'ouvrage qui a confirmé nos recherches sur
Ogier, une imposante autorité.

Nos chansons primitives, réunion de fragments traditionnels, confiés aux premiers scribes vulgaires, s'accordent pour montrer Godefroy d'Ardennes comme père
d'Ogier ; puis un grand-père Dr'oon et un bisaïeul, sous
le pseudonyme Gui l'Hermite ou Turpin d'Ardennes, vé-
ritablement Pépin d'Héristal, appartenant aujourd'hui
plus à l'histoire qu'à la poésie. Nos lecteurs, quels qu'ils
soient, ne nous pardonneraient pas l'insistance ; il nous
suffira de faire observer à ceux qui combattent les origines carlovingiennes, la nationalité des héros, les traditions historiques, et notre linguistique semiseptentrionale, aux écrivains qui rabaissent nos titres primordiaux à
l'état de pure fiction et s'efforcent d'arracher les attributs
français pour façonner un squelette sans patrie, sans histoire, sans réalité, qu'il faudrait maintenant se déclarer

---

[1] Le manuscrit coté n. 6 porte la signature de Manchion, orthographe
brugeoise du nom de Colard Mansion. Hist. sancti Huberti, p. 114 et seq.

[2] Voir Messager des Sciences historiques. Gand, 1843, livr. II, p. 134.

[3] Préface de la Chevalerie Ogier, p. xxxix.

ouvertement détracteur; la confusion et le scepticisme servent la quiétude; on rêve à l'aise sur une couche de pavots ; le noble espoir de féconder le sol de la patrie ne décline pas une terre laborieuse.

Faisant bon marché de notre littérature au berceau, nos critiques prétendent que les arguments fournis par les poëtes ne prouvent rien, quant à l'appui des historiens; ils ignorent sans doute que, durant tout le temps où la graphie vulgaire n'existait pas, les historiens étaient poëtes, témoin Charlemagne lui-même [1]. Pour graver la vérité dans la mémoire des hommes sans lettres, il fallait l'associer à la poésie, emprunter son mètre, ses assonances, son rhythme musical, l'entourer en un mot du cortége des accessoires pittoresques, frappant l'esprit en même temps qu'il affranchit de l'ennui, puis de l'oubli qui se traîne à la suite.

Si les traditions carlovingiennes étaient aussi fantastiques que les contes arabes, on ne retrouverait pas sans cesse des détails topographiques exacts et concordants, bien qu'émanés de bouches différentes ; ces noms historiques toujours les mêmes, malgré leur versatilité graphique. Les épisodes auraient-ils toujours l'Austrasie pour point de départ? serait-ce toujours le Rhin, la Meuse, la Moselle, les Ardennes et la Neustrie? Lorsque le merveilleux apparaît, revêtirait-il toujours les couleurs locales? verrait-on à satiété les efforts et les luttes des premiers chrétiens, puis les excursions des Croisés? La sincérité des Actes des Martyrs est-elle mise en doute,

[1] Voir notre p. 90.

parce qu'il est difficile d'admettre quelques miracles ajoutés par excès de zèle ? La part des temps, des préjugés,
des circonstances, est indispensable à l'observateur de
bonne foi, comme la diaphanéité des cristaux est nécessaire aux instruments d'optique.

Aucune des vieilles productions de l'intelligence humaine ne réclame plus impérieusement des explications
de toutes sortes ; le fil conducteur n'ayant pas été saisi,
le laconisme ne saurait résoudre des problèmes qu'on
n'a pas même songé à soulever : un tableau est toujours
mal apprécié en l'absence de lumière.

La nationalité de l'Ogier traditionnel, l'un des types
du chevalier français [1], ne saurait plus nous occuper ;
des preuves surabondantes toutefois viennent se ranger
sous nos yeux : le Liber Pontificalis, un des ouvrages les
plus authentiques, fait connaître la présence, en Italie, de
Charlemagne et d'Ogier en 773 [2]; notre héros y porte
l'irréfragable surnom de Francus :

AUTCHARIUS FRANCUS	vivant sous Charlemagne.	Orthographe ecclésiastique.
AUTCARIUS	le même.	Orthogr. purement latine.
AUTGARIUS	sous Pépin vers 752.	
HRODGARIUS	sous Charlemagne.	Orthogr. latino-théotisque [3].
HROTGARIUS	} sous Lothaire vers 843.	Idem.
ROTGARIUS		
OTGERIUS	traditionnel.	{ Orthographe théotisque, wal-lonne et neustrienne [4].

[1] Voir Guillaume le Breton. Hist. des Gaules, t. XVII, p. 221, D.
« Cohæredes fortis Ogeri ! »

[2] Anastasii bibliothecarii de Vitis romanorum Pontificum, p. 199.

[3] HR, aspiratio Germanis familiaris. Rabani Mauri Tractatus, manuscrit
à la Bibliothèque du Roi, fonds Saint-Germain latin, n. 59, fol. 5 v°.
Monumenta Germaniæ, Pertz, t. II, p. 608.

[4] Deux Rotgarius. Hist. des Gaules, t. V, p. 697, B, et t. VI, p. 293, B. Le

L'attribution des faits appartenant en particulier à chacun de ces trois Ogier, tous d'origine septentrionale et
vivant à une génération l'un de l'autre, ne saurait être
faite qu'à l'aide d'une chronologie très-précise [1].

La chanson d'Ogier a subi des transpositions dans sa
contexture; nous avons vu que le héros avait près de
lui des Francs de la Dane-Marche, puis des Lombards,
après son séjour chez Didier. La chanson primitive était
exacte; les traditions s'établirent en flattant tour à tour
l'orgueil français ou lombard, et l'intervalle du siècle
tourmenté par l'application générale de l'écriture aux
idiomes vulgaires, suffit pour accumuler les ténèbres;
ainsi Castel-Fort sera tantôt situé sur la Meuse, tantôt
en Lombardie [2], et finalement dans l'Ile de France, suivant que Raimbert ou ses prédécesseurs obéissent à la
tradition théotisque, lombarde ou neustrienne.

Le château de Gaillardon ne présente aucune équivo-
que; il était encore propriété de la famille à l'extinction
du dernier Gérard de Roussillon [3]. On ne saurait s'éton-

dernier commanda longtemps en Italie, et, comme notre paladin, se voua
par vœu à Saint-Pharon : « Rotgarius iste comitis dignitate fungebatur in
Italia dum ibi regneret Lotharius. Diversus est ab Otgerio milite sub principatu
Caroli Magni. » Hist. des Gaules, t. VI, p. 293.

[1] La Chevalerie Ogier, p. xviij, à la note.

[2] Nous avons minutieusement parcouru les anciennes cartes du Piémont,
sans avoir pu y rencontrer les équivalents de Château-Fort, Chevreuse,
Gaillardon; Castel-Fort u gravier, que l'on trouve dans le poëme de
Droon et dans celui d'Ogier, ne saurait faire confusion avec celui situé dans
l'île de France.

[3] Voir Ogier de Danemarche, et surtout le roman de Gérard de Roussillon
et de Berthe, sa femme, fille de Hugon, comte de Sens, manuscrit à la Bibliothèque de l'Arsenal, B. L. Fr., n. 184, in-fol., et ci-dessous, p. 291.

ner de voir Ogier l'occuper du vivant de Gérard Ier, ou peu après lui. Le neveu y résidait-il comme châtelain de son oncle, ou comme héritier? cette forteresse est-elle revenue ensuite aux descendants directs de Gérard Ier? Ces problèmes sont aussi difficiles qu'insignifiants; ce qui importe, c'est que Gaillardon soit reconnu comme relevant alors des héritiers de Droon de Mayence.

La corrélation établie par la chanson d'Ogier entre Castel-Fort, mont Quevrel (Chevreuse) et Gaillardon [1], la donation de Didier [2], les regrets exprimés par Charlemagne [3], la possession de Gérard de Roussillon [4] et les ruines majestueuses que l'on peut encore admirer dans ces diverses localités, restées jusqu'ici sans interprète, tout concourt à établir les grandes scènes ogiériques au cœur de la France. Nous avons fait graver ce qui subsiste d'antique, pages 169, 271, 280, dans l'espoir d'inspirer au lecteur le désir de les visiter. Sous le charme de nos impressions, l'excursion que nous y avons faite lève tous les doutes.

[1] Le poëme dit que Charles, combattant Girard, assit son camp sur une hauteur voisine de Gaillardon, appelée Poligny, qu'il y bâtit un château auquel il donna son nom (celui de son fils), probablement le mont Louet des géographes. Voir ci-après, p. 291.

[2] Voir Ogier de Dane-Marche. Château-Fort, vers 3128, 3421, 6251, 6429, 6444, 6635, 6650, 6665, 8146, 8196, etc.

Mont Kevrel (Chevreuse) 3425, 6431, 7603, 7614, 9001-2, etc.

Gaillardon 4421. Manuscrit de Montpellier, fol. 140 v°, c. 1. Voir Gérard de Roussillon.

[3] Manuscrit de Montpellier, l. c.

[4] Voir Gérard de Roussillon, passage transcrit, ci-après, p. 291.

OGERUS REDIVIVUS.

En sortant de Versailles par la porte du Buc, on peut en une heure franchir l'espace qui sépare de Château-Fort [1]; la route serpente à travers des sites variés comme les plus riants de l'Helvétie : à mi-chemin et à l'extrémité de la vallée de Jouy, on côtoie un aqueduc de vingt arcades s'élevant à cinquante pieds; c'est l'œuvre du grand Roi.

Le village du Buc, véritable pertuis, est laissé à droite pour suivre la direction des étangs de Toussus; le pays se déboise, une roche légèrement ascendante (meulière rouge) conduit vers Château-Fort, abandonnant Guyancourt par la droite : bientôt les plantations reparaissent près du village, de forme quadrilatère; sur la ligne en face, s'élèvent encore les restes imposants d'une tour qui défendait le château du côté de la plaine.

Un charron y a établi récemment son domicile, et construisait dans l'intérieur même du donjon un modeste abri pour sa famille.

---

[1] L'archevêché de Paris comptait encore au siècle dernier deux archidiaconés extérieurs, Josas et Brie, se sous-divisant en six doyennés, rappelant les plus anciennes localités, Chelles, Corbeil, Champeaux, Château-Fort, Lagny et Montlhéry.

Château-Fort, aujourd'hui ignoré, jouait un rôle important au moyen âge; une charte de 1207 porte : « Odo Dei gratia Parisiensis episcopus assignamus et contulimus eis in perpetuam elemosinam, decimam illam quam emimus apud Buc versus Castrum-Forte... actum anno Domini mccvii. » Chartularium ecclesiæ Parisiensis, publié par M. Guérard, t. I, p. 430, et t. III, p. 203.

6650.   Castials-Fors siet fermés en un regor,
           En une roce du tans ancianor :
           Li marescages fu mult grans tot entor,
           Qui si pantoise le trait d'un arc d'aubor,
           N'i entreroit serjans ne vavasor,
55.   Muls ne somers, cevals ne missodor,
           Qui du fangar issist mais à nul jor :
           De l'autre part une eue rade cort,
           Noire et hiddeuse, qui là bat à la tor.
59.   Kalles li rois l'assist par grant vigor.

Et par version duplique :

6664.   Castel-Fors est fermés en un valcel,
           Sus une roce qi est du tans Abel ;
           Caïns le fist et li fil Ysraël ;
           Une fontaine sort en mi le castèl,
           Par un conduit vint corant à ruissel ;
           Laver i pueent serjant et damoisel,
70.   Borjois et dames, chevalier et dansel,
           Et redescent d'autre part au tuiel,
           Parmi la tor qi fu faite à cisel ;
           Del brut de lui tornent troi molinel
           Qui ne s'arestent ne esté ne yver,
75.   Ne por le siége, jà ne lor iert tant près.
           Une eue rade cort entor le castel,
           Qui par aferme le maistre borc novel ;
           Rosne l'apelent et viel et jovenciel.
79.   Là fu Ogier qi i fait son avel.

Un cirque, formé par les antiques murailles de la tour,
a vingt-six mètres de diamètre et s'élève encore de seize ;
cette rotonde est inscrite dans un rectangle qui subsiste
en partie.

6639.   Ogiers en monte sus en la tor quarrée.

Le souterrain et les assises inférieures du donjon datent

de l'époque romaine ; celles-ci ne s'élèvent guère qu'à
hauteur d'homme, les pierres superposées sont graduel-
lement de temps plus récents.

> 6709.   Dusque la tor qi est de marbre bis.

 Aux portions angulaires on remarque des pierres remi-
ses à vive arrête, mais le plein du mur a été refait avec
des matériaux antiques.

En sortant de l'intérieur de la tour, on peut tourner
le donjon carré par une ruelle escarpée qui fait tangente :
l'angle de la construction est remarquable ; on aperçoit
encore à trois mètres d'élévation une épaisse spirale qui
supportait l'escalier : en s'avançant dans l'orientation de
Chartres, la tour reprend son antique physionomie ; la
partie circulaire, flanquée d'énormes massifs, laisse voir
au centre une vaste meurtrière pratiquée à travers une
large embrasure ; tout auprès, on remarque la forte sail-
lie d'une guette ; la pierre en biseau qui lui sert de con-
sole porte une tête d'homme sculptée en relief et tournée
vers le zénith : elle est empreinte du caractère carlovingien.

> 6672.   Parmi la tor qi fu faite à cisel.

Une voûte surmonte la meurtrière ; elle a perdu tout
revêtement, et les pierres de l'arceau mises à nu termi-
nent une élévation d'environ vingt mètres.

La petite église moderne a conservé l'antique invocation ; elle est encore consacrée à saint Christophe :

> 7925.   Vers Castel-Fort traions-nos à garant....
> 8091.   Et li cevals le tresnoa errant
>   Dusqu'au castel sus la roce au Gaiant.

Aujourd'hui le bâtiment de la mairie et celui des écoles occupent en partie l'emplacement de l'antique forteresse.

Pour apprécier le site, tout féodal, il faut revenir sur la place du village, et tournant vers l'orient, on descend une gorge étroite et escarpée qui conduit au vallon : à l'entrée de ce défilé et vers la gauche, gisent les restes d'un vaste bastion qui avec la tour complétait la défense du côté de la plaine ; un angle seul est debout et menace de s'écrouler, il est en quelque sorte caché par des broussailles. Les souterrains subsistent toujours et sont alignés en forme de croix grecque ; un habitant en a transformé une partie en cellier ; d'autres excavations antiques, que les paysans ont appropriées à leur usage particulier, s'étendent le long de ce défilé ; de l'autre côté de la route sont les anciens murs fortifiés : on y reconnaît des blocs primitifs.

A mi-côte se trouve la poterne qui communiquait avec les souterrains du donjon :

> 7757.   Vers Castel-Fort aquelli son cemin ;
> Vint à la boue ki fu el sousterin
> Dont du castel l'autre fois se parti.

Cette poterne, dont on aperçoit quelques vestiges au fond d'une ravine, était orientée vers la Cour-Roland.

En descendant toujours, on trouve une fontaine qui affecte la forme de croissant ; elle est appelée Fontaine de la Trinité.

Puis on rencontre la petite rivière de Gironde, appelée Rhône du temps de Raimbert ; appellation commune

à tous les cours d'eau (voir vers 6678); on la traverse
sur un pont :

> 7208.   D'une seule arce estoit li pons bastis.

En amont, on voit un lavoir public, et en aval deux
moulins (vers 6669 et 6672).

Le chemin tourne brusquement à droite; il conduit au
marais (vers 6652) qui sépare le mamelon du château,
à distance de deux cents mètres, de la longue colline
boisée s'étendant en face (vers 6653).

De ce côté, l'antique castel, assis comme un nid d'aigle
sur le sommet d'un immense cône, dont la base décrit
un cercle dans le marais, est d'un admirable effet; l'escarpement et l'élévation expliquent l'impuissance de l'armée carlovingienne qui, selon le poëte, y bivouaqua durant sept années (vers 3450) : les terrasses se dessinent
au sommet et semblent autant de couronnes dont les
cercles se prêtaient naturellement au stratagème d'Ogier :
c'est là qu'il plaça les soldats de bois destinés à faire
croire que la famine n'avait point anéanti la garnison
(vers 8385). Il est à regretter que des constructions modernes viennent masquer la vue du donjon de ce côté.

Après avoir traversé le marais, se dirigeant vers le mamelon, on trouve, au pied de la côte, la fontaine qui, suivant
la chanson, coulait dans l'intérieur retranché (vers 6667);
son urne circulaire fournit encore une eau de cristal aux
habitants de la contrée, qui l'appellent la Goutte d'Or [1].

Didier, descendant des ducs d'Istrie, qui relevaient de

---

[1] Près de Château-Fort, on trouve Orsigny, ainsi qu'un château d'Ors.

l'empire, fut proclamé souverain en 757, à la mort du dernier roi lombard ; seize ans plus tard, il faisait à Ogier donation de Château-Fort et de Mont-Kevrel[1], transmis à titre héréditaire par ses ancêtres, possesseurs probables durant l'occupation romaine, prolongée jusqu'au vi[e] siècle. Les sénateurs conservèrent longtemps encore la jouissance de leurs biens dans les Gaules[2]. La forme de croix grecque, que présentent les souterrains, porte à croire que Château-Fort fut construit vers l'époque où le christianisme s'établissait ; abandonné durant de longues années, il était délabré lorsque Didier en fit don à Ogier ; celui-ci s'empressa de le faire réparer et de le rendre propre aux usages de la chevalerie française :

> 3443.   De Chastel-Fort fist les murs esforcier.

De cette époque datent probablement les changements opérés sur les premières assises, et qui aujourd'hui encore font disparate avec la base de la construction.

Cette excursion, peut-être trop facile, a cependant plus d'une similitude avec celle que, Pausanias à la main, on peut faire dans la plaine de Troie jusqu'à l'escarpement de Pergame : Ogier-Raimbert est ici un guide aussi fidèle qu'Homère lui-même. Le mamelon, la rivière, les fontaines, les terrasses élevées et ce marais qui arrêta si longtemps l'élan des héros français ; là un ciel brûlant, un sol calciné ; chez nous une nature luxuriante, conservant la beauté de ses formes et l'identité des détails, bien

---

[1] Vers 3421 et 3425.
[2] Voir Procope, et Fauchet, ses Œuvres, p. 54.

Gallardon

près Chartres.

qu'elle ait revêtu plus de mille fois la parure du printemps.

La distance qui sépare Château-Fort de Chevreuse n'est
guère que d'une lieue, les sinuosités de la route et le
coteau font croire la distance plus considérable :

« Deus lieues a de Chasteau-Fort jusqu'à Chevreuse [1]. »

La colline interposée porte le nom de Goberville ; elle
s'abaisse devant celles qui servent de bases aux deux constructions antiques ; le pays est fortement boisé et creusé
en ravins. Du sommet de la plus haute tour de Chevreuse
on aperçoit les débris de Château-Fort, et même lorsque
le temps est favorable, on peut distinguer à l'horizon,
malgré un intervalle de huit lieues, les restes élancés de
la tour de Gaillardon.

La plus imposante portion des ruines de Chevreuse
fait face à Château-Fort, mais l'escarpement du terrain
est tourné vers le village bâti tout au fond de la vallée.
Avant de pénétrer dans l'enceinte de la forteresse, on voit
sur la gauche les restes d'une chapelle consacrée à sainte
Madeleine ; aux angles d'un mur latéral se trouvent
encore deux têtes sculptées de style mérovingien.

La route qui de Chevreuse mène à Gaillardon, passe
à travers la forêt de Rambouillet, puis d'immenses plaines
conduisent à l'antique résidence de Gérard, posée sur une
élévation plus escarpée du côté opposé ; les restes de la
tour, élevés encore de quarante-trois mètres sur un sol qui
lui-même forme éminence, semblent donner un continuel

---

[1] Fatrasies ou proverbes, à la Bibl. Royale, ms. 198 N.-D., fol. 47.

démenti à la loi de gravitation ; la partie tournée vers l'église montre, dans l'épaisseur de sa paroi, une longue traînée cylindrique et perpendiculaire d'environ trente centimètres de largeur, fourneau de la mine pratiquée probablement lors de sa destruction. Les deux tiers de l'énorme cône de la tour ont cédé, la portion orientée nord est seule debout.

En descendant vers la vallée qui conduit à Mont-Louvet, on trouve une chapelle dédiée à Notre-Dame-de-Gaillardon [1]. Chaque semaine les mères y amènent leurs nourrissons tardifs, avec l'espoir que la pieuse invocation les fortifiera promptement.

A demi-lieue de distance, une légère élévation, appe-

---

[1] Le théotisque GAL, GAIL, GAW, GAUW, GEIL, GOW (lat., alacer, halacer, ghalacer) a fait :

GAL e, joie,

GAL er, se réjouir,

GAL oise, femme enjouée,

GAL a, réjouissance,

GAL ant, enjoué,

GA i
GA u   } gai, joyeux,

GA usser, s'égayer,

GAV ote, danse gaie,

GAIL (caroline), joyeux,

GAILL ard, adj. : terme de jardinage, de marine, vent.

GAILL arde, subst., caractère d'imprimerie.

GAILL ardise,

GAILL ardon, dénomination actuelle.

GAILL ardomus,

GAILL ardus, bouffon.

GAILL aridus,

GAILL aritus,

GAILL ari,

GUILL ari (chilpérienne).

GUILL aritus,

GUILL aret,

GUILL eret,

GHIL ari, l'hilaris des Latins avec la gutturale, MORE MAJORUM, voir Eckhart, Francia orientalis, t. I, p. 872. Les variantes phonétiques ont fait d'alacer, ilacer, hilacer, hilaer, hilarer, hilari, hilaris. Lorsqu'une racine appartient tout à la fois au latin et au théotisque, on peut la croire gomérique.

lée l'Esquillière, aujourd'hui déserte, recouvre les ruines d'anciennes habitations, des souterrains, d'énormes pierres, etc.

Au pied du Mont Louet, tout voisin de ce lieu, se trouve encore le hameau qui perpétue cette dénomination (rappelant sans doute le nom enfantin de Louis, fils de Charlemagne); il est probable que là était le Pou-Longine ou Pouligny de Gérard de Roussillon [1].

Notre conviction s'est formée par la réunion d'un rare concours de circonstances. La forteresse décrite vers 6016 comme au vers 6075 [2] n'est autre que Gaillardon : poursuivi par Charlemagne, Ogier abandonne la position :

> Un tertre monte li Danois à itant,
> Et regarda ben loins en un pendant,
> Voit Castel-Fort sus la roche séant
> Et la grant tor sus la roche en estant
> Et Mont-Chevrel, que il ferma l'autr' an.   (Vers 6427 et suiv.)

Pour prouver que nous sommes dans l'erreur, il serait indispensable de montrer tout à la fois et à des distances précises, un Gaillardon près d'un Chevreuse et d'un Château-Fort; et si ce triple concours se présentait, il faudrait en outre qu'il fût dans les conditions de détails et de localités exprimées par la chanson; ensuite nécessité serait d'y rencontrer les débris de constructions carlovingiennes rappelant les exploits de nos paladins : est-ce scepticisme que de ne pas croire à la possibilité de retrouver ailleurs un pareil assemblage de faits et de

---

[1] Ms. 184, Bibliothèque de l'Arsenal, in-fol., p. 53; et ci-après, p. 291.

[2] Chevalerie d'Ogier.

concordances, réunis dans nos localités de manière à donner aux conjectures patriotiques l'équivalent d'une réalité?

Le lecteur placé loin de la France aura quelque peine à comprendre la difficulté d'attirer sur le sol qui les nourrit, l'attention des antiquaires parisiens, dont la sagacité s'exerce de prédilection sur les monuments étrangers, controversés ou fantastiques.

Sans doute il pensait à ses compatriotes, l'inimitable auteur, écrivant d'une plume presque évangélique :

  « Se neglecto, cursum cœli considerat. »

En résumé, il ne faut pas perdre de vue qu'il s'agit ici du cycle carlovingien ; que par conséquent les lieux fréquentés et habités par l'empereur sont naturellement le théâtre le plus ordinaire des prouesses chevaleresques. Les pays des Avalois [1], des Lorrains et des Français, dans la direction du Rhin à la Loire [2], réunissent les conditions les plus probables pour l'assiette des forteresses, perpétuels sujets de discorde, constituant le fond historique ; tandis que les contrées méridionales apparaissent seulement comme apanages octroyés aux douze fils de Droon à charge de conquête sur les Sarrasins, ou bien sous forme épisodique et pour ainsi dire exceptionnelle :

  « Non omnibus placere, quod nulli concessum,
  « Sed omnibus prodesse studui [3]. »

[1] Habitants des Pays-Bas.
[2] Analyse de Guy, ci-dessous, p. 302.
[3] Ganander, Gramm. lap. præfatio.

Mont Quehrel

Les trouvères de la fin du xiiie siècle et leurs échos, les
jongleurs, répètent les absurdités déjà introduites dans les
chansons de gestes et surenchérissent; ils y intercalent
des épisodes sans corrélation, affadissent et dénaturent
les traditions, et les prolongent en récits lâches et fastidieux, conséquence de la fausse direction et du mauvais
goût de leur littérature naissante; les antiques traditions
orales commandent autant de respect que ces absurdes
palinodies méritent le dédain.

Tout en combattant les vaines hypothèses qui effacent
les gloires nationales et métamorphosent les Francs en
types ou en mythes, nous ne prétendons pas faire céder
les documents historiques aux versions des chantres mal
avisés : les contradictions sont une conséquence de la
diversité des rapports oraux : des scribes du Nord de la
France réunissent avec discernement les leçons moins
abâtardies, laissant à découvert de précieuses traces d'antiquité et conservant mieux la naïveté des versions primitives.

Un manuscrit conservé à la Bibliothèque de l'École de
Médecine à Montpellier, sous le n° 247 H, est de ce
nombre : ce petit in-folio, sur vélin allemand, à deux colonnes, deux cent vingt-cinq feuillets, soixante-deux vers
par colonne, environ cinquante-cinq mille vers, caractères carrés et coupés, connus sous la dénomination de
gothique, présente, dans l'ordre généalogique, la source
primitive du cycle carlovingien.

Dr'oon	comte de Mayence.	Aïeul	} Adenez.	46 feuillets.
Gaufrry	duc de Dane Marche.	Père		42
Ogier	de Dane Marche.		Raimbert.	54
Garnier	de Nanteuil.	Oncle	} Huon de Villeneuve.	12
Guy	son fils.	Cousin		5
Buef	d'Aigremont.	Oncle		5
Maugis	d'Aigremont.	} Cousins. Adenez.		19
Vivien	son frère l'Amachour.			5
Quatre fils Aymon				47
Gérard de Roussillon sub Seine.		Oncle. Anonyme.		

Les conservateurs à la Bibliothèque de l'École de Médecine à Montpellier, ayant bien voulu nous confier temporairement ce précieux manuscrit, nous pouvons, grâce à leur obligeance, offrir au public l'analyse rapide des poëmes qui établissent la filiation et la corrélation, en même temps qu'ils donnent les moyens d'apprécier l'ensemble du cycle, dont les nombreux descendants de Droon font tous les frais, et viennent démontrer l'évidence des origines semiseptentrionales, désormais hors de question.

Adenez, en renouvelant une partie de ces vieilles traditions, n'a point osé altérer la consanguinité ni les rapports des personnes entre elles; son exactitude ne s'étend pas plus loin.

Voici l'ordre dans lequel les chansons de gestes sont transcrites au manuscrit de Montpellier :

1. Doon, comte de Mayence, sauf deux petites lacunes peu importantes, est complet, avantage que ne possède aucun des manuscrits conservés à la Bibliothèque Royale et dans les autres dépôts publics de Paris : la Protypographie en signale une copie faite en 1463, n. 2293.

Nous devons à l'amitié la communication d'un autre manuscrit de Droon, du xvᵉ siècle, à longues lignes, ortographe wallone, petit in-folio, sur papier, remarquable surtout par l'exacte observance de la chronologie : il présente quelques bonnes variantes.

2. Gaufrey, duc de Dane-Marche, présumé unique ; nous ne connaissons aucun autre texte de cette chanson ; toutefois la Bibliothèque des Romans en donne un extrait, t. XIX (Iᵉʳ vol. d'octobre 1777), p. 91.

3. Ogier de Dane-Marche ; c'est le texte de Raimbert de Paris, avec des variantes qui diffèrent peu de la version que nous avons publiée : la mention des Ardennes y est plus fréquente.

Vers la fin de la dixième branche, lorsqu'arrive le merveilleux, les textes sont moins d'accord, et le manuscrit de Montpellier contient des augmentations postérieures ; elles vont en croissant jusqu'à la fin de la chanson dégénérée.

4. Guy de Nanteuil ; c'est la continuation de Dame Aye d'Avignon, par Huon de Villeneuve.

Il débute ainsi :

> Oï avez de dame Aye, la bele d'Avignon,
> De Garnier de Nanteuil le nobile baron,
> Près fu du parenté Girart de Roussillon,
> Et fu cousin germain Regnaut le fix Aymon,
> Aye prist à moillier par le congé Kallon [1].

[1] A la fin du roman de dame Aye, la Belle d'Avignon, analysé par M. de Martonne, qui semble croire que le roman de Guy est perdu, on lit :

> Huimaïs commencera estoire à amender,
> De la painne Guyon, le fiz Aye, le ber,
> Si com li parens Ganes le voudront défoler.

Mémoires de la Société des Antiquaires de France, vol. XV, p. 36.

Il en existait une copie dans la Tour du Louvre. Voir Protypographie, n. 174.

5. MAUGIS D'AIGREMONT. Une copie à la Bibliothèque du Roi, dans le ms. 7183, réputée unique par M. Paulin Paris, Manuscrits français, t. VI, p. 101 [1].

Cette tradition, altérée par Adenez, débute avec présomption, suivant la coutume de ce jongleur :

> Seigneurs, or escoutés, n'i ait noise ne ton,
> Le Dame Dieu de gloire vos doinst bénéichon,
> Et je vos canteroi d'une bone canchon,
> Feite est de vraie estoire, poi a se se voir non.
> Chil jougléor nou chantent de Maugis le larron
> Coment il gueroia l'emperere Kallon
> Pour aidier ses cousins les quatre fis Aymon ;
> Mès che n'est pas d'illuec que nos vos canteron,
> Mès je vos en diroi la droite nation
> Où il aprist le sens que il ot à foison.
> Il est voir que Maugis fu assés gentis hom,
> Son père fu duc Buef le sire d'Aigremont,
> La duchoise sa mère à la clere fachon,
> Fille Hernaut de Montcler o le flouri grenon,
> Si fu aieus Maugis qui ot cuer de lion.

Deux copies à la Tour du Louvre, sous la dénomination de Maugis le Larron; Protyp., n. 119 et 493.

Entre le ROMAN DE MAUGIS, que le poëte appelle aussi MAUGIS LE VAILLANT, et celui DE VIVIEN LI AMACHOUR, on lit ces deux vers :

> Explicit li romans de Maugis le Vaillant
> Et de Vivien son frère l'Amachour de Monbrant.

[1] Sur un rocher escarpé, près de la Meuse, on montre encore aujourd'hui une grande pierre carrée, appelée par les habitants TABLE DE MAUGIS; là était Château-Regnault, célèbre par les exploits des quatre fils Aymon. (Voir Géographie historique des Ardennes, p. 175.) Le mont Olympe, où les Romains avaient élevé un temple à Jupiter, est voisin de ces lieux.

6. Le roman de Vivien l'Amachour, frère de Maugis.

A la fin de ce petit poëme, l'auteur donne les détails
suivants :

> Segnors et beles dames, Dex vous fache perdon,
> Vous qui de votre argent m'avez doné foison,
> Jhésu-Crist le vous rende qui soufri passion.
> Après vous chanterons des quatre ficx Aymon
> Ainsi come il vengièrent le duc Buef d'Aigremont
> Que Kalles avoit fet ochire en traïson.
> Jhésus le roi de gloire, par son santisme non,
> Nous otroit par sa grâce de paradis le don.

Explicit.

7. Les Quatre Fils Aymon. Ce texte, plus traditionnel que ce qui
est imprimé jusqu'à ce jour, fait vivement désirer une version
antérieure, exempte de mutilation.

Plusieurs copies à la Tour du Louvre, n. 119, 493.
Duc de Berry, n. 526, libr. de Bourg., 1306 et 1917.

La corrélation de ces trois derniers ouvrages avec les
deux premiers, le début de Maugis, la transition qui le
lie à l'opuscule de Vivien et la conclusion de ce dernier,
tout porte à faire croire que Maugis, Vivien et les Quatre
Fils, sont l'œuvre du jongleur qui, nonobstant son titre
de Roi, vivait en tendant la main.

Indulgent pour le jongleur faisant son métier, nous
sommes implacable envers le présomptueux qui étouffe
sans remords la parole encore miraculeusement vibrante
des Francs nos ancêtres : si Adenez peut trouver grâce,
c'est uniquement dans la généralité du délit; en effet, ce
fut vers la fin du XIIIe siècle que les écrivains malencon-
treux et vains, usurpant le titre de trouvères, puisqu'ils

n'inventaient rien et ne savaient pas même apprécier ce que la primitive graphie leur avait transmis, effacèrent stupidement les traditions fixées et multiples qu'ils ne comprenaient plus, et dont ils méconnaissaient l'origine . leur vandalisme nous sépara, autant qu'il était en eux, de la vénérable antiquité gauloise; toutefois de nombreux couplets traditionnels subsistent encore dans les textes antérieurs et doivent nous consoler de la perte que les mutilateurs ont fait subir aux lettres.

Le texte de Droon et celui de Gaufrey sortent de la même plume; quelques précieux renseignements sur les personnes méritent seuls notre reconnaissance : on n'y retrouve plus que les traces oblitérées des traditions antiques. L'emploi du merveilleux, la mesure des vers et la présomption dès le début, tout semble accuser le coupable. C'est par ce qui manque et non par ce qu'on rencontre dans leurs compilations, que certains rimeurs se font reconnaître : le scalpel d'Adenez préluda sans doute, sur Droon et sur son fils, à l'opération qu'il fit subir plus tard à leur héritier. Telles qu'elles sont aujourd'hui, les deux premières chansons ne montrent plus qu'une succession d'épisodes sans lien commun, sans vie poétique; toutefois, il ne faut pas désespérer que la découverte de textes plus anciens ne vienne, comme pour la Chevalerie-Ogier, révéler le flagrant délit de castration : les détails sur les familles héroïques, que la notoriété protégeait, ne sauraient compenser le préjudice fait à la poésie nationale.

Les traditions connues en France, jusqu'à ce jour,

chantent un Gérard de Roussillon II [1]. L'histoire toutefois a mieux traité ce fils de Droon : un historiographe
anonyme, dont le texte, conservé à la Bibliothèque du
Roi [2], n'a été copié qu'au xiiie siècle, bien que l'auteur
lui-même déclare qu'il fut composé au xie. « Certes, ce
que nous-meismes havons veu, par nos eulz, nous ne
volons pas laissier, quar en cel temps que l'aposteles
Alixandres governoit la foy d'aposteles, et Philippes, filz
dou noble roi Henri, tenoit la seignorie de France. »
(1059-1094.) [3]

Cet historiographe anonyme nous transmet la vie de
saint Julien, de sainte Marie l'Égyptienne, de sainte Éli-
sabeth, de saint Brandan, le Purgatoire saint Patrice et
la vie de Gérard de Roussillon Ier ; tous sujets traités par
les trouvères.

Dans l'impossibilité de retrouver le texte de la chanson
traditionnelle, nous offrons au lecteur un fragment de
cette vie de Gérard, en prose ; nous le plaçons à la suite
des analyses tirées du manuscrit de Montpellier. Le dra-
matique dont cette vie est semée, fait naître la pensée
qu'elle reflétait les traditions carlovingiennes, objets de
nos regrets : les faits importants sont exactement reproduits dans la GALLIA CHRISTIANA [4].

Bien que l'Histoire de la Gaule Belgique, écrite par les

---

[1] C'est Gérard de Vienne, fils de Leuthère ; les deux Gérard appartiennent à la même souche.

[2] Supplément français, manuscrit 632[5], petit in-fol. sur vélin à deux col.,
écriture du xiiie siècle.

[3] Voir Gallia Christiana, t. IV, p. 725.

[4] On les trouve au ms., fol. 142 v°, c. 2, et fol. 217 r°, à 233.

indigènes, soit, jusqu'au xi⁰ siècle, semée d'erreurs et de
déceptions, conséquences de la multiplicité des traditions
qui concouraient aux rédactions latines, en même temps
qu'une graphie vulgaire cheminait péniblement vers un
meilleur état, nous croyons à la concordance de cette
narration historique avec la primitive chanson de gestes
qui peut-être un jour secouera la poussière de nos biblio-
taphes.

Les chansons que nous possédons appartiennent à des
manuscrits de la fin du xiii⁰ siècle : elles célèbrent un
Gérard de Roussillon II, vivant sous Charles le Chauve :
« Gerardus, filius Luthardi comitis et Grimildis, ex Eti-
chonis ducis Alemaniæ genere descendebat; obiit 877 ;
vulgo Rossilionis [1]. »

La difficulté de reconnaître l'identité des noms d'hommes et de lieux est toujours subsistante : conséquence de
l'impossibilité pour les indigènes de trouver dans l'alphabet latin les caractères qui pussent reproduire les inflexions septentrionales, les variations phonétiques locales et leurs gutturales fortement aspirées : ils ne pouvaient saisir que des à peu près, même avec les caractères
chilpériens, et chacun en variait l'emploi.

L'origine septentrionale des chansons de gestes de Gérard n'est pas contestée [2], non plus que la parenté avec
Ogier [3]; la généalogie qu'en donne le bibliographe des
manuscrits français de la Bibliothèque du Roi est con-

<hr>

[1] Voir Eckhart, de Rebus Franciæ orient., t. II, p. 564.
[2] Voir Manuscrits français de la Bibliothèque du Roi, t. VI, p. 109.
[3] Ibid., p. 110.

cordante avec la nôtre : toutefois, en reconnaissant Droon comme père de Gérard et de Geoffroy, il semble que rationnellement on ne pouvait assigner une origine méridionale au petit fils-Ogier. Il n'en est pas ainsi, un texte dont nous avons constaté la défectuosité, parle d'un Geoffroy d'Avignon [1], dont il n'existe aucune trace nulle autre part ; ce passage unique, dénué de toute autorité, suffit-il pour détruire ce que les faits, les monuments et les traditions [2] établissent de la manière la plus irréfragable ?

Certes, le soin du bibliographe pour prémunir ses lecteurs contre les bévues des jongleurs et des scribes, doit réunir tous les suffrages [3].

« Le nom de quelques villes méridionales, introduit dans le cours du récit, ne suffit pas pour obscurcir le caractère général de la composition. Girart, même d'après le texte provençal, n'est pas un héros provençal, languedocien ou gascon ; c'est un Franc de France, un baron, un comte du palais de nos rois, auquel est échu soit par héritage, soit par concession royale, le gouvernement d'une partie de la Bourgogne. Son père, Dreux ou Drogon, va en Espagne pour combattre les Sarrasins, comme le faisaient volontiers tant d'illustres Français du Nord, avant l'ouverture des croisades d'outre-mer ; mais on

---

[1] La graphie en note, plus encore que la tradition, a dû accumuler grand nombre de ces dénominations hétéroclites qui ne se rattachent à rien, auxquelles la moindre connaissance du cycle donne un démenti formel.

[2] Voir ci-après l'Analyse de Gaufrey de Mayence, p. 296.

[3] Manuscrits français de la Bibliothèque du Roi, t. VI, p. 108.

ne saurait en conclure rien en faveur de l'origine aqui-
tanique de Girart. »

Tout en applaudissant à la justesse de ces réflexions,
nous croyons rêver, lorsqu'au nom de l'histoire le même
écrivain donne pour patrie à Geoffroy, Avignon, à Ogier,
Verceil. La préoccupation qui signalerait Aix en Provence comme demeure habituelle de Charlemagne, ne
serait guère plus excentrique. Dans une collection nombreuse comme celle de la Bibliothèque du Roi, les copies défectueuses et falsifiées se rencontrent en assez
grand nombre pour établir la controverse des proposi-
tions d'ailleurs le mieux prouvées; une critique sévère
et judicieuse peut seule faire la part de la vérité.

La distinction des deux Gérard n'ayant pas été faite
par les derniers trouvères, il en est résulté un amalgame
de faits difficile à éclaircir. Gérard II a été doté avec les
propres de Gérard Ier, et ce qui se rapporte au siècle de
Charlemagne appartient en effet à cette époque.

Certains poëtes rejettent sciemment la chronique du
chanoine de Tours, celle de Guillaume de Nangis [1] et la
chronologie des événements, accordant la préférence à
la version qui fait Gérard contemporain de Charles le
Chauve, sans doute parce que le titre de fondation des
abbayes de Poultières et de Verzelay porte une date con-
cordant avec le règne de ce prince [2].

[1] Tous deux répètent que l'an 731, Gérard était chef des Bourguignons, et
que Charles Martel s'empara de son château de Roussillon, dont les ruines se
voient encore entre Mussi-l'Évêque et Châtillon sur Seine, non loin de la
source de ce fleuve.

[2] Voir Venerabilis Guiberti Opera.

Gérard Ier possédait le château de Gaillardon :

> Girart est esbahy, Girars est escharny
> Quant de touts ses forts lieux se treuve desgarny...
> A ceux qu'ot avec luy dit : « Plus point ne tardons ;
> Allons en mon chasteaul que l'on dit Gaillardon.... »
> A Gaillardon s'en vont, un pou y demourèrent,
> Pour le lieu qu'est petit, autre part s'en allèrent ;
> Près est une montagne, Girart s'y va retraire.

Ses gens murmurant :

> Girart les oyt, si dit : « Mal sçavez la besoigne ;
> Vous parlés de ce que oy le roi se prolongine :
> Ou m'esfors me faudra, ou je l'ay pou longine. »
> Pour ces mos Pou Longine fut cy fors lieu nommé,   (Poligny.)
> Qu'ores endroit est chasteau très-fort, très-renommé [1].

Une version provençale de Gérard de Roussillon a été faite vers 1330 [2].

La Bibliothèque de l'Arsenal, riche de son fonds, non moins que des lumières et de l'obligeance empressée de ses conservateurs, possède un texte quasi-bourguignon [3]. C'est une copie moderne, prise sur un texte du xive siècle : le trouvère dédie son œuvre à Jeanne de Bourgogne, et assure que Gérard est de sa lignée [4]. Nous regardons cette copie comme la meilleure du roman renouvelé, jusqu'à ce qu'on retrouve le texte de l'an 1100, signalé par André Duchesne [5].

[1] Manuscrit de Gérard de Rossillon, Bibliothèque de l'Arsenal, B. L. Fr., n. 184, in-fol., p. 53.

[2] Conservé à la Bibliothèque du Roi, n. 7990, fonds de Cangé ; il est acéphale ; le Musée Britannique en possède un fragment, sous le n, 4334, aussi en langue d'Oc.

[3] N. 184.

[4] Page 8.

[5] Voir Des Rois et Comtes de Bourgogne, p. 231 et 232.

On a fréquemment répété que tout, dans l'ordre naturel, se tient et se coordonne, néanmoins l'incurie des
hommes rompt souvent les attaches et laisse s'établir des solutions de continuité, qui bientôt ne sont plus
appréciables; la présomption crie au progrès, sans mémoire pour le terrain abandonné en arrière. Intellectuel-
lement, il n'y a guère de neuf que ce qui est oublié; ainsi
avait-on soupçonné les rapports existant entre notre
alphabet et la dactylologie patriarcale, entre les hiéroglyphes et l'écriture de Charlemagne, entre le rapsode
Homère et nos trouvères traditionnels, entre nos étymologies et l'idiome guttural des Francs d'Aix-la-Chapelle?
Tout, dans la question que nous avons traitée, se trouve
opposé à ce qu'on attendait : on cherchait des dates, les
traditions n'en ont pas; on désirait des textes antiques, il
n'y avait pas d'écriture; on voulait connaître des auteurs,
les versions orales sont l'œuvre collective de rimeurs vulgaires; on croyait posséder des épopées, des poëmes didactiques, et la graphie nous a donné tardivement les cantilènes de la voie publique, des traditions cousues les unes
aux autres; on exigeait le purisme, et nous sommes aux
prises avec les enfants de la nature; on regrettait de ne
rencontrer ni science, ni art, ni littérature, et nous trou-
vons l'éloquence naïve et la poésie du cœur! Une puissance de révélation ensevelie depuis mille ans, vient éclairer les monuments, les faits, l'analogie et la nature de
nos traditions, favorisant un lever du rideau qui cachait
le passé, et dévoile enfin un horizon inattendu, évident,
lumineux.

Les personnages des vases étrusques sont fréquemment représentés les bras élevés et arrondis au-dessus de la tête ; nos chorégraphes n'ont pu y voir que des poses gracieuses et théâtrales. Dans la vie réelle, plus la nature est primitive, moins elle sacrifie à la grâce sans objet, et ces gestes où la main et les doigts semblent accomplir une indication, avaient probablement le même but que la mérétrice d'Ennius, « dat digito litteras. » On chantait « in choro » pour apprendre ce qu'il fallait savoir, et l'on gesticulait « siglis digitatis » pour manifester ce que l'on voulait rappeler aux autres [1].

Nous signalons comme titre à la confiance des philologues et par reconnaissance, la coopération constante de M. Chabaille, tant pour la correction des textes romans que pour ses nombreuses et lointaines investigations.

Cherchant dans la culture des lettres un dédommagement au malheur de vivre au xixe siècle, n'attendant rien de lui, nous ne sacrifierons pas à la controverse : les préjugés tombent en récriminant, les efforts pour hâter une défaite d'ailleurs inévitable, sont vains et fastidieux : satisfait d'avoir traité un sujet séparé par les âges des polémiques de notre époque, nous bornons nos espérances à quelques fruits tardifs, pour un avenir que nous ne verrons pas.

Conduit par une lumière sortie de la nuit des vieux temps, nous avons pu voir, sous la pourpre du génie d'occident, l'orientation de notre berceau, l'itinéraire de

---

[1] Voir p. 50.

notre langue, sa famille, ses éléments, la nationalité des
héros, la topographie des traditions et le moyen d'ana-
lyser enfin l'héritage paternel, en séparant l'alliance
étrangère; certain qu'une main sincère et française ne
saurait effacer désormais de notre cycle, la géographie,
l'histoire et la linguistique nationale.

ANALYSE

DU MANUSCRIT DE MONTPELLIER.

LA VREIE YSTOIRE DU PREUS CONTE DOON DE MAÏENCE [1],

QUI OT A FIX AINSNÉ GAUFREY DE DANE-MARCHE.

[1] Qui siet jouste le Rim, une eue moult bruiant,
Par decoste Alemaigne où sunt li Alemant ;
Ardenne est d'autre part et le boscage grant
Où marchent Avalois, Franchois et Loherant.
    Ms. de Montpellier, fol. 13 r., c. 2

LA DROITE ESTOIRE DE GAUFREY, DUC DE DANE-MARCHE [1],

QUI FU PÈRE OGIER.

[1]   Gaufrey de Dane-Marche a la terre saisie
        Et fu duc de la terre tous les jours de sa vie.

[2]   Or ch'est la droite estoire des douze fis Doon ;
        De Gaufrey le puissant, à la fière fachon,
        Qui fu père Ogier, qui tant ama Kallon,
        Et le secont aprez si ot à non Doon,
        De Nanteuil fu puis sire, si en ot le renom ;

Chil fu père Garnier de Nanteuil le baron ;
Et le tiers des enfans si ot à non Grifon,
Chil fu père fel Guenes qui fist la traïson
Dont moururent à glesve li douze conpengnon ;
Et le quart des enfans si ot à non Aymon,
Sire fu de Dordonne et du païs félon,
Et fu père Renaut et Aalart le blont,
Et Richart et Guichart dont bon oï avon,
Et le cinquième fix fu duc Buef d'Aigremon ;
Icheli si fu père Vivien l'Esclavon
Qui fu père Maugis, qui tant fu bon larron,
Qui puis fist tant d'ennui l'emperéor Kallon ;
Et le sixième fix che fu le roi Othon,
Qui fu père Yvoire et si fu père Yvon,
Eu Rainchevax moururent o Roullant le baron ;
Ripens fu le septième qui moult ot de renom,
Qui fu père Anséis fix de la suer Kallon ;
Enséum de Bordele fu l'uitisme baron,
Père fu Huelin à la clère fachon
A qui fist tant de bien le bon roi Oberon ;

Un roi fu le neuvième qui ot à non Péron,
Père fu Oriant qui fu de grant renom,
Et puis ot sept enfans tous d'une nation,
Le chevalier o Chisne, o li cinq conpengnon,
Et une gentil dame qui fu de grant renon :
De chu lignage fu Godefroi de Billon ;
Morant fu le dixième de Riviers le preudon :
Icheli si fu père au riche duc Raimon,
A cheli de Saint-Gilles qui fu père Hugon ;
L'onsième ot nom Hernaut, sire fu de Giron,
Et le douzième fu Girart de Roussillon,
A qui fist mult de paine l'emperéor Kallon,
Et l'encacha enrez de son mestre roion,
Puis fu-il carbonnier et vendi lé carbon,
Et puis reconquist-il par forche Roussillon.
Oï avez les noms des douze fix Doon.

GARNIER DE NANTEUIL OU DAME AYE D'AVIGNON, ET GUY LEUR FILS[1].

[1] Analysé d'après le manuscrit de la Bibliothèque du Roi, n. 7989[4], Bal. 646[3].

[1] Manuscrit de Montpellier H. 247.

MAUGIS D'AIGREMONT ET VIVIEN SON FRÈRE.

VIVIEN L'AMACHOUR.

BUEF D'AIGREMONT, ONCLE D'OGIER.

MANUSCRIT DE MONTPELLIER, H 247.

VIE DE GIRARD DE ROUSSILLON [1].

FRAGMENT.

« Après la résurrection nostre Seignour Jhésu-Crit 749 anz, avint que li rois de France [2] et li cuens Girarz de Rossillon havoient à femmes deux serors. En celui temps , li diz Girarz tenoit grant partie de Borgoingne, et si estoit nobles de lignaige et prisiez d'armes et habondanz de richesces, et estoit très-pruchains par affinité des rois Looys très-piteux et Challot ses fils.

« Berthe sa femme estoit bien à lui igaux de lignaige et de valour, et mout estoit aornée de bones mours. Mas à la parfin, comme la renommée de lour poissance et de lour nobles faiz fust

---

[1] Par l'historiographe anonyme, manuscrit, à la Bibliothèque du Roi, Suppl. fr., n. 632[s].

[2] Pépin le Bref.

venue jusques as oreilles de son serorge lou roy, envie, qui est
costumière de départir les charnex amis, esmuit le roy contre
ledit Girart, tant que li rois le vout giter fors de sa terre, et par
plusors foiz le cuida grever, et entra dedanz sa terre et l'asija en
son chastel. Et avint qu'il se combatirent en champ meslé par
douze foiz, et par douze foiz li diz Girarz enporta la victoire
contre lou roy de France, et à la parfin il furent ensemble acordé ;
et quant li nobles cuens et la noble contesse furent acordé au
devant dit roy, il qui pas n'avoient obliées les honors et les bontez que noètres Sires lour avoit faites, si s'amendèrent de jor en
jour et donèrent largement à cels qui Deu doutoient et amoient,
et estoient en vigiles, en jeûnes, et en oroisons, et en bones
œvres, selonc lour pooir. Il orent des hoirs de lour cors, filz et
filles, mas il trespassèrent de cest siècle en brief..., et départirent
en douze parties lou plus de lour patrimoinnes, et fondèrent sus
celui douze abbaïes, et en chascune mirent douze genz de religion
por faire lou servise nostre Seignor. Entre les autres religions, il
fondèrent une abbaïe ou mont de Vézelai.... [1]. »

« [2] Ci commance la Vie de Girart de Rossillon, etc. Ce sont li
fait dou très-noble conte Girart de Rossillon.... Ciz très-nobles bers
resplendit auxi comme li ordenance de l'estoire des croniques de
chascun an lou démostre certainement et clèrement dessouz iiij
rois de France [3], c'est à savoir : Charle le très-vaillant, Looys son
fil.... A la fin il pertenoit par droit héritaige très-grant partie de
France, et governoit iceli par mervoillable justice, et profectoit
par tout en faiz beneuroux et propres. Une noble pucele, ygaux à
lui, li fu donée par loial mariaige, qui avoit à non Berthe, fille
Hugon, conte de Sanz, qui estoit née de nobles genz, plaine mer-
voilleusement de grant biauté ; et auxi comme ele estoit noble de

---

[1] Manuscrit suppl. fr., n. 632⁵, fol. 142 v°, col. 2, - 143 r°, col. 2.

[2] Ibid., fol. 217 à 223 v°.

[3] Gérard de Roussillon I⁰ʳ, né au commencement du viiiᵉ siècle, a pu
voir Charles-Martel, Pépin, Charlemagne et Louis le Débonnaire.

lignaige, ele estoit noble de bones meurs. Li rois de France....
l'autre seror maindre de celi, qui havoit non Aloys, havoit prise
à feme par léal mariaige, et havoit mis en son réaume à grant
compaingnie réal.

« Entre ces choses, li pères et la mère d'iceles furent mort, très-
cruex tançons ploine de pleurs et de larmes muit entre le roy et
Girart, de quoi sont meu tante péril, tant millier d'omes détrain-
chié et occist, tante mur trabuchié et tante maisons arses que
nule langue d'omme nou porroit raconter ; quar li rois, orguil-
leux por la hautesce de la seignorie réal, faisoit folement panre la
terre à lui par droit de héritaige ; mas Girarz s'efforçoit auxi ac-
querre ladite terre à lui por raison de l'ainznée fille. Après ce,
par aucune mauvaise fainte, ploinne de barat, d'aucuns mauvais
faite contre Girart, li rois, iceli néant porveu gita enchacent fuer
de son réame, et le gita fuer de sa terre nativel, et mit fuer de sa
propre possession... Et certes li diz Girarz ne fu onques congneuz de
sept ans, mas mena vie poure et aspre.... A la fin... il commença
faire dévotement ce vil mestier de charbon par quoi les huevres
de fèvre sont faites, et détraiboit en apert et portoit granz charges
à ses propres espaules, et acquéroit son vivre en tel manière et en
vivoit pourement ; et certes sa femme aprit diligemment à taillier
et à coudre, et acquéroit auxi sa viande d'un chascun jour.....

« Lou temps des sept anz trespassé, li noble hermite sont reampli
erramment de la grâce et des dons dou Saint-Esperit, quar il orent
faite digne pénitance à Deu ; et certes, icelui ordenant et facent
en laquel seignorie tuit li réaume sont, et sanz laquele volanté une
fuelle d'arbre ne une passerote ne chéent à la terre, il desservirent
en tel manière estre rapelé à lour propres chouses, à l'aide de Deu,
par la reyne, selonc ce que David dit : Nostres Sires adresce les
malmis, nostres Sires desloie les amprisonez...

« Adonc quant Girarz out paisible paiz et sanz nul movement, à
l'aide de Deu, il vuet mener à œuvre ce qu'il havoit çà en arriers
porté longuement en son piteux cuer. Il havoit engendrez deux
enfanz, c'est à savoir un fil qui havoit à non Théodure, li quex fenist

sa vie dedanz l'espace d'un an ; il estoit innocenz et fu ajostez as
ceaus en la compaingnie des innocenz ; et une fille qui havoit à non
Ève, laquele devancist la mort de son père et de sa mère par coi-
touse mort. Quant lor enfant furent mort, il emprirent plus forment et plus ardemment à acomplir par fait de œvre ce qu'il
havoient jà pieçà porté en lour pansser : en la fin, en l'onor des
douze Apostres nostre Seignour ou pour l'ensoigne des douze victoires de bataille as quex la débonairetez de Deu les havoit magni-
fiez, firent faire douze abbaïes... Entre les autres abbaïes il en firent
deux mout nobles, c'est à savoir Verzelai et Poutères, ensemble
granz reliques de sainz enqui aportez et priviléges de franchise
donez de par Romme, et sont de toutes parz noble et honorable. Il
firent auxi une abbaïe dessoz la cité d'Aucuerre, auxi comme lor
privilége le démonstrent, orendroit de chanoines que l'on dit à
saint Père ; derechief il en firent une autre en la dyocise de Sais-
sons, qui est de chanoines, et sont orendroit séculer, et i dit l'on
à sainte Marie Magdelène dou Mont ; derechief une autre en Flandres, qui sont jà auxi de l'ordre des chanoines, et ne sovient
orendroit de lour non, mas nous les veismes jadis que l'on les
afermoit chanoines et norriz doudit Girart, de laquele abbaïe de
voir furent aportées jadis à Poutères doues mout beles figures
d'anges et i sont gardées à grant révérence.

« Les autres abbaïes nos ne conoissons pas, quar eles sont
assises loing de nous ou en la soveraine Borgoingne, et aucunes
en sont cheues et esfacies par l'ancieneté dou tans ou sont muées
par lou changement des ordres. Anseurquetout aucunes des abbaïes Girart sont afermées estre anquor en la vile de Laingres, mas,
por ce que nous n'an savons pas bien la certeneté, nous amons
miez taire que affermer folement aucunes choses frivoles.

« Li chasteaux fu réedifiez, mas il ne fu pas si fors comme devant, et lou tint li cuens Girarz toute sa vie, de son patrimoine,
et i demora comme en sa propre maison, et est appelez li diz chasteaux par autre non, auxi comme nous l'avons devant dit, Rossil-

lons, dou quel Girarz fu nommez, je sai ce qu'il hait autre chasteaux en la soveraine Borgoingne qui sont nommé par ce meismes
non ; et est diz Rossillons auxi comme maistres de Romme, quar
Silla fu jadis uns maistres consoilliers de Romme devant la seignorie des empereors, et cuident les genz qu'il feist Rossillon, et
que il li meist cel non, ou il est diz d'un petit oiselot que l'on
nomme vulgaument à bien près par cel meismes non, louquel on ot
mout sovant chanter en la silve qui est dessoz, ou pour ce que la
rosée l'arose mout sovant, por quoi l'on dit que la terre est plus
crasse et plus planteureuse as costés et en l'aut de cele montaingne
qu'ele n'est en aucunes autres montaingnes. Selonc ceste montaingne où ciz chasteaux siet, est assise l'abbaïe de Poutères qui
est dite auxi comme attraïssant la poudre, quar li leus est pleins
de boe, et est tost convertie en palu par les pluies d'yver.

« Adonc anvoia Girarz à Drogon, son père... et fu iciz Drogons
filz Dangobert qui fu très-nobles rois des Borgoingnons, et très
puissanz, dou quel l'on trueve maintes choses escriptes as hys-
toires. Il anvoia par toutes les parties de sa seignorie, laquel
duroit dois lou fluve dou Rim et partenoit en son propre droit
jusques à Boemie,.... et havoit cent chasteaux mout très-forz et
mout très-bien garniz, et dix granz citez mout riches : toutes ces
choses il tenoit ou autres les tenoit de lui, et tenoit auxi Flandres
et maintes autres choses dou roy... »

BIBLIOGRAPHIE

DES PRINCIPAUX

OUVRAGES CITÉS

Abusé (l') en Court; manuscrit in-fol. du xvᵉ siècle. Cabinet Barrois.

Académie des Inscriptions et Belles-Lettres (Histoire et Mémoires de l'). *Paris,* 1701-1793, in-4°.

Agoûlant, Yaumont en Aspremont. Voir Eaumont.

ALBINI (B. Flacci) seu ALCUINI Opera, post editionem ab And. Quercetano curatam, de novo collata, cura et stud. Frobenii. *Ratisbonnæ,* 1777, 2 vol. in-fol.

Aleschamps (Bataille d'). Bibl. du Roi, manuscrits   6985, in-fol.,
                                                   8202, in-8,
                                                   7186-3, in-fol.,
                                                 23 La Vallière, id.

Alexandre (roman d'); manuscrit 6985, grand in-fol., Bibliothèque du Roi.

Alhambra (Plans, elevations, sections and details of the). *London,* 1842, in-plano.

Alphabeta. Voir BRY.

Alphabetum tironianum. Voir CARPENTIER.

Amile (Chanson d') et Ami, manuscrit 7227-5, in-fol., Bibliothèque du Roi.

ANASTASIUS BIBLIOTHECARIUS. De Vitis Romanorum Pontificum. *Romæ,* 1731, in-fol.

ANDRÈS. Dell' Origine, ec., d'ogni Letteratura. *Parma,* 1782, in-4.

Anthologia Græca, cum versione latina Hugonis Grotii, edita ab H. de Bosch. *Ultrajecti,* 1795-1825, 5 vol. in-4.

Aristoteles. Opera omnia, gr. et lat. *Genevæ* seu *Lugduni,* 1597, 3 vol. in-8.

Athenæi Naucratitæ Deipnosophistæ. *Argentorati,* 1804, in-8.

Augustini (S. Aurelii) Opera, emendata studio monachorum ordinis S. Benedicti. *Parisiis,* 1679-1700, in-fol.

— De Doctrina Christiana; manuscrit petit in-4, xie siècle. Cab. B.

~ Libri IV de Consensu Evangelistarum ; manuscrit du viie ou viiie siècle, in-fol. parvo, n. 758, olim 795, à la Bibliothèque du Roi.

Ausonii (D. Magni) Burdigalensis Opera. *Amstelodami,* 1671, in-8.

Aymeri de Narbonne (roman d'), manuscrit 25 La Vallière, olim 2755, in-fol., 2 vol., Bibliothèque du Roi.

Aymon (les Quatre Fils). Manuscrit du fonds Bouhier, coté H 247, petit in-fol., à la Bibliothèque de la Faculté de Médecine de Montpellier.

— Manuscrit 7185, in-fol., ancien fonds, à la Bibliothèque du Roi, à Paris.

— Manuscrit 59, fonds La Vallière, à la Bibliothèque du Roi.

Baluzius (Stephanus). Capitularia Regum Francorum. *Parisiis,* 1677, 2 vol. in-fol.

Barbazan. Fabliaux et Contes des poëtes françois des xiie, xiiie, xive et xve siècles. Deuxième édition. *Paris,* 1766, in-18.

Baronii (Cæsaris) Annales ecclesiastici a Christo nato ad ann. 1198. *Romæ,* 1588-93, 12 vol. in-fol.

Barrois (J.). Bibliothèque protypographique ou Librairies des fils du roi Jean. *Paris,* 1830, in-4.

— Itinéraire de Lille à Constantinople, en 1819, 2 vol. in-4, manuscrit.

— Le Livre du très-chevalereux comte d'Artois et de sa femme, fille au comte de Boulogne. *Paris,* 1837, in-4.

— La Chevalerie Ogier de Danemarche ; par Raimbert de Paris ; poëme du xiie siècle, publié pour la première fois, d'après le manuscrit de

Marmoutier et le manuscrit 2729 de la Bibliothèque du Roi. *Paris,* 1842, in-4 et in-12.

Bastard (de). Peintures et ornements des Manuscrits. *Paris,* 1845, in-plano, 2ᵉ édit.

Bedæ (Venerabilis) presbyteri Anglo-Saxonis; viri sua ætate doctissimi, Opera quotquot reperiri potuerunt omnia. *Coloniæ Agrippinæ,* 1612, 4 vol. in-fol.

Berte (li romans de) aus grans piés. *Paris,* second tirage, 1836, in-12.

Bible de Moutier Grandval, manuscrit gr. in-fol., au British Museum.

Biblia sacra.

Bibliothèque de l'École des Chartes. Revue d'érudition, consacrée principalement à l'étude du moyen âge. *Paris,* gr. in-8.

Bibliothèque universelle des Romans. *Paris,* 1775-89, 112 vol. in-12.

Biographie universelle, ancienne et moderne, ou histoire, par ordre alphabétique, de la vie de tous les hommes qui se sont fait remarquer. *Paris,* 1811 et ann. suiv., in-8.

Bochart (Samuel). Opera omnia, hoc est Phaleg, Canaan et Hierozoicon, etc. *Cadomi,* in-fol.

Boileau (Estienne). Voir Règlements sur les arts et métiers de Paris.

Boquillet et Courtépée. Description du duché de Bourgogne. *Dijon,* 1774 et 1781, in-8.

Borel. Dictionnaire des termes du vieux françois, ou trésor de recherches et antiquités gauloises et françoises. *Paris,* 1701, in-fol. (Dans la 3ᵉ édition du Dictionnaire Étymologique de Ménage.)

Bouche (H.). La Chorographie ou Description de Provence, sous ses premiers comtes originaires de Provence, et sous ses autres comtes catalans. *Aix,* 1664, 2 vol. in-fol.

Bouquet (dom). Recueil des Historiens des Gaules et de la France, etc. *Paris,* 1738-1840, 20 vol. in-fol.

Bourdillon. Le Poëme de Roncevaux, traduit du roman en français. *Dijon,* 1840, in-18.

40

Brerewood (Ed.). Recherches curieuses sur la diversité des langues et religions. *Paris,* 1640, in-12.

Brown. Aperçu sur les Hiéroglyphes d'Égypte....˙ Traduit de l'anglais. *Paris,* 1837, in-8.

Bruce-Whyte (M. A.). Histoire des Langues romanes et de leur littérature, depuis leur origine jusqu'au xiv⁰ siècle. *Paris,* 1841, in-8.

Brunck (Rich. Fr. Phil.). Analecta Veterum poetarum græcorum. *Argentorati,* 1772-1776, 5 vol. in-8.

Brut (roman de), manuscrit du British Museum, Bibliothèque du Roi, 13 A xxi.

— Par Wace, poëte du xii⁰ siècle. *Rouen,* 1836, in-8.

Bruzen (de). Voyez La Martinière.

Bry (J.-Th. et Isr. de). Alphabeta et Characteres jam inde a creato mundo ad nostra usque tempora in ære efficti. *Francof.,* 1596, in-4.

Buef d'Aigremont, manuscrit du fonds Bouhier, coté H 247, pet. in-fol., à la bibliothèque de la Faculté de Médecine de Montpellier.

Bullet. Dictionnaire de la Langue celtique. *Besançon,* 1750, 5 vol. in-fol.

Bulletin du Bibliophile, ouvrage périodique. *Paris,* in-8.

Bunau (Henrich Von). Genau und umstandliche Teutsche Kayser. *Leipzig,* 1728-43, 4 vol. in-4.

Buttmann (Ph.). Scholia antiqua in Homeri Odysseam. *Berolini,* 1821, in-8.

Cæsar (C. Julius). Commentarii de Bello Gallico et civili, etc. *Lipsiæ,* 1805, in-8.

Calza (Francesco). De Catalognia, 1588, in-4.

Canini (J.-Ang.). Institutiones linguæ syriacæ, assyriacæ atque thalmudicæ. *Parisiis,* 1554, in-4.

Carpentier (P. D.). Alphabetum tironianum, seu notas Tironis explicandi methodus. *Lut. Parisiorum,* 1747, in-fol.

— Glossarium novum ad Scriptores medii ævi, cum latinos tum gallicos, seu supplementum ad auctiorem Glossarii Cangiani editionem. *Parisiis,* 1766, 4 vol. in-fol.

CHAMPOLLION jeune. Précis du Système hiéroglyphique des anciens Égyptiens. Seconde édit. *Paris,* 1828, in-8.

— Grammaire égyptienne. *Paris,* 1836, in-8.

Chanson. Voir Amile et Ami, Roland, Roncevaux, Saxons.

Charlemagne (roman de), manuscrit 6985, grand in-fol. Bibliothèque du Roi.

Charroi de Nismes (le), manuscrit   6985, gr. in-fol., Bibl. du Roi.
                                    7186-3, gr. in-fol. Idem.

Chartes (Bibliothèque de l'École des). Voir Bibliothèque.

CHATEAUBRIAND. Vie de Rancé. *Paris,* sans date, in-8.

CHISHULL. Antiquitates Asiaticæ christianam æram anteced. descriptæ. *Londini,* 1728, in-fol.

Chroniques Anglo-Normandes, recueil d'extraits et d'écrits relatifs à l'histoire de Normandie et d'Angleterre, pendant les xie et xiie siècles. *Rouen,* 1836, in-8.

Chroniques de Normandie. *Rouen,* 1558, pet. in-8.

CIAMPI (S.). De Vita Caroli Magni et Rolandi historia (Turpin). *Florentiæ,* 1822, in-8.

CICERONIS (Marci Tullii) Opera quæ supersunt omnia cum Asconio et scholiaste veteri, etc. *Amstelœdami,* 1728, in-12 max.

CLEMENTIS ALEXANDRINI Opera quæ extant. *Oxonii,* 1715, in-fol., 2 vol.

CLUVERII (Phil.). Germaniæ Antiquæ libri tres. *Lugduni Batavorum,* ex officina elzeviriana, 1631, in-fol.

Codex Argenteus. Traduction des Évangiles, par Ulphilas ; manuscrit conservé à Upsal.

COLLANGE (G.). Polygraphie et universelle escriture cabalistique de M. I. Tritheme, abbé. *Paris,* 1561, in-4.

CONBROUSE (Guill.). Catalogue raisonné des Monnaies de France. *Paris,* 1839-1841, in-4.

Conjectures sur les Mémoires originaux dont il paroît que Moyse s'est servi pour composer le Livre de la Genèse. *Bruxelles,* 1753, in-12.

CoqueberT de MontbreT. Mélanges sur les Langues et les patois. *Paris,* 1831, in-8.

Coquille (Guy). Histoire du Pays et duché de Nivernois. *Paris,* 1612, in-4.

Cordier. Voir Dissertation.

Crescjmbeni. (Gio. Mario). L'Istoria della Volgar Poesia. *Venezia,* 1731, in-4, 6 vol.

Curtius Ruffus (Quintus). De rebus gestis Alexandri Magni. *Ultrajecti,* 1685, seu 1693, in-8.

Damasii (S.) et Iheronimi Epistolæ, manuscrit du xıᵉ siècle, in-fol. parv. Cab. B.

Daniel (le P.). Histoire de France. *Paris,* 1755, 17 vol. in-4.

De La Rue (abbé). Voir La Rue.

Description de l'Égypte. *Paris,* 1818, in-fol., 28 vol.

Dessalles. Article sur les Recherches de Gustave Fallot. *Paris,* 1840, in-8.

Dictionnaire Universel, français et latin, vulgairement appelé Diction- naire de Trévoux. *Paris,* 1771, in-fol., 8 vol.

Dinaùx (Arthur). Voir Trouvères artésiens.

Diodori Siculi Bibliothecæ historicæ libri qui supersunt ac deperdi- torum fragmenta. *Halis Saxonum,* 1800, in-8.

Dissertation sur la Langue françoise, les Patois et plus particulièrement le patois de la Meuse ; par F. S. Cordier. *Bar-le-Duc,* 1843, in-8.

Donatus Provincialis, manuscrit 7534, ancien fonds latin. Bibliothèque du Roi.

Droon de Maïence (La vreie ystoire du preus conte), manuscrit H 247, Bibliothèque de la Faculté de Médecine à Montpellier, petit in-fol.

Duchesne (A.). Historiæ Francorum Scriptores, a Car. Martello Pipini

BIBLIOGRAPHIE. 317

R. patre usque ad Hugonis et Roberti regum tempora. *Lutetiæ Parisiorum*, 1641, in-fol.

— Historiæ Francorum Scriptores coætani, ab gentis origine usque ad Philippi IV tempora. *Parisiis*, 1636-49, in-fol.

Dufresne (C.) du Cange. Glossarium ad Scriptores mediæ et infimæ latinitatis... opera et studio monachorum ordinis S. Benedicti e congregatione S. Mauri. *Parisiis*, 1733, in-fol., 6 vol.

Dureti (L.) In libros Aphorismorum Hyppocratis Commentarii, 1554, in-4, manuscrit.

Eaumont et Agolant d'Aspremont (roman d'). Bibliothèque du Roi, manuscrit   8203, in-8,
6718, in-fol.,
123, in-fol. La Vallière,
et Cab. Barrois.

Eckhart (J. G.). Commentarii de rebus Franciæ Orientalis, etc. *Wirceburgi*, 1729, 2 vol. in-fol.

Edélestand (du Méril). Voir Garin le Loherain.

Einhardi omnia quæ exstant Opera. *Parisiis*, 1841, in-8.

Éléments de Paléographie, par M. Natalis de Wailly, *Paris*, 1838, petit in-fol.

Elnonensia. Monuments des langues romane et tudesque dans le ixe siècle, publiés par MM. Hoffmann de Fallersleben et J -F. Willems. *Gand*, 1837, gr. in-8.

Encyclopédie des gens du Monde, répertoire universel des sciences, des lettres et des arts. *Paris*, Treuttel et Würtz, in-8.

Encyclopédie Méthodique ou par ordre de matières ; par une société de gens de lettres, etc. *Paris*, 1782-92, in-4.

Encyclopédie, ou Dictionnaire raisonné des sciences, des arts et des métiers ; par Diderot, d'Alembert, etc. *Genève*, 1778, etc., in-4.

Ennii Fragmenta quæ supersunt. *Amstelodami*, 1707, in-4.

Érec et Énide (roman d'), manuscrit 6987, in-fol. Bibliothèque du Roi.

Estampes (cabinet des), à la Bibliothèque du Roi, vol. 2103.

Eusebii Pamphili Ecclesiasticæ Historiæ libri X. *Parisiis,* 1678, in-fol.

Évangelier Carlovingien de l'année 780, manuscrit en vélin pourpre, lettres d'or, à la Bibliothèque particulière du Roi, au Louvre, in-fol.

Fabliaux. Voir Barbazan.

Fabre d'Olivet. Le Troubadour. Poésies occitaniques du xiiiᵉ siècle. *Paris,* an xii (1804), in-8.

Facciolati. Voir Forcellini.

Falbe (C. T.). Recherches sur l'emplacement de Carthage. *Paris,* 1833, in-8.

Fallot (Gust.). Recherches sur les formes grammaticales de la langue française et de ses dialectes, etc. *Paris,* 1839, in-8.

Fatrasies ou proverbes, manuscrit 198 du fonds Notre–Dame, à la Bibliothèque du Roi.

Fauchet (Cl.). Ses OEuvres reveues et corrigées en ceste dernière édition. *Paris,* 1610, in-4.

Fauriel (C.). Histoire de la Croisade contre les hérétiques albigeois, écrite en vers provençaux, par un poëte contemporain. *Paris,* 1837, in-4.

— Histoire de la Gaule Méridionale, sous la domination des conquérants germains. *Paris,* 1836, in-8, 4 vol.

— Histoire de la Poésie provençale. *Paris,* 1846, 3 vol. in-8.

— De l'Origine de l'épopée chevaleresque du moyen âge. *Paris,* 1832, in-8.

Feutry. Manuel Tironien. *Paris,* 1775, in-12.

Fontaine (Pierre de). Le Conseil. *Paris,* 1845, in-8.

Forcellini (Ægid). Totius latinitâtis lexicon, consilio et cura Jac. Facciolati, opera et studio Ægidii Forcellini. *Patavii,* 1705, in-fol.

Fortia d'Urban. Essai sur l'origine de l'Écriture, sur son introduction dans la Grèce et de son usage jusqu'au temps d'Homère. *Paris,* 1832, in-8.

Fortunati (Venantii Honorii Clementiani...) episcopi pictaviensis Carminum, epistolarum, expositionum libri XI, etc. *Monguntiæ,* 1617, in-4.

Galli (C.). Essai sur le nom et la langue des anciens Celtes. *Saint-Étienne,* 1843, in-12.

Gallia Christiana, seu series Omnium archiepiscoporum, episcoporum et abbatum Franciæ, etc., aucta opera et studio Dion. Sammarthani et aliorum monachorum ex ordine S. Benedicti. *Parisiis,* 1715-85, in-fol.

Ganander. Grammatica laponica. *Holmiæ,* 1743, petit in-8.

Garin le Loherain (la Mort de), d'après douze manuscrits. Publié par M. Édélestand du Méril. *Paris,* 1846, in-12.

— (le roman de), manuscrit 180, in-fol. B. L. Fr. Bibliothèque de l'Arsenal. Voir Paris (Paulin).

Garin de Montglave (le roman de), manuscrit 78, fonds La Vallière, Bibliothèque du Roi. — Autre, ancien fonds, 7542.

Garnier de Nanteuil (roman de), ou Dame Aye d'Avignon, manuscrit 7989⁴, Bibliothèque du Roi, 646³ Baluze, in-4.

Gaufrey, duc de Dane-Marche (la droite estoire de), manuscrit de la Bibliothèque de la Faculté de Médecine à Montpellier H 247, petit in-fol.

Gaydon (roman de), manuscrit 7227-5, in-fol. Bibliothèque du Roi.

Gébelin (Court de). Histoire naturelle de la Parole, ou Précis de l'origine du Langage et de la Grammaire universelle. *Paris,* 1776, in-8.

— Le Monde primitif, analysé et comparé avec le monde moderne, considéré dans l'histoire naturelle de la parole, ou Origine du langage et de l'écriture. *Paris,* 1773-1782, in-4, 9 vol.

Géographie historique des Ardennes, voir Hubert.

Gérard de Roussillon (Vie de). A la Bibliothèque du Roi, manuscrit du supplément français coté 632⁵, petit in-fol.

Gérard de Roussillon, manuscrit de la Bibliothèque de l'Arsenal, coté B. L. Fr., n. 184, in-fol.

Gley (G.). Langue et Littérature des anciens Francs. *Paris,* 1814, in-8.

Gottlob Haltaus (Christiani) Glossarium germanicum medii ævi, maximam partem e diplomatibus multis præterea aliis monimentis tam editis quam ineditis. *Lipsiæ,* 1758, in-fol.

Grass. Grossen Sagenfreise des Mittelalters. *Dresden*, und *Leipzig*, 1842, in-8.

Gregorii (sancti Georgii Florentii) episcopi turonensis Historiæ ecclesiasticæ Francorum libri decem. *Paris*, 1836-1838, gr. in-8.

Gruteri (S.) Corpus inscriptionum. *Amstelœdami*, 1707, in-fol., 4 vol.

Guérard (B.). Chartularium ecclesiæ parisiensis, dans la Collection des Documents inédits relatifs à l'Histoire de France. *Paris*, 1846, in-4.

Guiberti (Venerabilis) Opera omnia.... studio et opera D. Lucæ d'Achery, monachi benedictini congregationis S. Mauri. *Lutetiæ Parisiorum*, 1651, in-fol.

Guillaume d'Orange (roman de), manuscrit 6985, in-fol. maximo, à la Bibliothèque du Roi.

Guiteclin de Saisoigne (roman de), manuscrit 6985. Bibliothèque du Roi.

Guy de Nanteuil, fils de Garnier, manuscrit du fonds Bouhier, coté H 247, pet. in-fol., à la Bibliothèque de la Faculté de Médecine, à Montpellier.

Hermannus Hugo. De prima scribendi origine et universa rei literariæ antiquitate, etc. *Trajecti ad Rhenum*, 1738, in-8.

Herodoti Musæ, sive Historiarum libri IX. *Argentorati* et *Parisiis*, 1816, in-8.

Hesiodi Ascræi quæ extant. Accurante Antonio Zanolini. *Patavii*, 1747, in-8.

Hickesius (Georg.). Antiquæ litteraturæ septentrionalis libri II, quorum primus linguarum septentrionalium Thesaurum. *Oxonii e Th. Sheld.*, 1703-5, 2 vol. in-fol.

Hieronymus. S. Eusebii Hieronymi Opera. *Parisiis*, 1693-1705, 5 vol. in-fol.

Histoire des langues romanes. Voir Bruce-Whyte.

Histoire générale de Languedoc, par D. Devic et D. Vaissette. *Paris*, 1737, in-fol.

Histoire littéraire des Gaules. Voir Historiens des Gaules.

Histoire littéraire de la France, où l'on traite de l'origine et du progrès, de la décadence et du rétablissement des sciences parmi les Gaulois et parmi les François; par les religieux bénédictins de la congrégation de Saint-Maur. Continuée par les membres de l'Institut. *Paris*, 1733-1845, 24 vol. in-4.

Historia patriarcharum alexandrinorum. *Parisiis*, 1713, in-4.

Historia sancti Huberti. Vide Robertus.

Historiens des Gaules. Voir Bouquet (dom).

Homeri Opera græce et latine. Edidit Samuel Clarke. *Londini*, 1729-1740, in-4, 2 vol.

HRabanus, vide Rabanus.

Hubert (J. B.). Géographie historique du département des Ardennes, 2e édit. *Charleville, Paris et Reims*, 1838, in-12.

Irenæi (sancti) episcopi lugdunensis et martyris Opera. *Parisiis*, 1710, in-fol.

Isidorus junior. Manuscrit, ancien fonds latin, n. 6413, à la Bibliothèque du Roi.

— Originum libri XX. *Parisiis*, 1601, in-fol.

Jehan de Lanson (roman de), manuscrit 8203, in-8. Bibliothèque du Roi.

Johannes. Vide Robertus.

Josephi (Flavii) Opera omnia. *Havercampi, Amstelædami*, 1726, in-fol.

Journal de l'Institut historique. *Paris*, in-8.

Journal des Savants. *Paris*, in-4.

Keller. Voir Romvart.

Kollarius. Analecta monumentorum. *Vindobonæ*, 1761, in-fol. 2 vol.

Labbeus (Phil.) et Cossartius (Gabr.). Sacrosancta Concilia ad editionem exacta.... *Lutetiæ Parisiorum*, 1671, in-fol., 18 vol.

La Martinière (Bruzen de). Le grand Dictionnaire géographique, historique et critique. *Paris*, 1768, in-fol.

Lampillas (Xavier). Ensayo historico-apologetico de la literatura española, contra las opiniones preocupadas de algunos escritores modernos italianos. *Zaragoza,* 1783, pet. in-4.

La Rue (abbé de). Essais historiques sur les Bardes, les Jongleurs et les Trouvères normands et anglo-normands. *Caen,* 1834, in-8.

La Tour d'Auvergne. Origines gauloises, celles des plus anciens peuples de l'Europe, puisées dans leur vraie source. *Paris,* an v, in-8.

Le Brigant. Éléments de la langue des Celtes Gomérites ou Bretons; introduction à cette langue et par elle à célles de tous les peuples connus. *Strasbourg,* 1779, in-12.

Lelewel. Études numismatiques. *Bruxelles,* 1841, in-8.

Lindberg (Jac. Chr.). De Inscriptione melitensi phœnicio-græca commentatio. *Hauniæ,* 1828, in-8.

Livre de prières de Charles le Chauve, manuscrit en lettres d'or, conservé à la Bibliothèque du Roi, sous le n. 1152.

Livres (les quatre) des Rois, traduits en français du xii* siècle, suivis d'un fragment de Moralités sur Job et d'un choix de Sermons de saint Bernard, publiés par Leroux de Lincy. *Paris,* 1841, in-4.

Livres (li) des Reis, manuscrit in-fol., à la Bibliothèque Mazarine.

Lois (les) des Pers dou Castel de Lille, manuscrit Cab. B.

Lucanus (M. Annæus). De Bello civili sive Pharsalia. *Amstelodami,* ex officina Elzeviriana, 1669, in-8.

Mabillon (Johannes). De Re Diplomatica libri VI, in quibus quidquid ad veterum instrumentorum antiquitatem, materiam, scripturam, et stilum, etc., explicatur et illustratur. *Lutetiæ Parisiorum,* 1681, in-fol.

— Annales ordinis sancti Benedicti occidentalium monachorum. *Parisiis,* 1600, in-fol.

— Vetera analecta. *Lutetiæ Parisiorum,* 1675, in-8, 4 vol.

Maffei. Verona illustrata. *Verona,* 1731-32, 1 vol. in-fol.

Malte-Brun. Précis de la Géographie universelle. *Bruxelles,* 1829, in-8.

Mandet (Francisque). Histoire de la Langue romane (roman provençal), etc. *Paris,* 1840, in-8.

Matter. Histoire de l'école d'Alexandrie comparée aux principales écoles contemporaines, 2ᵉ édition. *Paris,* 1840, in-8.

Maugis d'Aigremont (roman de) et Vivien son frère, manuscrit H 247, Bibliothèque de la Faculté de Médecine à Montpellier.

Mémoires et dissertations sur les Antiquités nationales et étrangères. *Paris,* in-8.

Mémoires de la Société des Antiquaires de France. *Paris,* in-8.

Mémoires de l'Institut national des Sciences et des Arts. *Paris,* 1798 et ann. suiv., in-4.

Messager des Sciences historiques. *Gand,* in-8, ouvrage périodique.

Mezeray (de). Abrégé chronologique de l'Histoire de France. *Amsterdam,* 1755, in-4, 4 vol.

Millot (l'abbé). Histoire littéraire des Troubadours, contenant leurs vies, les extraits de leurs pièces, etc. *Paris,* 1774, in-12, 3 vol.

Mone. Teutsche Heldensage.

Monuments de la Littérature romane, publiés sous les auspices de l'Académie des jeux floraux; par M. Gatien-Arnoult. *Toulouse,* 1841, gr. in-8.

Morice (D. P. Hyacinthe) et D. L. Char. Taillandier. Histoire ecclésiastique et civile de Bretagne, avec les preuves. *Paris,* 1742-46, 3 vol. in-fol.

Morinus (Stephanus). Exercitationes de lingua primæva. *Ultrajecti,* 1694, in-4.

Mystères inédits du quinzième siècle, publiés pour la première fois, etc., par M. Achille Jubinal. *Paris,* 1837, in-8, 2 vol.

Notitia utriusque Vasconiæ. Vide Oihenart.

Nouveau Traité de Diplomatique, où l'on examine les fondements de cet art; on établit des règles sur le discernement des titres, etc.; par deux religieux bénédictins (D. Ch. Fr. Toustain et D. Tassin). *Paris,* 1750, in-4, 6 vol.

Ogier de Dane-Marche, manuscrit du fonds Bouhier coté H 247, petit in-fol., à la Bibliothèque de la Faculté de Médecine, à Montpellier.

Oihenart (A.). Notitia utriusque Vasconiæ, tum ibericæ, tum aquitanicæ. *Parisiis,* 1638, in-4.

Ollivier. Essai sur l'Origine des dialectes vulgaires. *Valence,* 1836, in-8.

Orderici Vitalis Historia ecclesiastica. *Parisiis,* 1843-1845, in-8.

Papon (J. P.). Histoire générale de Provence. *Paris,* 1778-1786, in-4.

Paralipomeni alla illustrazione della sagra Scrittura per monumenti fenico-assirio ed egiziani, di Michelangelo Lanci, *Parigi,* 1845, 2 vol. in-fol.

Pardessus (J. M.). Loi Salique ou Recueil contenant les anciennes rédactions de cette loi, etc. *Paris,* 1843, in-4.

Paris (Paulin). Les Manuscrits françois de la Bibliothèque du Roi. *Paris,* 1836-1845, in-8.

— Li Romans de Garin le Loherain, publié pour la première fois et précédé de l'examen du système de M. Fauriel sur les romans carlovingiens. *Paris,* 1833-35, in-12. Voir Berte.

Parnasse occitanien (le), ou Choix de poésies originales des troubadours, tirées des manuscrits nationaux ; par M. de Rochegude. *Toulouse,* 1819, in-8.

Pertz (Henr.). Monumenta Germaniæ historica inde ab anno Christi quingentesimo usque ad annum millesimum et quingentesimum. *Hannoveræ,* 1829, in-fol.

Philo. Opera quæ reperiri potuerunt omnia, gr. et lat. *Londini,* 1742, 2 vol. in-fol.

Philostrati Lemnii Opera quæ extant, gr. et lat. *Parisiis,* 1608, in-fol.

Pictet (A.). De l'Affinité des Langues celtiques avec le sanscrit. *Paris,* 1837, in-8.

Pindari Carmina cum lectionis varietate. *Gottingæ,* 1798, 3 vol. in-8.

Pitton. Histoire de la ville d'Aix, capitale de la Provence. *Aix,* 1666, in-fol.

Plinius (Secundus). Epistolæ et Panegyricus, cum variis lectionibus et annotationibus. *Oxonii, Theat. Sheld.,* 1703, in-8.

Poëtes français avant 1300, Bibliothèque du Roi, supplément français, manuscrit 469, in-fol., 4 vol.

Pomponius Mela. De Situ Orbis libri III. Curante A. Gronovio. *Lugduni Batavorum*, 1748, in-8.

Pontanus (Johannes Isacius). Originum francicarum libri sex. *Hardervici*, 1616, pet. in-4.

Postellus (Guill.). Commentatiūncula de Fœnicum litteris. *Parisiis*, 1552, pet. in-8.

Protypographie. Voir Barrois.

Prudentii (M. Aurelii Clementis) Carmina.... illustrata a Faustino Arevalo. *Romæ*, 1789, in-4, 2 vol.

Quatre Fils Aymon (les). Voir Aymon.

Quatremère (Étienne). Recherches sur les langues et la littérature de l'Égypte. *Paris*, 1800, in-8.

Quintiliani (M. Fabii) Institutionum oratoriarum libri duodecim cum Turnebi, Camerarii, Parei, Gronovii et aliorum notis. *Lugduni Batav.*, 1665, in-8, 2 vol.

Rabani Mauri Opera quæ reperiri potuerunt omnia. *Coloniæ Agrippinæ*, 1627, in-fol.

— Tractatus de Laudibus sanctæ Crucis, manuscrit de la Bibliothèque du Roi, fonds Saint-Germain latin, n. 59.

Rancé (Vie de). Voir Chateaubriand.

Raoul de Cambrai (li romans de) et de Bernier, publié par Edward Le Glay. *Paris*, 1840, in-8.

Raynouard. Choix des Poésies originales des Troubadours. *Paris*, 1816-1821, in-8, 6 vol.

— Lexique roman, ou Dictionnaire de la langue des Troubadours, comparée avec les autres langues de l'Europe latine. *Paris*, 1836-44, in-8.

— Recherches sur les Épopées romanesques des Troubadours. Extrait du Journal des Savants, septembre 1833, in-8.

Règlements sur les Arts et Métiers de Paris, rédigés au XIIIᵉ siècle, et connus sous le nom de Livre des Métiers d'Étienne Boileau; publiés par G. B. Depping. *Paris*, 1837, in-4.

Renard (le roman du), publié d'après les manuscrits de la Bibliothèque du Roi, des xiii*, xiv* et xv* siècles. *Paris,* 1826, in-8.

Renaudot. Vide Historia Patriarcharum alexandrinorum.

Revue Française. Ouvrage périodique. *Paris,* gr. in-8.

Robertus (Johannes). Historia S. Huberti principis aquitani, ultimi tungrensis et primi leodiensis episcopi. *Luxemburgi,* 1621, in-4.

Rochegude. Voir Parnasse Occitanien.

Roland (la chanson de) ou de Roncevaux. *Paris,* 1837, gr. in -8.

Roman. Voir Alexandre, Aymeri de Narbonne, Berte, Brut, Charlemagne, Eaumont, Érec et Énide, Garin le Loherain, Garin de Montglave, Garnier de Nanteuil, Gaydon, Guillaume d'Orange, Guiteclin de Saisoigne, Jehan de Lanson, Maugis d'Aigremont, Raoul de Cambrai, Renard, Roncevaux, Siége de Troie, Vivien l'Amachour.

Romvart. Notices et Extraits de manuscrits inédits des bibliothèques de Venise, de Florence et de Rome; par M. Adelbert Keller. *Paris et Mannheim,* 1843, in-8.

Roncevaux (Chanson de), manuscrit 254²¹, -in8, supplément français, Bibliothèque du Roi.

— (Li romans de), manuscrit 7227-5, in-fol., Bibliothèque du Roi.

Sacramentaire de Gellon, précieux manuscrit du viii* siècle, conservé à la Bibliothèque du Roi, sous le titre *Missale Gellonense,* fonds Saint-Germain latin, n. 163.

Sacrosancta Consilia. Vide Labbeus.

Sammarthanus. Vide Gallia Christiana.

Saxons (la chanson des), ou le Roman de Widukind de Saxe, par J. Bodel. *Paris,* 1839, in-12, 2 vol.

Scapulæ Lexicon. *Lugduni Batavorum,* 1652, in-fol.

Scherzius (J. G.). Glossarium germanicum medii ævi. *Argentorati,* 1781-84, in-fol., 2 vol.

Schilterus (Joannes). Thesaurus Antiquitatum teutonicarum ecclesiasticarum, civilium, litterariarum.... *Ulmæ,* 1727-28, in-fol., 3 vol.

Scriéckius (Adrianus Rodornus). Originum rerumque célticarum et belgicarum libri XXIII. *Iprœ,* 1614, in-fol.

Scriptores Rerum francicarum. Vide Bouquet (dom.).

Sicard (l'abbé). Théorie des Signes. *Paris*, 1808, in-8.

Siége de Troie (roman du), manuscrit 6987, in-fol., Bibliothèque du Roi.

Simonde de Sismondi. De la Littérature du Midi de l'Europe. *Paris*, 1829, in-8.

Sirmondi (Jac.) Concilia antiqua Galliæ, cum supplementis P. de Lalande et P. Odespun de La Mechiniere. *Lutet. Parisior.*, 1629-46, in-fol., 3 vol.

Souciet. Dissertation sur les médailles hébraïques.

Strabonis Rerum Geographicarum libri XVII. *Lipsiæ*, 1811, in-8.

Struvius (Burcardus Gotthelfius). Collectanea manuscriptorum, ex codicibus, fragmentis antiquitatis atque epistolis anecdotis eruditorum excerpta. *Ienæ*, 1713, in-8.

Summa Confessorum Raymundi, manuscrit 3253, in-fol., ancien fonds latin, Bibliothèque du Roi.

— Autre manuscrit, cab. B.

Tacitus (C. Cornelius). Opera quæ exstant. *Amstelodami*, apud Danielem Elsevirium, 1672-73, in-8.

Tasso (Torquato). Opere. *Firenze*, 1724, in-fol.

Tiraboschi (G.). Storia della Letteratura italiana. *Firenze*, 1805-13, in-8, 9 tomes.

Trévoux. Voir Dictionnaire univ.

Tristan. Recueil de ce qui reste des poëmes relatifs à ses aventures. *Londres* et *Paris*, 1835, petit in-8.

Trithemi libri Polygraphiæ VI. *Hasberg de Aia*, 1518, in-4.

Troubadours (poésies originales des), manuscrits 7225 et 7226, in-fol., Bibliothèque du Roi; 2032, suppl. fr.

Trouvères (les) artésiens; par M. Arthur Dinaux. *Paris*, 1843, gr. in-8.

Turpin (le Faux). Voir Ciampi.

Vivien l'Amachour de Montbrant (roman de), manuscrit H 247, Bibliothèque de la Faculté de Médecine à Montpellier.

Vivien (la Chevalerie), manuscrits 6985, gr. in-fol., Bibl. du Roi,
7186-3, gr. in-fol., Bibl. du Roi,
23 La Vallière, olim 2735.

Vocabolario degli Accademici della Crusca. *Firenze,* 1738, in-fol. 6 vol.

WACHTER (J. G.) Glossarium continens origines et antiquitates totius linguæ germanicæ. *Lipsiæ,* 1737, in-fol., 2 vol.

— Naturæ et scripturæ concordia. *Lipsiæ,* MDCCLII, in-4.

WELSERI (Marci) Rerum Boicarum libri quinque. *Augustæ Vindelicorum,* 1602, in-4.

WENDELINUS. Leges Salicæ. *Antuerpiæ,* 1649, in-fol.

WYSE (colonel Howard). Operations carried on at the Pyramids of Gizeh in 1837.... *London,* 1840, in-8, 3 vol.

INDEX

CAROLOGRAPHIE

QUATRIÈME SECTION

ROMANE SEMISEPTENTRIONALE

FRANÇAISE

[1] Un vase étrusco-égyptien, exhumé à Chiusi (voir Paralipomeni alla illustrazione della Sagra Scrittura di Michelangelo Lanci, tavola IV,

fig. 6), représente la naissance de Minerve, sortant tout armée du cerveau de Jupiter : elle reçoit de Mercure, Junon, Vénus, Mars et Bellone, le nom de Ἀθήνη, dont ils simulent le sigle avec le pouce et l'index, reproduisant ainsi le signe dactylologique phénicien ʋ correspondant à notre A.

FIN.

Peinture du Vase Etrusco-Egyptien

exhumé à Chiusi.

Iod fons omnium.

B.R

Cartel de la Statuette de Pan (Παν)

Bronze antique du Musée Palin.

www.ingramcontent.com/pod-product-compliance
Lightning Source LLC
LaVergne TN
LVHW050253060726
842525LV00002B/297